御社のサイトがキャッシュマシンに変わる
お客が集まるオンライン・コンテンツの作り方
ニッチ市場を制するためのブログとソーシャルメディアの使い方

アン・ハンドリー
Ann handley

C・C・チャップマン
C.C.Chapman

DIRECT PUBLISHING

CONTENT RULES: How To Create Killer Blogs, Podcasts, Videos, E-Books, Webinars (and More) That Engage Customers and Ignite Your Business

Revised and Updated Edition

by ANN HANDLEY AND C.C. CHAPMAN

Copyright ©2012 by Ann Handley and C.C. Chapman
All Rights Reserved. This translation published under license.

Japanese translation rights arranged with
John Wiley & Sons International Rights, Inc.
through Japan UNI Agency, Inc., Tokyo

FOREWORD

マーケティングのためのコンテンツ

「マーケティングとは、優れたコンテンツを発信することにほかならない」

あなたはこれまでに何度、このようなフレーズを耳にしてきただろう？ 数え切れないほど、ではないだろうか？ 今ではどのマーケティング学の教授も世界中の起業家も、この根本的な事実を理解している。もうあらためて説く必要もないだろう。

だが、コンテンツ製作の専門家の多くは、その優れたコンテンツをどう作ったらよいのかを私たちに教えることを忘れている。

具体的には、何をどうしたらいいのだろう？

マーケティングの世界での経験が長い私の目から見ても、コンテンツ製作のノウハウが企業や組織のマーケティング担当者に対して十分に説明されたことはこれまでなかった。おそらくは、ウェブサイトを開設し、それなりの

投資をしてデザインに凝ることを勧めたくらいだろう。しかし、デザイナーがコンテンツに関してできることは、せいぜいレイアウト上の文章スペースに、「ロレム・イプサム」（訳注：出版、ウェブデザイン、グラフィックデザインなどで使用されているダミーテキスト。レイアウトなどの視覚的なデザインの調整のために使われる）と呼ばれる無意味のラテン語のダミーテキストを埋め込んでおくことだけだ。それで、どうなるだろう？　あなたは何を書いていいのかわからずに、ロレム・イプサムを何日も見つめ続け、結局はあなたの会社の製品やサービスについて、誰も理解できないような専門用語を並べただけの文章を書いてごまかしてしまう。

　答えは、ストーリーを語ること。

　こう考えてみてほしい。優れた映画や小説はどれもストーリーが決め手になる。説得力と緊張感のあるストーリーがなければ、それ以外の何がよくてもあまり意味がない。

　小説や映画で数え切れないほど繰り返されてきた、古典的ストーリーの例が次のものだ。

　　　少年が少女と出会う。
　　　ふたりは恋に落ちる。
　　　少年は少女と引き裂かれる。
　　　少年（時には少女）は何をやってもうまくいかない。
　　　ついにふたりが再会する。
　　　ふたりは結婚する。

　ストーリーをおもしろくするのは、彼らがなぜ、どのようにして別れるか、そして、再び相手を取り戻すために何をするか、という部分だ。

　同じ小説や映画が次のような筋書きだったら、おもしろいと思うだろうか？

　　　少年が少女と出会う。

ふたりは恋に落ちる。
ふたりは結婚する。

　こうした筋書きは、耐えられないほど退屈だと思われるだけならまだいいが、最悪の場合、単なるプロパガンダだと受け取られるかもしれない。
　実を言えば、これがまさにマーケターやビジネスライターが毎日書いている宣伝文句なのだ。「ここに私たちの製品がある。本当にすばらしい。これはすばらしいと言っている客がいる。だから、みなさんにも私たちの製品を買うことを勧める」というものだ。残念ながら、この古典的な宣伝一色のマーケティングが、巷にあふれている。テキストベースのコンテンツだけではない。動画や他のコンテンツの多くもただの宣伝になってしまっている。
　本書を読み進めるにつれ、みなさんは自分のコンテンツにストーリーテリングの技術を持ち込む方法について考えることになるだろう。どうしたら映画や小説のように、自分のコンテンツをおもしろくできるだろうか、と。ウェブサイト、ブログ、動画、その他のオンライン・コンテンツは、どうしたらもっとおもしろく作ることができるのだろう？
　アン（・ハンドリー）とC・C（・チャップマン）が、それを教えてくれる！
　この本を読めば、ジャーナリストやストーリーテラー（物語の優れた語り手）が使っているスキルの多くを真似て、おもしろく価値ある情報が含まれたコンテンツの作り方を学ぶことができる。ターゲットとなる潜在顧客を特定する方法、自分のコンテンツに独自の声と視点を持たせる方法、興奮と関心を呼ぶ物語に仕立てる方法だ。
　この本では、ブランド企業、企業間（B2B）ビジネスに携わる会社、政府機関、その他あらゆる組織の成功事例も、「あなたが盗めるアイデア」を添えて紹介されている。
　出版社ジョン・ワイリー・アンド・サンズとの企画で「ニュー・ルールズ・オブ・ソーシャルメディア」シリーズの刊行を始めたとき、私は魅力的なコンテンツを作るためのハウツーを教える本もシリーズに1冊含めたほう

がいい、と提案した。そして、その本を書いてくれるぴったりの人たちを知っていた。アンとC・Cは優れたストーリーテラーであり、ジャーナリストであり、マーケティングの専門家だ。私の考えでは、魅力的なブログ、ポッドキャスト、動画、Eブック（訳注：電子書籍そのものを指すこともあるが、ここでは顧客に対して役立つ情報や問題の解決策を提供する、PDF形式のドキュメント）、ウェビナー（オンラインセミナー）を作るためのルールを見定める仕事には、この3つの職業（訳注：ストーリーテラー、ジャーナリスト、マーケティング専門家の3つ）で得られるスキルと専門知識の組み合わせこそ、まさに必要なものだった。

私は5年ほど前から、アンとC・Cの仕事に注目してきた。そして、新しい形のマーケティングへの道を切り開いていくふたりの活動から、多くのことを学んだ。彼らはこれまでに1000を超えるブログ、数百以上の動画、数十ではきかない記事を発信してきたはずだ。この本を通して、みなさんも彼らのすばらしいコンテンツ作りのノウハウにアクセスすることができる。

デイヴィッド・ミーアマン・スコット

『マーケティングとPRの実践ネット戦略』（日経BP社）、（訳注：この本では著者名はデビッド・マーマン・スコットとされている）、『リアルタイム・マーケティング』（日経BP社）の著者

www.WebInkNow.com
https://twitter.com/dmscott

BIG FAT OVERVIEW
(Sometimes Called an Introduction)

コンテンツこそ王様

　ブログ、YouTube、Facebook、Twitter、その他もろもろのオンライン・プラットフォームは、企業が顧客や見込み客に直接働きかけるための願ってもない機会を与えてくれる。それは幸運なことだ。なぜなら、従来の方法（広告で煩わせる、ダイレクトメールを送りつける、電話で夕食の邪魔をする）だけを使うときとは比べものにならないほど、自分の会社やブランドについての認知度を高めるための、とてつもなく大きな機会を得られるのだから。

　インターネット、もっと具体的に言えばウェブベースのツールやテクノロジーが登場したおかげで、今ではブログや動画、ウェビナー（オンラインセミナー）、ウェブサイトなどのオンライン・コンテンツで顧客を引きつけることができる。もうしつこく彼らを追いかける必要はない。

それどころか、優れたコンテンツを作りさえすれば、顧客同士がウェブ上のさまざまな場所でそれを共有し、広めてくれさえするのだ。すばらしいコンテンツを作れば、自然に顧客が集まってくる。とびきりのコンテンツを提供すれば、顧客はあなたに代わってメッセージを共有し、広めてくれる。いまだかつてない、「コンテンツこそ王様」の時代が来たのだ！ コンテンツがすべてを支配する！

もちろん、人生で起こる多くのことと同じように、顧客自らがあなたの代わりにストーリーを語ってくれるような幸運は、そう簡単には手に入らない。たしかにコンテンツが支配する時代が来たのかもしれないが、そのためには**提供するコンテンツが適切な種類のものでなければならない**。つまり、**顧客を第一に考え、信頼でき、説得力があり、楽しく、驚きを与え、価値があり、おもしろいコンテンツ**だ。言い換えれば、それは**人々の注意を「つかみ取る」**ものでなければならない。

ずいぶん大変そうだ、とあなたは思うだろうか？ そのとおり！ 次のような効果を持つ説得力あるコンテンツを作り、ウェブ上に送り出すのは、大変な作業なのである。

・見込み客にアピールする。
・彼らが価値を見出せるものを与える。
・彼らにさらに多くを求めさせる。

今では、すべての企業が事実上の出版社となり、彼らが働きかけようとしている人たちに価値を与えるようなコンテンツ作りに精を出している。ところで、ここで「出版」という言葉を使うことに、私たちは少しためらいを感じている。なぜなら、読者の多くにとって、この言葉は本や雑誌の類を製作することを意味するだろうからだ。ほとんどの企業は何かを出版するという経験などほとんど持たない。自分たちを出版社と見なすこともないだろう。それよりも、特定の業界（製造業でもサービス業でも他の何でも、あなたの会社が属する業界）の一企業だと位置づけているはずだ。

しかし、企業が出版社になっているという言葉で私たちが表現したいのは、紙にインクを載せたり、印刷したり、本を綴じたりするプロセスのことではなく、**人々が興味を持つ価値ある情報を提供することが、新しいビジネスをもたらすという考え方**だ。今の企業には、**顧客になってくれそうな人たちが何に興味を持っているかを把握し、その需要に応えるものを作って提供する**ことが求められている。それこそが出版社がしている仕事にほかならない。

　もっとも、オンライン・マーケティングをビジネスの構築に役立てようと考えている企業や個人は、その一歩先まで進まなければならない。**顧客の助けになるものを生み出し、顧客に頼りにされる存在にならなければならない**。そして、**最終的には製品やサービスの購入という行動に相手を導く必要**もある。今の時代なら、支持者基盤を開拓するコンテンツを提供し、彼らをあなたの会社の製品やサービスに夢中にさせれば、それがビジネスの大躍進につながっていく。

　もちろん、問題はそれほどの成功を収めるのは大きな挑戦になるということだ。際立ったコンテンツを生み出すとは、どういう意味なのだろう？　そして、どうしたらそれを継続的に行うことができるだろう？　大勢のライバルたちが一斉に声を上げている中で、自分の声を聞いてもらうには？　なぜあなたのブログにはコメントがまったく書き込まれないのだろう？　注目されるコンテンツを作るというのは、やはり大変な作業ではないだろうか？

　そう、たしかに大変だ。2011年末に実施された1000社を超える企業を対象にした調査では、「人々を夢中にさせるコンテンツの創出」が、コンテンツ・マーケティングにおける課題として第1位に挙がった（図0.1を参照）。

　そこで登場するのが本書である。この本では**コンテンツの製作プロセスをわかりやすく説明し、見込み客を引き寄せるような際立ったブログやポッドキャスト、ウェビナー、Eブック、その他のウェブコンテンツを作る秘訣を紹介する**。興味をかき立てる魅力的なストーリー、動画、ブログを作る基本を教え、実際にコンテンツができあがったときには、どうしたらそれをネッ

図0.1 コンテンツ・マーケティングの課題

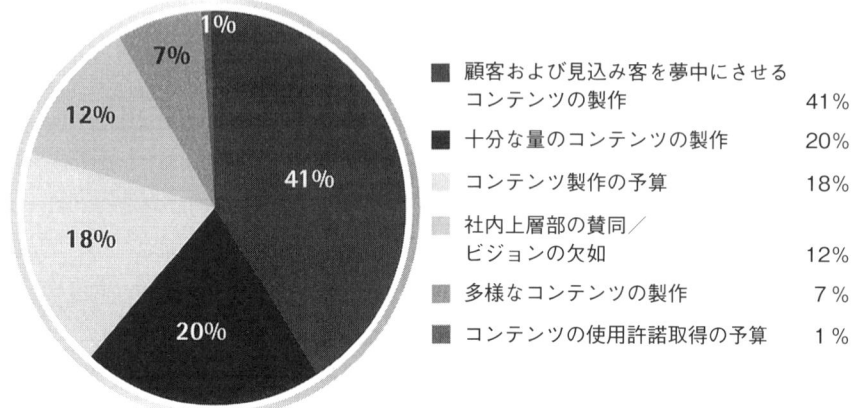

B2Bコンテンツ・マーケティング：2012年のベンチマーク、予算、トレンド
出典：マーケティングプロフス＆コンテンツ・マーケティング協会、www.marketingprofs.com

ト上で広く共有してもらい、ファンを開拓し、あなたの会社の製品やサービスに夢中になってもらい、ビジネスを活気づかせるかについても伝授する。

　言い換えれば、この本はあなたに成功のための準備をさせる。この本1冊で、人々が興味を持つコンテンツ、あなたのビジネスを牽引してくれるコンテンツを開発するためのノウハウをカバーできる。そのノウハウを習得した企業は、すでに優れたコンテンツを提供し、信頼を築き、安定した顧客基盤を確実に広げている。あなた自身の努力にインスピレーションを与え、知恵を授けるために、この本では成功企業がどのようにそれを成し遂げたかを紹介していこうと思う。

この本の使い方、そして3つの約束

　本書はジョン・ワイリー・アンド・サンズがデイヴィッド・ミーアマン・スコットの協力を得て刊行してきた「ニュー・ルールズ・オブ・ソーシャル

メディア」（ソーシャルメディアの新ルール）シリーズの１冊である。デイヴィッドは『マーケティングとPRの実践ネット戦略』で、買い手との関係を構築するための際立ったオンライン・コンテンツの創出という考え方を、他に先駆けて発表した。彼の本（そして、シリーズの他の本、例えばブライアン・ハリガンとダーメッシュ・シャアの共著『インバウンド・マーケティング』（すばる舎））や、スティーヴ・ガーフィールド著の『Get Seen（仮邦題：見てもらえる動画の作り方)』は、際立ったコンテンツの重要性を検証しているが、その肝心の方法については深く掘り下げていない。そこで考え出されたのが本書である。本書はそのノウハウを提供することによって、シリーズの他の本を補完する役割を果たすはずだ。

　これを譬えれば、赤ん坊を迎えることと少し似ている。子どもを持つことを想像し、子づくりに励むのは難しいことではない（楽しくもある）。しかし、実際に授かって、少しの間もじっとしてくれず要求の多い赤ん坊の世話をする――休む間もなく！　永遠に続くかと思われるほど！――となれば、話はまったく変わってくる。大変になるのは生まれてからなのだ。しかし、子育てと同じように、コンテンツをうまく育てることができれば、驚くような結果をもたらし、最後には豊かでやりがいのある仕事になる。つまり、それだけの価値があるということだ。

　この譬えは、あなたを怖気づかせるだけだろうか？　もしかしたら、厳しい判決の宣告、あるいはあまりに手ごわい仕事だと感じさせただろうか？　そんなに大変な仕事をするくらいなら、このままずっと子どもを持たないまま過ごしたほうがいいと考えているだろうか？　それなら、この譬えを少しかみくだいて考えてみよう。もちろん、誰もが親になる必要はない。しかし、もしあなたの会社がウェブサイトを立ち上げているのなら、すでに子どもがいるのも同然なのだ。そして、コンテンツ作りはあなたが思っているほど恐ろしいものではない。なぜなら、この本がガイド役となって、あなたがオーディエンス（訳注：マーケティングの対象となるネット利用者やサイト訪問者など）を特定し、優れたコンテンツを生み出し、それをターゲットにしたコミュニティーに送り届ける方法をすべて教えるからだ。

ここで、この項の見出しの要点——この本の使い方——へとつながる。第1章（CHAPTER1）で軽く触れている以外には、この本では前置きに無駄なスペースをとることはしない。つまり、世の中のルールは変わり、製品第一主義のコミュニケーションと宣伝文句の羅列だけでは、もう効果的にブランドを売り込むことはできないということを、詳しく説明することはない。要するに、この本では、あなたがすでにキラーコンテンツ（訳注：圧倒的な魅力を持ち注目度の高いコンテンツ）の必要性を確信しているという前提に立って話を進める。しかし、もしもっと詳しい論拠が必要だと思うなら、入門書としてデイヴィッド・ミーアマン・スコットの『マーケティングとPRの実践ネット戦略』を読むことをお薦めしたい。

　この本では『実践ネット戦略』でカバーされなかった領域を扱う。**魅力的なコンテンツを作り、それをより多くの人と共有するための具体的な方法を、コンテンツに含めるべき要素、必要なインスピレーション、役立つツールなどを通して説明する**。つまり、なぜコンテンツが支配するのかではなく、どうしたら支配するコンテンツを実際に生み出せるかを集中的に扱うということだ。

　そして、みなさんには次のことを約束しよう。

- **退屈させない**。ビジネス書の中には、本当にだらだらと無駄話を続けているものがある。私たちはこの本を、消化しやすいハウツー形式で書くことにした。ざっと目を通すだけでもいいし、読み飛ばして好きな場所に移動してもいい。いったん本を置いて、また後で戻ってきてもかまわない。そういう構成にしてある。
- **本書のコンセプトが生まれた背景を説明する**。読み進めるうちに、この本では文学やジャーナリズムの世界の言葉を借りて、要点やコンセプトをわかりやすく説明していることに気づくはずだ。その理由のひとつは、著者である私たちがこのふたつの世界での経験を持つためである。つまり、文学とジャーナリズムは私たちにとってなじみのある領域であり、つねにそこから着想を得ているのだ。しかし、これらの分野からの例を

挙げているのは、マーケティングがストーリーテリングのスタイル（文学）や、優れた報道の基本や技術（ジャーナリズム）から多くを学べるからでもある。作家やジャーナリストは、ずっと以前からオーディエンスに合わせたコンテンツを作ることを得意としてきた。顧客とのコミュニケーション技術を高めるためのヒントを得るのに、これほどわかりやすく、アクセスしやすい優れた手本を見つけることは難しいだろう（もし見つけたら教えてほしい）。

- **多くの行程表を用意する。** 本書の前半（ほぼ第1部（Part1）に相当）では、優れたコンテンツを作るためのルールを紹介し、詳しく説明する。第2部（Part2）は、あなたが取り入れたいと思うようなコンテンツの作り方を、タイプごとにステップに分けて教える。第3部（Part3）は、見込み客を顧客に替えるようなコンテンツについて、10のケーススタディーを提供する。そして最後の第29章（CHAPTER29）は、あなた自身のコンテンツ開発努力を評価するための、手軽なチェックリストとなっている。

最後に、ひとつだけはっきりさせておこう。この本で「ビジネス」（取引）という言葉を使うときには、あらゆる種類のビジネスを意味している。企業間の取引（B2B）の場合もあれば、対顧客の取引（B2C）の場合もある。さらに、事業体としての「ビジネス」の意味でこの言葉を使うときには、あらゆる組織、会社、ブランド、個人が意味されている。これには、企業、起業家、非営利団体、個人事業者やコンサルタント、アーティスト、政府機関、教会、学校、病院、選挙の候補者、スポーツチーム、地域団体、ロックバンド、さらには精肉店、ベーカリー、キャンドル製造者など、本当にさまざまな人や組織が含まれる。同様に、「バイヤー（買い手）」という言葉は、購読者、有権者、寄付者、応募者、付添人、礼拝者、新規メンバーなどを意味することもある。

言い換えれば、これから紹介するコンテンツ・ルールは、ビジネスを始めようとしている人、購読者やクライアントを獲得しようとしている人、票を

勝ち取ろうとしている人、何らかの寄付や支持者を得ようとしている人など、誰にでもあてはまる。しかし、実際に「ビジネス」や「組織」「バイヤー」という言葉を使うときに、こうしたあらゆる人や組織を含めてしまうと、読者のみなさんをとまどわせることになることにも気づいた。それは私たちにとっても同様だ。

必要なルールと、そうでないルールがある

　多くの人は、文章の書き方を学校で学ぶ。感受性の強い子ども時代に、特定の公式に従ってエッセイや期末レポートを書くことを学ぶのだ。その公式とは――内容に新しい考えが加わると段落を変え、各段落は主題文と、いくつかの内容文と、結論文で構成される、というものだ。
　主題文はその段落の強力なリーダーで、段落全体の要点を述べる。それを支える内容文はいわば下働きで、主題文の主張を支え、主題を説明し完成させるために必要な汚れ仕事に携わる。そして、結論文は最後に現れるいかつい悪役で、威張り散らしながらあなたの頭に要点を確実に叩き込もうとする。
　これは、エッセイ、ブログ、ホワイトペーパー（訳注：一般には政府が発行する報告書（白書）のことだが、企業がマーケティング目的のために自社製品や新技術を紹介する文書などにも使われる）をはじめ、あらゆる種類の文書の作成にあてはまる完璧な方法だ。しかし、こうした厳格な構成は、文章の書き方にはひとつだけしかないと思わせてしまうという弊害がある。うまく書こうと思えば従わなければならない、書き方の秘密の暗号のようなものだ。そして、文法やら句読点やら語法やらの複雑なルール（主語と目的語、分離不定詞（訳注：英語の文法で、toと不定詞の間に副詞が介在する構文）、似たような単語の区別といったこと）によって、ますます書き手を混乱させることになる。
　そう考えれば、空白のページを前にしたときに頭が真っ白になってしまう

人が多いのも不思議ではない。人はよく、書き方には正しい方法と間違った方法があると考える。そして、できれば書くことを全面的に避けようとするのである。

　自らもコンテンツ製作に携わる者として、私たちは人に読んでもらうための文章を書いて発表する不安を理解している。私たちは明快な文章の書き方を教えることをビジネスにし、人々の複雑な思考を単純化し、彼らの暴れ狂う、手に負えない文章を、何かもっと洗練された理解できるものに変える手助けをしている。もし誰もが書き方を知っていて、うまくそれをこなせるのであれば、私たちのような者の仕事はなくなってしまう。

　あなたはこれを読みながら、おそらくこう思っているのではないだろうか。「ちょっと待ってくれ。書くだって？　この本は優れたコンテンツを作るための本じゃないのか？」。

　種明かしをすれば、**書くことと優れたコンテンツ作りは切っても切れない関係にある**。その関係性は明らかなこともあれば（ブログやEブックを書いているときなど）、わかりにくい場合もある（ウェビナーや動画の脚本を作るときなど）。しかし、それよりも根本的な問題として厄介なのは、**書くことへの苦手意識がコンテンツ製作全般についての不安を招き、結果として堅苦しくぎこちないコンテンツ、あるいは誰かを魅了するために書いたものとは到底思えないような代物ができあがる**ことだ。この不安があるせいで、人とは異なる非凡なコンテンツを作ることに尻込みし、挑戦をためらう人が出てきてしまう。

　本当のことを言えば、コンテンツ作りは複雑である必要などまったくない。うまくやり遂げるために学ぶべき厳密な公式のようなものもない。**いくつかの基本的なルールに従いさえすれば、誰でもすばらしいものを生み出せる**ようになる。そして、それがとてつもなく大きな機会を与えてくれる。顧客や見込み客と、彼らの理解する言葉で直接つながることができるのは、かけがえのないことだ。彼らと直接の対話の機会を持てることで、驚くほどの満足が得られるだろう。顧客の視点から物事を見れば、どんなコンテンツなら彼らの共感を得られるのかがわかってくる。

私たちは、複雑な思考を単純化するという課題に取り組む中で、できるだけ日常で使われる、まわりくどくない、ビジネス用語ではないボキャブラリーを使うように努力してきた。その理由のひとつは、信者にもっと頻繁に教会に通ってほしいと思っている牧師にも、もっと多くの製品を売りたいと思っている中小企業の経営者にも、顧客に最善のサービスを提供したいと思っている大きな組織のマーケティング担当者や代理店にとっても、等しく役立ててもらえるアドバイスにしたかったからだ。ビジネス界の人々は、業界の専門用語を使ってコンセプトをわざわざ複雑にすることを好む。そのため、私たちはひらめきを与えるよりは混乱させる文章、親しみを感じさせるよりは不快にさせるキャッチコピーばかりを目にすることになる。

　あなたが顧客に対するときと同じように、この本での私たちの目的は、**拒絶することではなく魅了すること**だ。私たちは読者に、手ごわい（時には愚かな）業界用語を覚える必要があるとは思ってほしくない。そこで、この本では難しい用語で読者の思考を麻痺させてしまわないように、ごく普通の言葉を使うようにした。

　マーケティングにはつねに緊張が内在する。それは、企業がつねに自分たちについて、また自分たちの製品やサービスについて語りたいと考えているのに対し、消費者のほうでは、こうした製品やサービスが自分にとってどう役立つのかを知りたいだけというのが実情だからだ。マーケティング戦略の基礎となるようなコンテンツ作りを心がければ、自分を顧客の立場に置き、彼らの視点から観察し、彼らの考え、感情、ニーズを知ることができる。つまり、あなたの会社の顧客となってくれる人たちのことを、どの顧客調査や世論調査よりもよく理解することができる。

　私たちは読者の一人ひとりに、自分にとっても顧客にとっても魅力ある、驚くべきコンテンツを作ってほしいと思っている。それがこの本の目標だ。つまり、あなたが顧客と深くつながり、ビジネスに火をつけるための優れたコンテンツ製作への道筋に明かりを灯し、不運と不安を抱えた人たちの導き手になりたいと思っている。

　これから紹介する「コンテンツ・ルール」を集めて入念に検証するにあ

たって、私たちは優れたストーリーテリングとジャーナリズムの定石、またマーケティングの基本にも従った。私たちが作り出したルールは、ものを書くことを仕事にしている人にもそうでない人にも同じように使えるように、アクセスしやすく、願わくは記憶に残るものにしたいと考えた。

　この本のタイトル（訳注：原書のこと）に「ルール」という言葉を使うことには、少しばかり不安があった。どれほど微妙な意味合いであれ、「ルール」という言葉は、厳密なしきたりを重視しないというこの本の方針そのものを損なっているように思えるからだ。しかし、これから続く説明は、実際には厳格なルールというよりはガイドラインに近い。厳密な行動規範を定め、それを破れば深刻な結果が待ち構えているような法律とは違う。ガイドラインはあなたの人生をシンプルにし、コンテンツを作るときに感じる不安を和らげるための、手軽でバラエティに富んだ一連の提案である。これらのルールを、ボウリングのレーン上に設置できるバンパーだと思ってほしい。バンパーは、ストライクの確率を高めるだけでなく、少なくともガターに玉が落ちないように守ってくれる。

＊ YAHOO!、Google、Apple、iPhone、iPad、Facebook、Twitter、LinkedIn、YouTube などは米国およびその他の国における商標および登録商標です。
＊本書の内容は執筆時点においての情報であり、予告なく内容が変更されることがあります。

献辞

コリンへ。
あなたのことを思い出さない日はない。
——A.H.

グーフィー・モンキー、バディー、スティッキー・ヌードル——
きみたちがいつも笑顔でいてもらえるように何でもするよ。
これからもずっと。
——C.C.

謝辞

　こうした場所では、ある人たちの支えと友情がなければ、私がこの場に立つことはなかったでしょう、という言葉をよく聞く。それは私たちの場合も同じで、数え切れないほどの大切な友人と同僚の助けがあって、この本を世の中に送り出すことができた。彼らの多くは本書の中にご登場いただいたが、それに加えて、以下の方々に感謝を捧げたい。
　J・C・ハッチンズ、クラレンス・スミス・Jr.スティーヴ・コールソン、ミッチ・ジョエル、ジュリアン・スミス、アンバー・ナスランド、ロン・プルーフ、クリストファー・ペン、ホイットニー・ホフマン、タムセン・マクマホン、ミシェル・ウォルヴァートン、ローレン・ヴァーガス、マーク・ヨシモト・ネムコフ、クリスティーナ・ハルヴォーソン、マシュー・T・グラント、ステファニー・ティルトン、スティーヴ・ガーフィールド、ジェイ・ベア、ジョー・プリッツィ、エイミー・ブラック、デイヴィッド・アーマノ、リー・オッデン、テッド・ペイジ、マック・コリアー、C・K・カーリー、D・J・ウォルドー、レイ・ダースト、シェリー・ライアン、驚くべき仕事をしてくれたシャノン・ヴァーゴ、マーケティングプロフスのエグゼクティブチームの仲間たち——アレン・ワイス、ロイ・ヤング、シャロン・ハドソン、ヴァレリー・ウィット、アーロン・ローレンツ、アン・ヤストレムスキー、そして（いちばん重要な人なので最後に残しておいた）ヴァエ・ハベシアン。ありがとうの一言ではこの感謝の気持ちを十分に表現することができない。最後に、デイヴィッド・ミーアマン・スコットに特別な感謝を。彼は私たちより早くから、この本の価値を理解してくれていた。
　そして、愛する家族にも感謝したい。ものを書くのは孤独な仕事だ。それでも、すべてを終えて仕事部屋を出ようとドアを開いたときに、そこに家族の姿があれば、どんな孤独な作業も報われる！

CONTENTS
お客が集まるオンライン・コンテンツの作り方
CONTENT RULES

FOREWORD　マーケティングのためのコンテンツ 1
by デイヴィッド・ミーアマン・スコット

BIG FAT OVERVIEW
(Someteimes Called an Introduction)
コンテンツこそ王様 5
この本の使い方、そして3つの約束 8
必要なルールと、そうでないルールがある 12

Part 1
コンテンツ・ルール

CHAPTER 1　マーケティングの中心 24
コンテンツはどう役に立つか? 28
優れたコンテンツで優位に立つ 33

CHAPTER 2　11のルール 37
11のシンプルなルール 38

CHAPTER3 「なぜ」から「誰」へ 46
「なぜ」から始めよう 48
検索結果で高く表示されるためには 50
あなたは誰を追いかけているのか 52
何を成功の目安とすべきか? 55

CHAPTER4 あなたは何者か? 59
人間味のある言葉で話す 67

CHAPTER5 再発想する——コンテンツの食物連鎖 92
ビッグアイデアを探すには、太陽を見よ 97
発行スケジュールを決める 98
食物連鎖を進行させるには 103
驚きを与えるコンテンツ作り 104
コンテンツにエネルギーを与える方法 105

CHAPTER6 共有か解決か——売り込みはするな 111
ストーリーを発掘する25のアプローチ 116
本当にやるべきことは監督だ 126
コンテンツについての責任の所在を明らかにする 128
ライターやクリエイターに求めるべきこと 130
外部からコンテンツを調達する 134

CHAPTER7 キャンプファイアー——火を絶やさない 144
本当に火をおこすには 145
コンテンツのキャンプファイアーの目標 146
小枝から火をおこすように 146
火を絶やさない大きな枝を見つける 148
コミュニティー意識が生まれるとき 149
人々にまた戻ってきてもらうには 149
あなたのストーリーが共有されるとき 150

CHAPTER8 コンテンツの翼と根っこ 152
ウェブのための翼 154
アクティビティー・ストリームで注意を引く 158
コンテンツをバイラルで広めたいなら 169

CHAPTER9 ファンを育てる 170
人々の声を聞く「ダッシュボード」 171
対応は素早く、誠実に 173

CHAPTER10 B2B企業のためのルール 177
見込み客はどうしてあなたに接触してこないのか 178
見込み客の気持ちを引きつける戦略 179
鍵は、コンテンツ・マーケティング 180
相手に見初められるための補足 181
取り入れるべき「コンテンツの4つのアイデア」 189

Part2
コンテンツづくりの実際

CHAPTER11 ハブとしてのブログ 202
ブログを書くための12のガイドライン 203

CHAPTER12 使えるウェビナー戦略 217
魅力的なウェビナーを作る25の方法 222
あなたのセミナーを何と呼ぶべきか 235

CHAPTER 13　Eブックとホワイトペーパー　237
コンテンツ作りのための9つのステップ　240

CHAPTER 14
ケーススタディー──顧客のサクセスストーリー　251

CHAPTER 15　FAQページの見直し　257

CHAPTER 16　動画──ストーリーを見せるには　267
動画製作に必要なもの　268
ストーリーを力強く語る　269
撮影の基本ルール　271
世界に向けて発信する　273
動画のためのアイデア　275
あなたがウェブ番組を作れる可能性　277

CHAPTER 17　ポッドキャスト──音声の共有にメリットあり　280

CHAPTER 18　写真──絵の持つ力　285
どんな写真を撮ったらいいか？　286
シェアとタグ付けで魅力をアップ　287
ソーシャル・スナップショットのトレンド　288
特筆すべきブランドの活用例　290
誰でもいい写真を撮れる条件がある　292
プロを雇うという選択肢　293

Part3
サクセスストーリー

見込み客を顧客に替えるコンテンツ（あなたが盗めるアイデアとともに！）

CHAPTER 19 学校を開設する──レイノルズ・ゴルフ・アカデミー 296
ビジネスを呼び込むためのコンテンツ 297
商売繁盛！するための戦略 299
ここから、あなたが盗めるアイデア 300

CHAPTER 20
エキスパートに位置づける──クール・ビーンズ・グループ 302
ビジネスを呼び込むためのコンテンツ 303
商売繁盛！するための戦略 304
ここから、あなたが盗めるアイデア 305

CHAPTER 21 新兵を募集する──米国陸軍 308
ビジネスを呼び込むためのコンテンツ 309
商売繁盛！するための戦略 310
ここから、あなたが盗めるアイデア 311

CHAPTER 22 女性に車を売る──アスクパティ・ドットコム 313
ビジネスを呼び込むためのコンテンツ 314
商売繁盛！するための戦略 317
ここから、あなたが盗めるアイデア 318

CHAPTER 23 B2B商品の販売──キュヴィディアン 320
ビジネスを呼び込むためのコンテンツ 321

商売繁盛!するための戦略 324
ここから、あなたが盗めるアイデア 324

CHAPTER24　B2B企業の手本 ── ハブスポット 326
ビジネスを呼び込むためのコンテンツ 327
商売繁盛!するための戦略 330
ここから、あなたが盗めるアイデア 331

CHAPTER25　ソーシャルメディアの活用 ── コダック 336
ビジネスを呼び込むためのコンテンツ 337
商売繁盛!するための戦略 340
ここから、あなたが盗めるアイデア 341

CHAPTER26　ブランド・ジャーナリズム ── ボーイング 343
ビジネスを呼び込むためのコンテンツ 345
商売繁盛!するための戦略 348
ここから、あなたが盗めるアイデア 349

CHAPTER27　顧客を呼ぶブログ戦略 ── インディウム 351
ビジネスを呼び込むためのコンテンツ 352
商売繁盛!するための戦略 354
ここから、あなたが盗めるアイデア 354

CHAPTER28　社会運動に巻き込む ── ピンク・スティンクス 356
ビジネスを呼び込むためのコンテンツ 357
商売繁盛!するための戦略 359
ここから、あなたが盗めるアイデア 360

CHAPTER29　別れの言葉よりも大事なこと 362
12のコンテンツ・チェックリスト 363

Part 1
コンテンツ・ルール

The Content Rules

CHAPTER 1

マーケティングの中心

　少し前のこと、私（アン・ハンドリー）はアルメニア旅行に持っていくデジタルカメラを買うことにした。写真上級者というわけではないので、あれこれ機能を備えたものは必要ない。ポケットにおさまる大きさの、銀行のキャッシュカードくらい薄くて軽いものが欲しかった（落として壊れたときのことを考えれば、値段も安いほうがいい）。素早く簡単に思い出の写真を撮れるカメラであれば十分だ。

　もちろん、そこで私に降りかかった問題は、予算に見合った商品を見つけられなかったことではない。多すぎる選択肢の中から、どれを選べばよいのかわからなかったことだ。有名カメラメーカー（キヤノン、コダック、ソニー、ニコン、ペンタックスなど）のそれぞれが、条件に見合う機種を出していた。そのどれが私にぴったりのカメラなのだろう？

数年前までなら、『コンシューマー・リポート』誌（訳注：米国の非営利の消費者団体が1936年から発行している月刊情報誌。一般企業の広告は掲載せず、独自の製品比較調査を実施・発表することで知られる）のバックナンバーを開いて役立つアドバイスを探すか、買い物ガイドを調べてみたかもしれない。しかしこのときは、インターネットでカメラメーカーのウェブサイトにアクセスし、いくつかのカメラの機能を比べたり、製品レビューを読んだりした。

　さらに、Twitterなどのソーシャルネットワークで友人やフォロワーにアドバイスを求めてもみた。そうこうしているうちに、私の検索内容が、コダックの当時の最高マーケティング責任者（CMO）、ジェフリー・ヘイズレットの目に留まった。彼のチームはTwitter上で私のような消費者の検索動向をモニターしている。ジェフリーはTwitterを通して私に直接連絡をしてきて、自分の会社の入門者用コンパクトデジタルカメラ「イージーシェア」を推薦した。そして、もし私がデジタルカメラについて知りたいことがあれば、いつでも相談に乗ると付け加えた。

　時価総額76億ドルの大企業のCMOが、ひとりの消費者に直接連絡をとったのだから、これはすごいことだ。だが実際に起こっていることは、単にすごいだけではない。企業のオンライン・マーケティングのあり方は大きな変革を遂げた。コダックはTwitterを利用しているかもしれないが、コダックも他の企業も、それ以外にブログを開設し、ポッドキャストやウェビナーを実施し、Facebookページを立ち上げるなどしている。コダックは『コンシューマー・リポート』誌が自分のところの最新デジタルカメラについての評価を載せてくれるまで待つ必要はない。自分たちで新しい機種のスペックを発表し、消費者がコダック製品に興味を持ってくれるように働きかけることができる。

　百貨店のシアーズも、2010年に「シアーズ・ヤード・グル」（www.searsyardguru.com）というサイトを立ち上げて、芝刈り機の購入を考えている消費者が、自分の庭の広さと地質によって選択肢を絞り込めるようにし

た。産業機器オークション会社のリッチーブラザーズ・オークショニアーズは、重機についての情報共有サイト「リッチーウィキ」(www.ritchiewiki.com)を運営している。そして、展示会・イベントのマーケティング会社MC²（MC-squared）(www.mc-2.com)は、ブログ、Eブック、ホワイトペーパーを量産している。また、ランドン・ポラックという人物が立ち上げた非営利のオンラインマガジン「スタビードッグ」(www.stubbydog.org)は、何かと評判の悪い犬種アメリカン・ピット・ブル・テリアの名誉回復をミッションとして掲げている（訳注：もとは闘犬用の犬種だったために闘争心が強く、ペットとして飼うには獰猛すぎると危険視される傾向があった）。

企業のこうした動きは何を意味するのだろうか？　なぜコダックやシアーズやリッチーブラザーズ、そしてこの本で紹介する多くの企業は、オンライン・コンテンツにわざわざ投資しているのだろう？　それは、オンライン・コンテンツが効率的なマーケティングツールであるとともに、今や必要不可欠なものになってきたからである。企業がオンライン・コンテンツをマーケティングの中心に据えるようになった理由は3つある。

1. 単純に広告などのメッセージを送りつけて顧客の「邪魔をする」タイプのマーケティング手法は、もう十分な効果を上げなくなった。マスメディアの広告枠を買ったり、自社の顧客層を読者対象とする新聞や雑誌の記事になんとか取り上げてもらったりしてブランド認知を高める方法は、もうそれほど効果的な戦略ではない。

    つまり、ルールは変わったのだ。デイヴィッド・ミーアマン・スコットはこのことを誰よりも早く、画期的な著書『マーケティングとPRの実践ネット戦略』でこう的確に説明した。「ウェブ以前の時代には、組織が人々の注意を引くための選択肢には大きくふたつしかなかった。高価な広告枠を買うか、メディアに第三者の意見として取り上げてもらうかのどちらかだ。しかし、ウェブがこのルールを変えた」。

2. 消費者の行動と望むものが変化している。私がデジタルカメラを買ったときのアプローチは、珍しくもないし、特別でもない。あなたも何かを

買おうと思って同じようにネット検索を利用したことがあるだろう。そして、将来あなたの顧客になるかもしれない人たちも、あなたが売っている製品やサービスについての情報をネット上で調べている。芝刈り機でも、カメラでも、コンサルティング・サービスでも、回路基板のはんだ付け用ペーストでも、あるいは金曜の夜にどのバンドのライブに行くのかについてでも。

　私たちはブログを読み、買おうと思っているものについてグーグルで検索し、Twitterのフォロワーや Facebook 上の友達に情報を求めている。購入決定を下す前に、いつも製品についてネットで調べているのだ。

　消費者の購買行動に関する2010年2月の調査結果について、ウェブ調査会社コンピート・ドット・コム（Compete.com）のデブラ・ミラーは、「圧倒的多数の消費者が、ネット上で何かを買うときに検索エンジンを頼りにしている」と同社のブログに書いている。「5人に3人は、ネットショッピングをする際には、いつも、あるいはかなりの頻度で検索エンジンを利用していると答えた。また、多くの消費者が、クーポンサイト、小売店からのお知らせメール、カスタマーレビュー、あるいは価格比較サイトよりも、検索エンジンを利用することが多いと答えている」（図1.1参照）。

　これは何を意味するのだろう？　それはもちろん、あなたの会社の売り上げを大幅にアップさせるための鍵は、消費者が製品やサービスを検索するときに、あなたの会社が検索結果ページの上位に表示されるかどうかにある、ということだ。そのためには、オンライン・コンテンツを充実させ、それを検索エンジンに最適化することが必要になる。

3．**誰もがメディア。誰もが出版社**。テクノロジーの進歩のおかげで顧客へのリーチ（訳注：広告やコンテンツによる働きかけの到達率を表す）が容易になった。オンラインでコンテンツを発表するときの高い壁はもう存在しない。ブログ、動画、ポッドキャスト、フォーラム、そしてTwitterやFacebookのようなソーシャルネットワークを通したマーケ

ティングが簡単かつ低コストでできるようになったおかげで、企業は比較的少ないコストで直接顧客にリーチすることができる。特定のオーディエンスを引きつけるための宣伝素材を提示するというアイデアは、もう印刷や流通コストを工面できる少数のエリート企業だけのものではなくなった。「ブランド自体がメディアになった」と、『Engage!（仮邦題：交流せよ）』（John Wiley & Sons）の著者ブライアン・ソリスは言っている。つまりは、**あなた自身もメディアであり、あなた自身も出版社**ということだ。

その真の意味は、**見込み客に直接リーチできる**ことである。そしてもちろん、顧客側もあなたに直接話しかけることができる。今では企業と個人が簡単に直接コミュニケーションをとれるようになった。

コンテンツはどう役に立つか？

ところで、コンテンツとは正確には何を意味するのだろう？

これは、作成されてウェブサイトにアップロードされるすべてのものを指

あなたはオンラインショッピングの際に、次のツールをどれくらいの頻度で使いますか？
よく使うもの上位ふたつを選んでください。

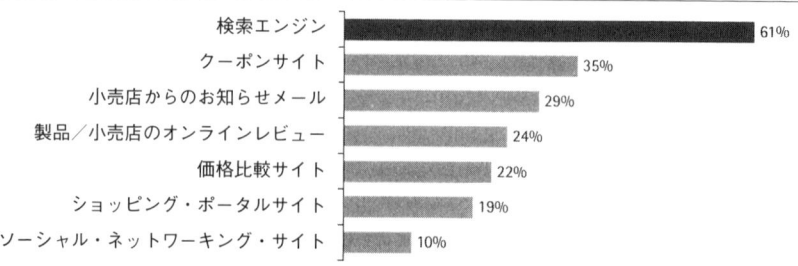

図1.1 オンラインショッピングのための下調べツール

（訳注：ショッピング・ポータルサイトは日本で言えば楽天市場のような、ネットショップを集めたサイト）

出典：http://blog.compete.com/2010/02/22/online-shopper-intelligence-study-released

す幅広い用語だ。言葉、画像、ツールなど、ウェブ上で利用されるすべてのものが含まれる。つまり、あなたのウェブサイトのページすべてがコンテンツということになる。ホームページも、「会社概要」のページも、「よくある質問（FAQ）」のページも、「製品情報」のページも。これらのページに掲載するために、あるいはマーケティング努力の一環としてあなたが製作するもの——動画、ブログ、写真、ウェビナー、ホワイトページ、Eブック、ポッドキャスト——もコンテンツだ。そして、サイトとは別に設けられた情報発信場所——Facebookページ、Twitterの投稿、LinkedInのグループなど——で公開されるすべてのものも一種のコンテンツと呼べるだろう（注：ここで、コンテンツとコピーライティングの違いを認識しておこう。このふたつはよく混同されるが、ウェブのコンテンツはコピーライティングと同じではない。コピーライティングというのは、言葉を使った広告、販促素材、小冊子、マーケティング・メッセージを通して宣伝することで、ラジオ・テレビCMやダイレクトメールのように、消費者に直接働きかけるものである（さらに混乱を招くことに、「コピー」という言葉は私が働いていたニュース編集室では、編集や印刷前のニュース原稿に対しても使われていた。だが、これはまったく別のものだ））。

　当然ながら、ネット上での存在感を際立たせるために、こうしたチャンネルのすべてを使う必要はない。これから紹介する企業の例からもわかるように、オンライン・コンテンツはさまざまな条件に応じて無数の形をとる。例えば、オーディエンスの需要や好み、あなた自身の目標、会社の専門分野とブランド、そして、コンテンツ製作にかけられる時間、能力、予算も関係してくる。

　この本で紹介するコンセプトは、あなたのウェブコンテンツに活力、生命力、目的、価値を吹き込むのに役立つはずだ。しかし、この本がとくに焦点をあてるのは、**マーケティングのためのコンテンツを作る方法**である。つまり、**人々の関心を引く価値ある情報を創出・共有し、あなたのビジネスに信用と信頼、そして何より権威を与え、最終的には訪問者や閲覧者を購入者に替えることを目指す。**

それこそがまさに、キラーコンテンツを作る目的にほかならない。閲覧者を購入者に、一度購入してくれた客を常連客あるいは（もっとよいのは）熱狂的ファン、PR大使、支援者に替えるのである。それを成し遂げるためには、**時間をかけて閲覧者や購入者との関係を築くこと、彼らが関心を持ち、友人や同僚と共有したいと思うようなコンテンツを繰り返し提供すること、そして、彼らを夢中にさせ、あなたが発行するもの**（メールマガジンやウェビナー）**の購読登録をし、ホワイトペーパーやEブックをダウンロードするように導くことが必要になる。**

ジョー・プリッツィはニュート・バレットとの共著『Get Content, Get Customers（仮邦題：コンテンツで顧客をつかめ）』（McGraw-Hill）の中で、「夢中にさせるコンテンツをより多く持つ者が勝利する。なぜなら、頻繁に接触することが関係性を築き、より多くの転向の機会を与えるからだ。広告は贅沢品だが、コンテンツは生存のための必需品だ」と書いている。

正しいやり方で行えば、**あなたが作るコンテンツは、あなたの会社をただ何かの商品を売っている会社ではなく、信頼できる情報源にする。**その恩恵は何倍にも増幅する、とソーシャルメディア戦略コンサルタントのジェイ・ベアは言う。彼はコンテンツを「情報年金」と呼ぶ（なかなかよいフレーズではないだろうか？）。同様に、リバー・プールズ・アンド・スパのマーカス・シェリダンは、コンテンツを「恵みを与え続ける贈り物」と呼ぶ（マーカスとリバー・プールズについては後述する）。

他のマーケティング手段とは違い、コンテンツ・マーケティングには「有効期限がない」と、ジェイは言う。いったんオンラインに載せたコンテンツは、いつまでも検索可能だ。「それが（検索エンジンやソーシャルメディアのリンクを通して）ウェブ上のトラフィック（訳注：文書や音声、画像などのデジタルデータによるネットワーク上での情報の流れ）を生み出し、日々、購入の妨げとなるものを取り除いてくれる。将来顧客になるかもしれない人があなたの会社、製品、サービス、ライバル会社について何か質問を持つとする。そうした質問に簡潔に答える、賢く使いやすいコンテンツを広めることが、売り上げと顧客ロイヤルティーへの最短の道のりになる」。

なかでも、マーケティングの要となるコンテンツを作れば、次のことが可能になる。

・顧客を引き寄せる。
・購入を考慮しているものについて、買い手に知恵を授ける。
・購入への障害を克服し、反対意見に打ち勝つ。
・業界内での信用と信頼、権威を築く。
・あなたの会社のストーリーを語る。
・ソーシャルネットワークを通じて口コミを広げる。
・ファン層を築き、顧客があなたの会社に夢中になるように刺激する。
・衝動買いを後押しする。

　マーケティングに関して、「刺激的」「信用される」「信頼できる」「よいストーリーを語る」などの言葉を使うと、奇妙な感じがするだろうか？　極端すぎるように思うだろうか？　あなたをいくらか懐疑的にさせ、不安にもするだろうか？　もしそうなら、なぜだろう？

　おそらく、こうした表現はマーケティングよりは別の領域、例えば、好みの雑誌や新聞、あるいは友人に対して使われることが多いだろう。しかし、あなたの会社のマーケティング手法をもう一段上のレベルに高めて損はないはずだ。新たな価値を創出しようじゃないか！　顧客に高価値のコンテンツ——ニューヨークのビジビリティ・パブリック・リレーションズの創設者でマーケティング専門家のレン・スタインが言うように、「実用的で、インスピレーションの源泉になり、素直に感情移入してもらえる」コンテンツ——を確実に提供し続けようじゃないか！　「それ以下のコンテンツはもう通用しない。口先だけで約束を守らないブランドは、消費者たちのクリックひとつで反撃を受ける世界なのだから」と、レンは言う。

　言い換えれば、とびきり優れたコンテンツを作るのだ！　そして、それを顧客との関係を築くための、意味ある対話の土台として利用する。コンテンツを何かもっと大きなもの、ページ上の言葉や画像以上のもの、あなたのブ

ランドの延長線上にあるものと考えてほしい。人間が肉と骨と髪と歯だけでできてはいないように、優れたコンテンツも文章とグラフィックと動画があればいいというものではない。

それは**あなたのブランドを体現する**ものでなければならない。人々を刺激してもっと読むように、もっと見るように、もっとあなたの会社を知り、愛するようにデザインしなければならない。優れたコンテンツはすぐさま、あなたのブランドのオンライン世界での分身となるだろう。

オンライン・コンテンツは、サイト訪問者にコメントやシェアや「いいね！」、リンクへのクリックなどの行動を起こさせることで、サイトへと誘導する。

ザ・ハフィントン・ポスト創設者のアリアナ・ハフィントンは、2008年末にアリゾナ州で開かれたマーケティングプロフス（訳注：MarketingProfs。マーケティング専門家が集まったネットワーク組織で、ウェブコンテンツの発信、セミナーやカンファレンスの開催を通して、企業や起業家にマーケティング戦略についての助言を与えている。本書の著者アン・ハンドリーが最高コンテンツ責任者を務める）のイベントの基調講演で、こう話した。「旧式メディアはカウチ（ソファー）の上で消費するものだが、ニューメディアは馬の上で消費する」。

アリアナが言おうとしたのは、テレビなどの旧式メディアは、ただ座って見るだけの受け身の消費を求めるのに対し、**オンライン・コンテンツは見るだけでなく参加させ、積極的に関わることを求め、つねに行動させる**ということだ。

コンテンツは会話を引き出す。会話は顧客を参加させる。人々と関わることこそ、あなたの会社が新しいソーシャルネットワーク世界で生き残り、成功するための道となる。つまり、オンライン・コンテンツはあなたの会社の力強い代理人として、人々の関心をかき立て、もっと興味を持たせ、つながりを築くのだ。そして、物事がおもしろくなるのはここからだ。

優れたコンテンツで優位に立つ

　マーカス・シェリダンは、ヴァージニア州ウォーソーにあるリバー・プールズ・アンド・スパの3人のオーナーのひとりである。この会社はメリーランド州とヴァージニア州の全域にスイミングプールやスパを設置している。2002年にこの業界に参入したリバー・プールズは、マーカスの指揮のもとで飛躍的な成長を遂げた。この地域では記録的な雨量、住宅市場の不振、景気後退が何年も続いたにもかかわらず、リバー・プールズの成長は止まらず、2009年には全米のどの同業者よりも多くのファイバーグラス製プールを売っていた。すべての埋め込み型プール設営会社の中で上位5社に入るほどの勢いだ。

　その大きな理由として、マーカスは彼の会社のビジネスアプローチを挙げる。「以前は自分の会社を"プール会社"と考えていた。たくさんの水泳プールを設置してきたのだから、我々はプール会社なのだ」と。

　「しかし、振り返ってみれば、その考え方が間違っていた」と、彼は続ける。「今では自分たちをコンテンツ・マーケティング会社と見なしている。つまり、社としての大きな目標は、同じ業界のどの企業よりも消費者にとって価値のある、際立ったコンテンツを提供し、それを売り上げの増加につなげることだ」。

　ブログや動画をつねに最新のものにし（この会社は週に3回コンテンツを更新している）、「プールの買い方」をテーマにしたEブックを発行することで（サブタイトルは「ぼったくりを防ぐために」）、マーカスはプールに関してはネット上で最も役立つ情報を与えるようなウェブサイトの構築に乗り出した。

　「我が社のウェブサイトをプール購入の百科事典にしたいと思っている」と彼は言う。この考えは、業界誌の出版社がそれぞれの業界で信用を築こうとするのと似ていなくもない。「何か疑問を持った人が、うちのウェブサイト

に来て、それを読むか見るかすることで答えを得られるようにしたい」。

　スイミングプール業界は大手製造会社に支配されているため、創業9年目のリバー・プールズのような歴史の浅い中小企業が、「スイミングプール」や「埋め込み型プール」のような検索ワードで競争するのは難しい（消費者がそうしたワードを使ってプールについての情報を得ようとするときには、グーグルはリバー・プールズのような中小企業ではなく、大企業のどれかを検索結果ページのトップに持ってくる）。

　そのため、マーカスは代わりに、もっと検索数の少ないロングテールの検索ワードを自分のウェブコンテンツに含めた。通常は3語かそれ以上のキーワードから成る特定の検索フレーズだ。このようなフレーズを使うと、より一般的な検索ワードと比べて、検索数やトラフィックは少ないものの、検索者は探しているものとマッチする、内容の濃いコンテンツに導かれる（訳注：一般には、ロングテールはあまり売れない商品でも幅広い在庫を取り揃えることで、全体での売り上げを大きくするビジネスモデルを指す。ここでは、検索結果画面の上位に表示されるために、少数の検索者しか入力しないキーワード、またはその組み合わせをターゲットにした検索エンジン最適化のことを言っている）。そうしたアプローチは、「毎回ホームランを打たなくても、二塁打や三塁打を量産すれば、試合に勝つことができる」ことに似ている、とマーカスは言う。

　図1.2は、ロングテールのキーワード検索を図に表したものだ。「ネット検索を利用する人たちは、ユーザーとして洗練されている」と、マーカスは説明する。たいていの人はただ「プール」の一語だけでは検索しない。おそらくすでに予備検索は済ませて、選択肢を絞っているだろう。「自分も消費者の気持ちになって、『まだ答えの出ていない疑問は何だろう？』と考えるんだ」。マーカスはこうした疑問に個別に答えるようなコンテンツを作ること、ファイバーグラス製のプールの問題や設置コスト、プール業者をどう選ぶかについての情報を与えるブログや動画を作ることに注力している。彼のコンテンツは製造業者やプールの設置業者について何を知っておくべきかを教える。隠れたコスト、予算プロセス、それに、マーカスが

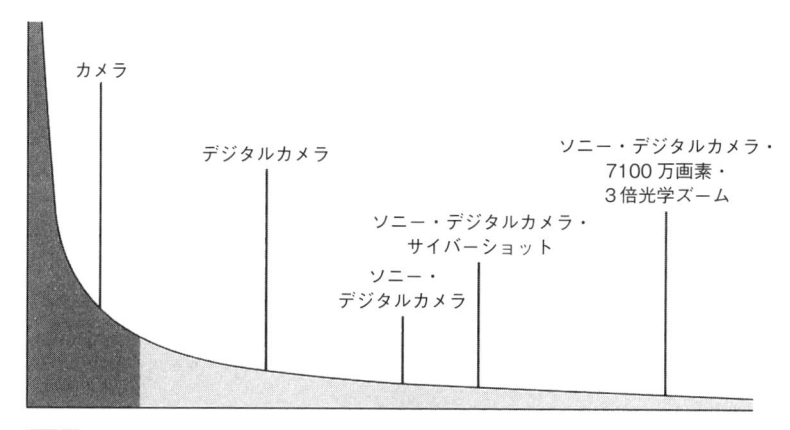

図1.2 ロングテールのキーワード検索

出典：http://www.searchenginepartner.com/Latest-SEO-News/seo-trends-utilysing-lsi-and-the-long-tail.html

言うには「埋め込み型プールの"いいところ（the good）、悪いところ（the bad）、厄介なところ（the ugly）"」などだ。「他の企業がいいところだけを話しているときに、私は厄介なところを指摘する」（訳注：The Good, the Bad, and the Ugly は、クリント・イーストウッド主演の映画『続・夕陽のガンマン』の原題。「善玉、悪玉、卑劣漢」と訳されている）。

> マーカスは彼のブログに、検索対象になるようなキーワードを意味ある形で散りばめている。コンテンツそのものの邪魔になるような、うっとうしい、あからさまな形ではない。同じように、あなたの会社のコンテンツにも検索エンジンを意識したキーワードを含めることができるが、ごく自然な、語りかけるような文章にすることを心がけてほしい。コンテンツを単なる宣伝道具に見せてはいけない。もっと悪いのは、キーワードだらけで、内容も価値もない愚かなコンテンツだ。

検索エンジンはマーカスのような人物が大好きだ。つまり、キーワード満載のYouTubeの動画、ブログ投稿、記事などを生み出す人たちである。彼らのターゲットとするキーワードで検索すると、検索結果の最初のページに彼らのサイトがつねに現れる。しかし、マーカスは自分の作るコンテンツを、将来の顧客との関係を広げ深めることで、他社との競争を有利にしてくれるものと考えている。言い換えれば、顧客が検索を通して彼のことを見つけるのは成り行きかもしれないが、彼らがマーカスとビジネスをするのは、彼がプール購入時に避けるべき問題や落とし穴について率直に語ろうとしているからだ。それが顧客との間に信用と信頼を築き、結果的に熱狂的なファンを増やすことにつながっている。

マーカスは自分が生み出すコンテンツを、プール購入までの旅のあらゆる段階で「恵みを与え続ける贈り物」と呼んでいる。潜在顧客がプール購入の選択肢について調べているとき、コンテンツは彼らをリバー・プールズのサイトへと導き、彼らの関心をそそる。購入者が選択肢を絞り込むと、リバー・プールズのコンテンツはそれぞれの選択肢についてのとっておきの情報を与え、それらを評価するのを助ける。購入後には、さらに顧客のロイヤルティーをつかみ取るため、「なぜうちのプールは空気が噴き出すのか？ トラブルシューティング・ガイド」のようなブログで、プール所有者の情報源であり続ける。

購入までの道のりの各段階でのニーズに応えるコンテンツを提供し、購入後には顧客ロイヤルティーを醸成するこのビジネスモデルが、本書で紹介する他の多くの企業（フィットネススタジオの「モダンパイレーツ」、はんだ付け用ペーストの製造会社インディウム、コダックなど）のアプローチと同じなのは偶然ではない。

マーカスはこう語る。「与える情報が価値のあるものであるほど、専門家として認知され、信頼を得られる。豊かなメンタリティーを持つものが勝利する」。

CHAPTER 2

11のルール

　このへんで、本当に重要なポイントをはっきりさせておくのがいいだろう。際立ったコンテンツを作ることはたしかに重要だが、それだけでは十分ではない。**それ以外の多くの目的の達成につながるような素材を開発しなくてはならないし、優れたコンテンツのしきたりにも心を留めておかなければならない。**すなわちそれが（そう、あなたの予想どおり）「コンテンツ・ルール」だ。

　今では多くの人が自分自身のブログを立ち上げ、動画を撮り、ウェビナーを主催し、その他さまざまなコンテンツを自ら生み出している。テクノロジーの進歩のおかげで企業は顧客に直接働きかけられるようになり、顧客のほうでもオンラインで情報を探し、関心を持つ製品やサービスについての知識を簡単に得られるようになった。特定のオーディエンスに働きかける素材

を提供するという考えが、印刷・流通コストを負担できる少数のエリート企業だけのものではなくなり、今や誰もがメディアの一部になれる。企業が機械ではなく生身の人間が動かしている組織であることをアピールしなければならないこの時代には、**コンテンツの製作は複雑で難しいなどという考えはもう捨てなければならない**。

　序文（BIG FAT OVERVIEW）で述べたように、くどくど前置きを述べるつもりはない。ルールが変わった結果、製品第一主義のコミュニケーションではもう十分な効果は得られない、という説明に多くのスペースを割くことはしない。その代わりに、あなたを正しい道に進ませるための11のルールのリストをコンパクトにまとめ、簡単に共有できるようにした。

　第1のコンテンツ・ルール、「自分が出版社であることを受け入れる」についてはすでに述べた。ここで、それ以外のルールについても、少し詳しく説明しようと思う。ただし、あくまでもシンプルに。それでは始めよう。

11のシンプルなルール

コンテンツ・ツール

EMBRACE THAT YOU ARE A PUBLISHER

自分が出版社
であることを
受け入れる。

1. **自分が出版社であることを受け入れる。** この本を買ったあなたは、すでにその一歩を踏み出しているはずだ（まだ納得できないようなら、序文（BIG FAT OVERVIEW）と第1章をもう一度読んでほしい）。

INSIGHT INSPIRES ORIGINALITY

洞察が独創性を
刺激する。

2. **洞察が独創性を刺激する。** 誰よりも自分のことをよく知る。自分のブランドを語るストーリーを考え、ブランドとして掲げる使命と個性に基づいて、はっきりとした視点を打ち出そう。顧客のことや、何が彼らを悩ませているかについても知る努力をする。彼らはどんな関心や目標を持っているだろう？ 何を好むだろう？ あなたのブランドは彼らの日

常生活にどんなふうに役立ててもらえるだろう？

BUILD MOMENTUM 行動を促す。

3．**行動を促す**。なぜコンテンツを作るのか？　優れたコンテンツには必ず目的がある。意図を持って生み出される。したがって、オーディエンスに行動を起こさせるものでなければならない。

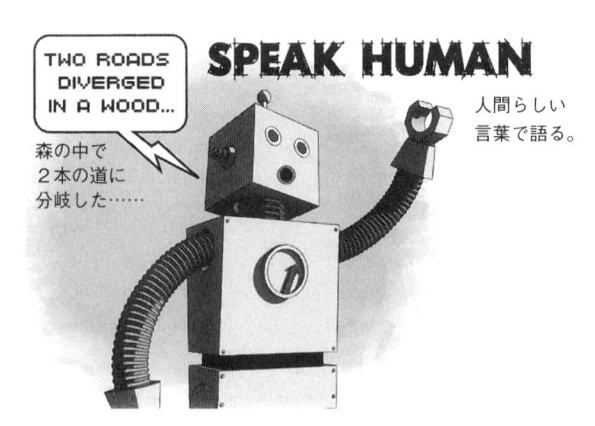

SPEAK HUMAN 人間らしい言葉で語る。

TWO ROADS DIVERGED IN A WOOD... 森の中で2本の道に分岐した……

4．**人間らしい言葉で語る**。ブランドの使命、価値、哲学を、顧客が理解する言葉を使ってシンプルに伝える。顧客や見込み客と会話をしているのだと思い、自分の言葉で、思いやりと感情を込めて語る。いかにも企業っぽい言葉遣いや業界用語は避ける。機械が話しているように聞こえ

る無機的な言葉も使わない。

REIMAGINE DON'T RECYCLE

再利用ではなく
再発想する。

5. **再利用ではなく再発想する。** リサイクルは後知恵にすぎない。優れたコンテンツは、さまざまなプラットフォームやフォーマットでも使えるように、最初の段階から考え抜かれて作られたものだ。

SHARE OR SOLVE, DON'T SHILL

共有か解決か。
売り込みはしない。

6. **共有か解決か。売り込みはしない。** 優れたコンテンツは押し売りしない。自らを信頼できる貴重な情報源として位置づけることで、自然に価値を創出する。優れたコンテンツは知識や情報を共有し、問題を解決し、顧客が仕事をよりうまくこなすことを助け、彼らの生活を改善す

る。あるいは、彼らをもっと賢く、機知に富み、見栄えよく、背が高く、優れたネットワークを持ち、より格好よく、洗練された人物にする。またあるいは、バックハンドに上達し、ヒップを引き締め、かわいらしい子どもを持つ親になるのを手助けする。要するに、どんな形であれ、顧客が共感し、価値を見出すコンテンツを作らなければならない。

SHOW, DON'T JUST TELL
言葉だけでなく、具体的に見せる。

7．**言葉だけでなく、具体的に見せる。**優れたコンテンツは説教も、押し売りもしない。あなたの製品が世の中で実際にどう使われているかを見せるだけでいい。実例や顧客の話を通して、顧客があなたの製品やサービスをどう使っているかを具体的に示し、それが彼らの生活にどんな価値をもたらし、トラブルを解決し、彼らの必要を満たしているかを人間らしい言葉で伝えよう。優れたコンテンツで大事なのは語りの技術ではない。真実のストーリーをうまく語ることである（注：37シグナルズ社の共同創業者で、『小さなチーム、大きな仕事』（早川書房）の共著者であるジェイソン・フリードが、『インク』誌で語っている内容から着想を得た）。

DO SOMETHING UNEXPECTED

予想外のことをする。

8. **予想外のことをする。**「ショウほど素敵な商売はない」。時には、コンテンツに驚きの要素を付け加えることが、シェアを広め、あなたの会社の個性を高めることにつながる(企業間［B2B］ビジネスに携わるみなさんへ。このルールはB2Bにもあてはまる)。

キャンプファイアーの火を絶やさない。

STOKE THE CAMPFIRE

9. **キャンプファイアーの火を絶やさない。**うまくできたキャンプファイアーのように、優れたコンテンツは人々の交流を深め、オンライン空間でのあなたと顧客、顧客同士の会話を促進する。

翼と根っこを
与える。

10. **翼と根っこを与える。**このアドバイスは通常なら子育てにあてはまるものだ（子どもたちにしっかり地に足をつけるための根と、新しい世界を探検するための翼を与える）。しかし、この考え方はコンテンツにもうまく応用できる。コンテンツを独自の視点にしっかりと根づかせながらも、自由に成長させ、ウェブ上のあらゆるソーシャルプラットフォームで共有され、遠くまで旅するための翼を与えるのである。

自分の強みを
生かす。

11. **自分の強みを生かす。**あらゆる種類のコンテンツを作り、すべての場所に送り届ける必要はない。すべてを総合的に行う必要もない。優れたブログ、ポッドキャスト、ホワイトペーパー、ウェビナー、Eブッ

ク、人形劇、その他想像しうるあらゆることのすべてに手を出す必要もない。しかし、この中の複数のことをこなす必要はある。そして、少なくともひとつのことは、本当にうまくこなさなければならない。

　以上のコンテンツ・ルールを、次章以降でさらに詳しく説明し、内容を膨らませていく。いくつかのルールは見出しになっているが、章の中に組み入れ、ハウツーのセクション（第２部）やサクセスストーリー（第３部）の中に補足として登場させたものもある。
　いずれにしても、どのルールも同じくらい重要だ。これをあなた自身のコンテンツ製作に役立てる、便利な「コンテンツの掟（おきて）」と考えてほしい。それでは、第２のルール、「洞察が独創性を刺激する」から始めよう。

CHAPTER 3
「なぜ」から「誰」へ

　私は大学でジャーナリズムを学んでいたときに、優れたニュースストーリーの基本として、すべての記事は5つのWに答えるものでなければならない、と教わった。誰が（who）、何を（what）、いつ（when）、どこで（where）、なぜ（why）。もちろん、その根底にあるのは、優れたストーリーを正確に伝え、読者に関心を持ってもらうという考えである。

　優れたジャーナリズムと同じように、優れたコンテンツ戦略は、**語るべきストーリー**と、**引き寄せるべきオーディエンスを中心に考案される**。5Wの基本は、顧客と彼らのニーズや好みに焦点を定めることを助けるはずだ。もっとも、ジャーナリズムとは違って、コンテンツ戦略の場合は「誰が」ではなく、「なぜ」から始めなければならない。

1．なぜあなたはそのコンテンツを作っているのか？（目的は何か？）
2．誰がオーディエンスなのか？　そして、あなたは何者か？
3．コンテンツを通して何を達成したいのか？
4．いつ、どのように、コンテンツを生み出すのか？
5．どこでそれを発表するのか？

質問1．なぜあなたはそのコンテンツを作っているのか？
　あなたの目標は何か？　何を達成したいのか？　どんなコンテンツ戦略でも、その中心には、あなたが作ろうとしているものを事業目的や戦略目標に一致させるという考えがなければならない。次の質問に答えることが、そのための鍵になる。**あなたのコンテンツ戦略は、他の戦略目標にどう組み込むことができるだろうか？**

質問2．誰がオーディエンスなのか？　そして、あなたは何者か？
　あなたがターゲットとするオーディエンスはどういう人たちか？　顧客なのか見込み客なのか？　彼らは何を好むだろう？　オフラインの人たちだろうか、オンラインの人たちだろうか？　どんなメディアやプラットフォームなら、その顧客や見込み客の共感を得られるだろう？　彼らはどんな問題を抱えているだろう？　そしてもっと重要なこととして、**あなたは彼らをどう手助けすることができるだろう？**　ランディングページ（訳注：リンクや検索エンジンの結果をクリックしたときに最初にたどり着くページ）に詳しいカール・ブランクスは、「顧客が抱えている最大の問題が何かを知るぐらい十分に彼らのことを知らなければならない」と助言する。
　そして、質問の後半部分も忘れてはいけない。**あなたは何者か？　ライバルとどこが違うのだろう？　あなたはどんな視点や意見を持っているだろう？**

質問3．コンテンツを通して何を達成したいのか？
　コンテンツにどんな効果を期待するのか？　顧客や見込み客にどんな行動

をとってもらいたいのか？ そして、彼らの行動をどう測り、努力の成果をどう定義するのか？

オーディエンスの役に立つには、いくつかの方法がある。彼らが仕事をもっとうまくこなしたり、休暇の計画を練ったり、カメラを買ったり、マラソンに向けてトレーニングしたりするのを助けるために、あなたには何ができるだろう？ 彼らのニーズを見定め、それに応えることができれば、彼らはあなたのことを単に何かを売りつけようとしている相手ではなく、必要な情報を得るための信頼できる情報源として見てくれるはずだ。そうすれば、彼らを購入プロセスの次の段階へとうまく導くこともできるだろう。

質問4．いつ、どのように、コンテンツを生み出すのか？

ターゲット・オーディエンスを魅了するのに最も適した形でコンテンツを発表するにはどうしたらいいのだろう？ 予算はどれくらいあるのか？ 必要とされるコンテンツをどんなプロセスで作ればいいのか？ 発行スケジュールは？

質問5．どこでそれを発表するのか？

顧客はあなたのコンテンツをどのように見つけ、アクセスし、共有することになるのか？

「なぜ」から始めよう

ここで第2のコンテンツ・ルール、「洞察が独創性を刺激する」が大事になる。なぜか？ あなたはすぐにでもブログやYouTubeへの投稿を始めたいと思うかもしれないが、実際に行動に移す前に、時間をとって、**なぜそれを作ろうとしているのかをはっきりさせた**ほうが、はるかに効果的なものができあがる。そうしないと、あなたがすることは目的を達することなく終わるかもしれない。

上司があなたのオフィスにやってきて、新しいポニーを欲しいと駄々をこねる子どものように、こう切り出したことはないだろうか？「我々は＿＿＿＿を必要としている（＿＿＿＿部分には、最近よくメディアで取り上げられている人気のオンラインツールを入れてほしい）」。それはTwitterのアカウントかもしれないし、ライブ動画かもしれないし、ブログかもしれない。もしそうなら、あなたが内心思うのは、おそらくこの最も重要な質問をすることだろう。「**待ってください。なぜですか？**」

　私たちもあなたに同じ質問をさせてほしい。

　たしかにあなたの頭の中には、作りたいコンテンツのイメージができあがっているかもしれない。顧客があなたのところに大金を持って押し寄せてくるような、すばらしいデザインのコンテンツの壮大なビジョンを持っているかもしれない。しかし実際には、具体的な戦略プラン（全体図とも呼ばれる）がないと、はじめから失敗を運命づけられているようなものだ（あるいは、少なくとも期待はずれに終わるだろう）。大きな夢を持ち続けるのはかまわないが、少しの間それを後回しにして、先に土台を築いたほうがいい。

　おそらく、あなたは次の4つの目的のどれかを満たすオンライン・コンテンツを作りたいと思っているはずだ。

1．新しい顧客を引き寄せる。
2．あなたの会社の認知度を高め、口コミを広める。
3．ネット上でのあなたの会社についての情報がもっと共有され、人々に見つけてもらいやすくする。
4．コミュニティーを築き、人々があなたの会社について語る理由を与える。

（4番目の目的について考えた人がどれだけいるだろう？　それほど多くはないはずだ。しかし、後のページでなぜそれが重要なのかを説明する）。

検索結果で高く表示されるためには

　PR代理店のシフト・コミュニケーション社のトッド・デフレン社長は、あるプレゼンテーションを図3.1のスライドを見せることから始めた。

　この図は、サイトにコンテンツを掲載することがなぜ重要かをまとめている。それは、人々がネット検索するときに、あなたの会社を見つけてほしいからだ。

　「検索エンジン最適化（SEO）」については、数多くの本が書かれてきた。後のページでもう少し説明を加えようと思うが、ここでいったん簡単にまとめておこう。サイト内に個性的で魅力的なコンテンツが増えれば、外部の

新鮮なコンテンツを！
賢い脳みそからひねり出せ！
グーグルが飛びつくぞ！

図3.1 ゾンビが人の脳みそを追い求めるように、グーグルはコンテンツを追い求める

ウェブサイトがあなたのサイトにリンクを貼ることも多くなり（インバウンド・リンク）、検索エンジンの結果ページでの表示ランクも高くなる。もしあなたの会社がさまざまな自然素材を使った犬用製品を売っているのだとしたら、誰かが「ベジタリアンの犬用おやつ」というキーワードで検索したときに、あなたの会社のサイトができるだけ検索結果の上位に表示されることが目標になるだろう。

　しかし、こうしたインバウンド・リンクをどう確保すればいいのか、とあなたは思うかもしれない。**説得力あるコンテンツを作れ**、というのが答えである。誰かが自分のブログやTwitterにあなたのサイトのリンクを貼って他の人とシェアするたびに、それが検索結果の表示ランクを引き上げる。例えば、誰もが絶賛する動画を作ったり、いつまでも人々の話題に上るようなブログを書いたりすれば、あなたのことを検索する人や、あなたが売っているものを買おうとする人が増え、それとともに検索結果ページでのランクがどんどん上がっていく。もちろん、ランクが上がればそれだけ、さらに多くの人があなたの売っているものを探そうとサイトにアクセスするようになる。
　ソーシャルメディア戦略家のジェイ・ベアは、「単にトラフィックが増えるというだけではない。ものすごく値打ちのある（gives a shit）トラフィックが増えるということだ」と言っている（注：これはジェイの言葉をそのまま引用したものだ。shitという単語を別の言葉に変えたりはしなかった。それは臆病な反応に思えるからだ。原則として、私たちはビジネス・コンテンツの中では罵り言葉を避けるようにしているが、時にはそれが、この場合のように、要点を色鮮やかに伝えることもある。もしこの引用を読んで、あなたが気付け薬に手を伸ばしたり、気分を害したりしたなら、お詫びしたい。しかし、本書のテーマからすれば、これは罵り言葉に対するあなた自身の方針を考えるよい機会にもなる。もしあなたの会社が流行の最先端を行くブランドなら、時々はコンテンツに禁句を落とし込むのもいいだろう。しかし一般には、口汚い言葉は避けることを勧める）。

あなたは誰を追いかけているのか

　次の問いかけに答えることが、あなたがなぜコンテンツを作るのか（つまり、オーディエンスに働きかけるという目的のため）を決め、どんなコンテンツがあなたのオーディエンスのニーズに最も適したものかを考えるのに役立つだろう。

1．誰にリーチしようとしているのか？

　あなたが最初に答えるべき質問はこれだ。具体的であるほど、細かいほどよい。もし答えが「ウェブ上の誰でも」であれば、網を広げすぎている。多くの魚を獲ることはできるだろうが、それはあなたが欲しいと思っている魚だろうか？　誰を追いかけているのかを知るのが役に立つのはそのためだ。

　まずは、誰があなたの理想的な顧客になるのかから考えてみよう。年齢は？　住んでいる場所は？　仕事は？　答えの多くは推測になるかもしれないが、自分やスタッフにこの問いの答えを考えさせることは、ビジネスを成長させるためにすでにやっているべきはずのことだ。

2．彼らはオンラインのどこで時間を過ごしているか？

　顧客や見込み客が時間を費やしているサイトを特定するのに、閲覧履歴やグーグル検索の結果をいちいち調べる必要はない。

　どうしたらそれがわかるだろう？　クオントキャスト・コム（QuantCast.com）のようなサービスが、人口統計データをもとにした調査で、人々がどこで時間を過ごしているかを教えてくれる。そう、たしかにこうしたサービスの分類は大まかで、細かいデータは得られないが、出発点にはなる。

　あるいは、直接、またはネット上で尋ねることもできる。もしあなたがすでに電子メール調査を実施できるような顧客データベースを築いているのなら、顧客に好きなウェブサイトの上位5つをリストアップしてもらう簡単な

アンケートを送るのもいいだろう。もっと詳しいことを知りたければ、Facebook、Twitter、LinkedInなどのソーシャルネットワークを利用しているかどうかを尋ねてもいい。彼らはどれほどウェブツールに熟達しているだろう？ RSS（訳注：ブログやニュースサイトなどの更新情報を配信するフォーマット）を通じてオンライン・コンテンツにアクセスしているだろうか？ メールマガジンやブログを購読しているだろうか？ このような簡単な質問だけで、顧客がどのサイトにアクセスしているのかをすぐに知ることができ、どんなコンテンツなら彼らに関心を持ってもらえるかを思い描くことができる。

3．どのようにしてウェブにアクセスしているか？

彼らはどのデバイスでウェブを閲覧しているだろう？ デスクトップPC、ラップトップ、iPad、あるいはスマートフォンのようなモバイル機器だろうか？ とくに最後のスマートフォンには注意が必要だ。地球上で最もクールな動画を作っても、あなたのオーディエンスがほとんどスマートフォンばかりを使っているとしたら、彼らはそれにアクセスできないかもしれない。

さらに、もし職場のコンピューターからあなたのサイトにアクセスしている取引相手にリーチしようとしているのなら、相手企業のファイアウォールでブロックされてしまうような、手の込んだプラグイン（拡張プログラム）などは使わないほうがいいだろう。シンプルで狙いを定めたものにするべきだ。

4．彼らは何を求めているのか？

彼らは楽しみたいのだろうか、情報を得たいのだろうか、知識を得たいのだろうか？ それともその全部だろうか？ あるいは移動途中で、できるだけ早く情報を得ようとしているのだろうか？ コンテンツをフルコースで消費する時間があるのだろうか、それともつまみ食いしたいだけだろうか？

どのコンテンツもそうだが、あなたには本当に狭い窓しか開かれていな

い。一部の報告書によれば、サイト訪問者がクリックで別の場所に移ってしまう前にその注意を引く時間は、せいぜい8秒しかない。もし見出しで興味を引くことができれば、もう少し時間を稼ぐことができる。訪問者の注意を引き留めておくには、彼らの望むものを理解するしかない。

これについても、直接質問をすることで答えが引き出せる。サイト訪問者が何を最も見たがっているかを調べるのである。彼らに4つか5つの選択肢を与え、どれがトップにくるかを確認する。さらに、どんな媒体にコンテンツを掲載してもらいたいかを尋ねておこう。彼らはもっと文章を読みたがっているのに、あなたはすべての努力を動画に注ぎ込んできたと気づくかもしれない。とにかく、ターゲット・コミュニティーが求めるコンテンツを提供することだ。

5．彼らに何をしてほしいのか？

第3のコンテンツ・ルール（行動を促す）の観点からすれば、優れたコンテンツにはつねに目的がある。何らかの行動を引き起こすために生み出されるのだ。したがって、行動の引き金（トリガー）になるようなものがそこになければならない。あなたはオーディエンスに何を持ち帰ってほしいのか？ 彼らに何をしてほしいのか？ 何かを買うことだろうか？ メールマガジンの購読申し込み？ 会社訪問？ Facebookページへの参加？ デモでこぶしを突き上げてもらう？ ウェビナーへの参加？ あなたをコンサルタントとして雇ってもらうこと？ あなたが作るすべてのコンテンツは、あなたの会社と顧客との関係を深める役割を担っていると考えてほしい。

6．すでにどんなコンテンツを持っているか？

現在公開しているものと、過去に発行したものの目録を作る。ひとつ残らず調べること。オンライン文書、古い冊子、印刷物、メールマガジン、広報資料、掲示板、デジタル資産（写真、動画、アニメーション、音楽など）、VHSテープ、顧客向けの1回限りの公式発表など、とにかくすべてだ。すでにあるものの中で目的を変えて再び使えるもの、あるいは、第5章で取り

上げるように、再発想できるものはどれだろう？

　こうした大きな問いかけは、あなたを怖気づかせるだろうか？　その必要はない。こうした厳しい質問をすることは、何かを創造することより簡単ではないし、楽しくもないかもしれないが、大切で役に立つエクササイズであり、後で見返りを得られるのだから。例えば、こうするのはどうだろう？ ランチタイムに付箋(ふせん)の束を手に取り、同僚を集めたら、何もない壁がある場所を見つけ、1から6までそれぞれの質問に対して全員が答えを書き出し、それを壁の見出しの下に貼りつけていく。一定の時間が経ったらストップして、答えを確認していく。誰も賛同しなかったものは排除する。壁に残ったものを出発点として利用しよう。

何を成功の目安とすべきか？

　どんなキャンペーンを始めるときにも、この質問だけは尋ねておいたほうがいい。

　成功はどうやって測るのか？

　これは数字の問題なので、簡単な質問だと考える人が必ずひとりはいるものだ。しかし、どの数字のことを話しているのだろう？

　オンラインメディアは従来型メディアよりも追跡調査が容易だ。そうは言っても、すべてを追うことはできない。とすれば、何を成功の目安とすればいいのだろう？

　よくある、まったく役の立たない答えは、次のようなものだ。

- ネット上でたくさんの口コミや会話を生み出している。
- 動画が素早く広まっている。
- 重要なインフルエンサー（影響力を持つ人）やウェブ上のセレブたちがあなたの会社のことを肯定的に話している。

この3つはどれも数量化できないので、本当の目標にはなりえない。これより優れたものは次のようなものだ。

- 自社製品について、ネット上で少なくとも100回以上コメントされている。
- さまざまな動画共有サイトで、合わせて1万回以上再生されている。
- 10人のブロガーが肯定的な投稿を書いている。

違いがわかるだろうか？ 前者の目標は曖昧で主観的だが、後者の目標は明確で、達成できたかどうかを客観的に判断できる。後者にはグレーゾーンが存在しない。したがって、プロジェクトを正しく評価し、その成功度合いを測るために利用すべき評価方法と言える。
　コンテンツの種類別の評価方法を挙げておこう。

ブログ

- **購読者数** あなたのブログをRSSフィードまたはメール配信を通じて購読し、最新のコンテンツを自動的に受け取る人たちの数。
- **インバウンド・リンク** あなたのサイトへのリンクを貼っている外部サイトの数。検索エンジンによっては、この数を表示するサービスを提供している（訳注：例えば、グーグルのウェブマスターツールにはこの種の機能が含まれる）。
- **コメント数** ブログにどれだけコメントが書き込まれているか。これで読者の関心の度合いがわかる。
- **肯定的評価の数** どれだけ多くの人があなたのコンテンツをFacebookで「いいね！」したり、Twitterでツイートしたり、その他のソーシャルメディアで共有したりして、肯定的に反応しているだろうか？

写真と動画

- **アクセス数・再生回数** 写真・動画共有サイトのすべてが、アクセス数・再生回数を表示する。複数のサービスを利用している場合は、それぞれの数字を集計するか、チューブモーグル（訳注：アメリカのビデオマーケティング会社で、動画広告プラットフォーム「PlayTime」で知られる）などが提供している、特定の動画や動画チャンネルの再生回数や再生時間等のデータを提供している外部サービスに依頼する必要があるだろう（チューブモーグルを通していくつかの動画サイトに投稿することもできる）。
- **「いいね！」や「お気に入り」の数** ブログと同じように、ほとんどのサービスは何らかの形の評価機能を持つ。動画に「いいね！」を押したり、「お気に入り」に登録したりするような機能だ。

ウェビナー

- **登録数と出席数** どれだけの人が時間をかけてあなたの会社の登録フォームに書き込んでいるだろう？　そのうちの何人が、実際にその日のその時間にイベントに参加しているだろう？　どれだけ多くの人が、後からオンデマンドでイベントの動画を見ているだろう？

Eブックまたはホワイトペーパー

- **ダウンロード数** どれだけの人があなたの会社のEブックやホワイトペーパーをダウンロードしているだろう？

目的とオーディエンスを把握することに加えて、**自分の会社の独自の「声」を理解しておく**（訳注：他社とは異なるどんな個性を持っているかを見極め

ておく）ことも同じように重要だ。もちろん、それが次の章の「あなたは何者か？」につながる。

CHAPTER 4

あなたは何者か？

　この1年、私はC・C（・チャップマン）と一緒にこの本を書くことに専念しているはずだった。ところが実際には、毎晩テレビばかり見て過ごしていた。気がつけば、これまで見たことのなかったような番組、とくに一般の人たちの日常の姿を追ったリアリティー番組から目が離せなくなっていた。こうした番組はネットワーク局の連続ホームコメディー（シットコム）やドラマよりも頻繁に放映されるところがいい。例えば、人気オーディション番組の『アメリカン・アイドル』は、週に3回の放送がある。無名のファッションデザイナーたちが成功を目指して競い合う『プロジェクト・ランウェイ』や、その姉妹番組『モデルズ・オブ・ランウェイ』を見れば、週の2時間を簡単に費やすことができる。これらの番組を手あたり次第に見ることで、私はほぼ毎晩、わざと仕事から目を逸らし続けたのだ（注：アン・ハン

ドリーのメモより。「本を書くのは大変な仕事だ。怖気づいてしまうほどの、とんでもなく大変な仕事。『私はすばらしい人間です。語るべきことを持ち、たくさんの本を売ることができ、御社に大きな利益をもたらすことができます』と出版社を説得する一種の挑戦として始めたことだった。それが、彼らが私を実際に信じてくれたとたん、いきなり逃避願望、無感覚、注意逸脱、圧倒的な恐怖に変わった。私はいったい何を考えていたのだろう？　本を書きたいだなんてどうして思ったのだろう？　この本を書いているときほど、ふだんの仕事が魅力的に思えたことはなかった。シットコムやリアリティー番組にこれほど魅了されたこともなかった。とくに週に何回も放送され、ソファに座りながら手軽に楽しめるものは」)。

　もしあなたが『アメリカン・アイドル』や『プロジェクト・ランウェイ』のようなオーディション番組を見るのにたくさんの時間を費やしているのなら、そこにいくつかのパターンがあることに気づくはずだ。ファイナリストとして残るのは——『アメリカン・アイドル』の審査員カーラ・ディオガルディが参加者によく使っていた言葉を借りれば——「自分のことがよくわかっている」人たちだ。『プロジェクト・ランウェイ』で優勝をかけて競い合うデザイナーたちや、『アメリカン・アイドル』に出てソロで歌う参加者たちは、ランウェイやステージで**自分をどう表現すべきかをよくわかっている**。自分の考え、感情、独自の世界観を表現するために声や洋服のデザインを利用し、この自分なりの視点を土台にして、それぞれの参加者がストーリーを語り、一種の物語を編んでいく。毎晩、毎週、その物語を通じて、視聴者は彼らが何者であるかを感じ取っていくのである。

　私がこの本のことを考えなくて済むように努力すればするほど、こうした番組とコンテンツ製作の類似性を無視することは難しくなった（なんてことだ！）。優れたコンテンツを作るのに不可欠なステップは、**自分だけの声を持つことなのだ**。

　文学では、著者独自の文体を「声」という言葉で表すことがある。一般には、登場人物の設定、視点、句読点、会話など、作品の全体的なトーンを生

み出すために使われるすべてのものを表す。

　また、「声」は書かれた文章を読んだときの響きを表すものでもある。ページ上の文字の奏でる響きが、その作家のひとりの人間としての個性や視点を明らかにするのだ。『バガー・ヴァンスの伝説』など6冊の著書があるスティーヴン・プレスフィールドは、「声」は「魔法をかける。正しい声は言葉に人々を引き寄せる。素材を照らし出し、輝かせるようなトーンと視点を与えてくれる」と説明する。

　「声」などと言うと、どことなく芸術家気取りに聞こえて、ビジネスの世界にはまったくそぐわない、と感じるだろうか？　一言で言えば、そんなことはない。もう少し言えば、「声」という概念は、あらゆる面でビジネスと関係を持つ。「声」とはもちろん、**あなたがどう書くか**、ということだ。しかし、より広い意味では、**あなたのブランドをどう表現するか**ということでもある。つまり、あなたが**コミュニケーションとコンテンツに用いる全体的なトーン**が「声」なのである。あなたについて、あなたの視点について、そのどこがライバルと違うかを判断する材料に使われるものだ。

　「顧客のことを本当に理解できるようになる前に、自分のことを理解しなければならない」。著述家でコンテンツ・マーケティングの効用を説くジョー・プリッツィはそう語る。

　あなたの組織は、競争の激しい市場で差別化を図ろうと必死に努力していることだろう。成功するためには、ライバルとは異なるオリジナリティーを持ち、長く記憶されるブランドを構築しなければならない。そして、LinkedIn、Twitter、Facebookなどのソーシャルメディアで共有される興味深いコンテンツを作らなければならない。簡単に言えば、**代わり映えのしない平凡な存在でいてはいけない**ということだ。

　テレビのオーディション番組のファイナリストたちと同じように、あなたのコンテンツはあなたの会社の特別なところ、独自の視点をはっきり伝えるトーンを持たなければならない。誰かがあなたのサイトを偶然訪ね、メールマガジンか何かを読むときに、そのコンテンツはライバル会社、あるいは他の誰とも似た響きを持っていてはいけない。必要なのは、**あなたの会社だけ**

の持ち味だ。

　ほとんどの組織のサイトは基本的な要素、例えばデザインやグラフィック、ロゴ、文字などで差別化を図ろうとする。コンテンツ自体は後回し、あるいは考慮すらされないこともある。グラフィックやウェブデザインにおいては、どこに文章がはめ込まれるかを示すために、「ロレム・イプサム」と呼ばれる無意味なラテン語のダミーテキストが使われるのが一般的だ。実際の文章は他の要素（活字、デザイン、レイアウト、ナビゲーション）がしかるべき場所におさまった後から加えられるのが普通なので、コンテンツの役割は最小限に抑えられてしまう。まったく、何を考えているのやら。

　『Content Strategy for the Web（仮邦題：ウェブのためのコンテンツ戦略）』（New Riders）の著者、クリスティーナ・ハルヴォーソンはこう語る。「ロレム・イプサムは、ウェブページの大まかな構成やデザインを決めるうえでは効果的だと論じる意見を聞いたことがある。そのおかげで実際のレイアウトや色などに集中できるからだという。まったくお笑い種だ。私たちは（好むと好まざるとにかかわらず）言葉を中心にしたコンテンツでユーザーを引きつけようとしているのだから。ページやアプリは言葉中心に構成されるべきものなのだ」。

　要するに、**重要なのは言葉なのである**。だから、**人とは違う書き方をしよう**。あなたが使う言葉、あなたの声のトーンは、誰のものとも異なるアイデンティティーを発達させ、これまで使われてこなかった力強い手段になる、と、ブランド・コンサルタントのジョン・シモンズが著書『We, Me, Them & It: How to Write Powerfully for Business（仮邦題：私たち、私、彼ら、それ──ビジネスのための力強い書き方）』（Texere）の中で述べている。

　シモンズは、企業は従来の**企業アイデンティティーの概念を拡大し、言語、言葉遣い、声のトーンまでを含める必要がある**と論じる。結局のところ、ブランディングとは差別化を図ることがすべてなのだから。そして、ブランド表現は言葉から始まる。使い古された言葉やフレーズ、いかにも企業が使いそうなトーンに頼ることはやめたほうがいい。

　これまでのブランドは、企業が全社的に選ぶトーンというのが一般的だっ

た。「個人の声を伝えるようなフレーズやオリジナリティー——家族や育ってきた背景、文化的な好みを反映した、ユーモアや遊び感覚、シンプルで率直な言葉は排除され、きれいにこすり取られてしまった」と、B2Bビジネスのコピーライター、リチャード・ペレティエが「マーケティングプロフス」のサイトに書いている。結果として、「独自の声で見込み客を魅了し、長期的な関係を築くという視点が失われる」。ペレティエが助言するように、顧客や見込み客には、あなたが何者であるかを見せなければならない。彼らの想像に任せるだけではいけないのだ。

オーディエンスを夢中にさせ、刺激し、興奮させたいと思うなら、**ユニークで人間味のある企業の声が必要だ**。とくに今では、マーケティング努力の中心にコンテンツが置かれ、それを通してあなたが何者であるかが定義され、高められ、明確にされるのだから。言い換えれば、あなたの声のトーンは、あなたのよき協力者になる。製品、サービス、企業文化、その他ブランドに注ぎ込まれるすべてのものと並んで、顧客との間に築こうとしている関係の基礎となるのがコンテンツだ。

2010年の春のこと、私は「信じられないほど退屈なウェブコンテンツ・チャレンジ」というコンテストの審査員を務めた。ボストンのマーケティング・広告代理店キャプテンズ・オブ・インダストリーが創設したコンテストだ。自由の女神像が、貧しく疲弊した、自由に憧れる移民を大量に引き寄せたのにも似て、キャプテンズ・オブ・インダストリーはコンテンツの全面的見直しのために、最も退屈で陳腐なオンライン・コンテンツを引き寄せることにした。「アルバータ地質学調査」のサイトに掲載された「バッファロー・ヘッド・ヒルズ地域でこれまでで最高のダイヤモンド含有率を計測」がその一例だ（図4.1参照）。

要するに、この丘にはダイヤモンドがあるということだ！　それも大量の！　カナダのアルバータ州には、数十億ドルの価値があるダイヤモンドの鉱脈があると思われ、政府は発掘に必要な資金を持つパートナーを探している。

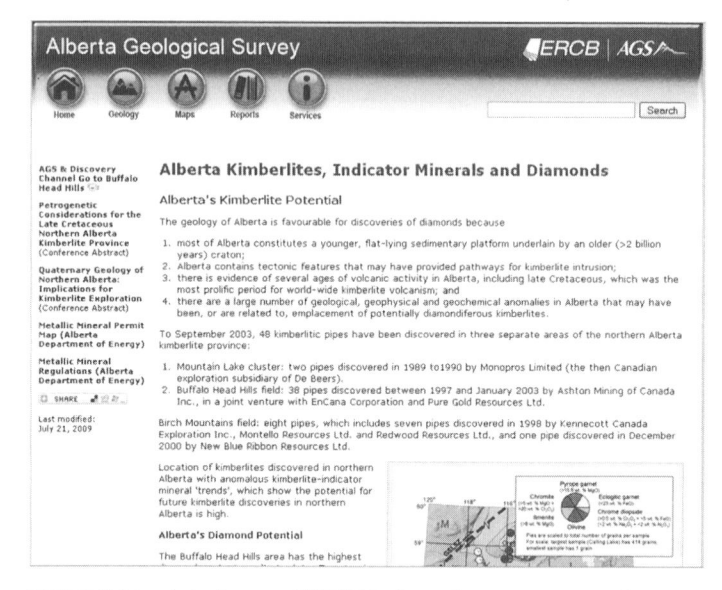

図4.1「信じられないほど退屈なウェブコンテンツ・チャレンジ」にエントリーされたアルバータ地質学調査のサイト

(訳注:記事タイトル「アルバータのキンバーライト、指標鉱物、ダイヤモンド」。本文中の「バッファロー・ヘッド・ヒルズ地域でこれまでで最高のダイヤモンド含有率を計測」の文章は画面のいちばん下に登場する。その前置き部分である表示画面には、アルバータ州の地質形成の歴史やキンバーライト鉱脈の分布、調査実施と鉱脈発見の経緯などがおもしろみのない文章で淡々と説明されている)

出典:www.ags.gov.ab.ca/minerals/diamonds/diamonds.html

あるいは、マサチューセッツ州ウォルサムのコミュニカティブ・ヘルスケア・アソシエーツという会社の次のコンテンツはどうだろう?

> コミュニカティブ・ヘルスケア・アソシエーツ(CHCA)は、言語療法、セラピー、スクリーニングを専門とし、アライド・リハビリテーション・アソシエーツ(ARA)部門を通じて、身体的・職業的セラピーを含む、多分野にまたがる総合リハビリテーションサービスを提供しています。

言い換えれば、この会社は、人々が話し、手話を使い、聞く力を改善する手助けをしている。赤ん坊の笑い声やかもめが飛び立つときの羽ばたきの音が聞こえなくなった人たち（あるいは一度も聞いたことのない人たち）でも、もう一度（あるいはようやく）コミュニケーションをとれるようになる、ということだ。

　退屈なコンテンツの例は他にもたくさんあるが、このふたつの例には個性もトーンも声も、すべて欠けていることがわかるだろうか？　自分たちがどんな組織なのかについて、価値ある情報をまったく伝えていないことがわかるだろうか？　彼らのどこが特別なのだろう？　そもそも何かを少しでも持っているのだろうか？

　このふたつの例を、テネシー州ナッシュビルのエマ（Emma）という電子メールマーケティング会社のホームページと比べてみてほしい（www.myemma.com）。

　　　エマを紹介しましょう。エマの電子メールマーケティングとコミュニケーション・サービスは、ウェブベースのソフトウェアに独自のアプローチで取り組んでいます。私たちはこう考えます。ソフトウェアは使いやすいものであるべきです（とっちらかったインターフェイスよ、さようなら）。あなたのために特別に作られたものであるべきです（規定のテンプレートよ、さようなら）。そして、楽しいものであるべきです（サポート電話の待ち時間よ、さようなら）。これこそ、現在の電子メールマーケティングに必要なものです。2万の中小企業や非営利団体や代理店がメールマガジンの配信やキャンペーンをパワーアップするために、エマを選んでいるのはそのためです。私たちは喜んであなたのお手伝いをします。

　こうしたコンテンツなら、取引相手がどういう企業なのかについて、すぐにイメージがつかめるのではないだろうか？　生身の人間、あなたのニーズを理解してくれる誰かが、このホームページを実際に書いていると感じるこ

とができる。そして、このエマという会社は愉快で突飛だが、仕事の能力はありそうだと考えるようになる。

　もちろん、ここでは他の要素も働いている。エマの文章は実際にそこにいる人たち——将来の顧客たち——に語りかけているように聞こえる。そして、エマが彼らのために何ができるかを伝えている（「喜んであなたのお手伝いをします」）。自分の会社がどれだけすごいかを話しているだけではない。例えば、**このページでは次のことが語られていないことに注目してほしい**。「エマはテネシー州ナッシュビルに本社を構える電子メールマーケティングの総合代理店で、2万を超える企業や団体がそのマーケティング上のニーズを満たすために、エマの製品とサービスを利用している……」。顧客に対してのメッセージの書き方については後述するが、ここでは「声」の重要性だけ強調しておこう。エマはそれに成功している。

　ネットプロスペクス社（NetProspex）も同様だ。マサチューセッツ州ウォルサムにあるこの会社は、売り上げ予想データベースと電子メールリストのブローカーである。そのホームページのコンテンツは、ゆったりとしたデザインで、ストレートで、本当に親しみやすい。いかがわしい慣行と最低の評判を連想させる業界で、ネットプロスペクスは声とデザインを同業他社と差別化できるものにすることを目指した。「声とトーンを、画像とデザインとナビゲーションと同じくらい、新しいデザインの重要な要素だと考えた」。創設4年目の同社のウェブサイトの新しいデザインについて、最高経営責任者（CEO）のゲイリー・ハリウェルはそう語る。

「［サイト訪問者にとって］このサイトでの経験が、わかりやすく手ごたえを感じられるものにしたかった。何をすべきかを知ってもらい、それと同時に重要なこととして、ホームページ上で彼らが話しかけている相手が誰なのかをはっきり伝えたいと思った」とゲイリー。マーケティング担当ディレクターのケイティ・マーテルは、「このウェブサイトは、私たちがどんな会社かを象徴するもの。その声は私たちが堅実な会社であると語っている。ごまかしはいっさいない。会話をしているような語り口。親しみやすい。一方的に押しつけない。なぜなら、サイトは私たちのものではなく、顧客のための

ものだから」。

　私たちがゲイリーとケイティと話したのは、新しいデザインに変わって2カ月しか経っていないころで、他の機能やコンテンツはまだ企画途中の段階だった。しかし、この時点ですでに、デザイン変更によってトラフィックは50％増しになった、とケイティは言っていた。そして、訪問者がサイトで過ごす平均時間も長くなっていた。ついでながら、彼女はこうも付け加えた。「サイトのデザインを変えることで、業界の一役を担うべく、自分たちのブランドを積極的に表に出す自信を得ることができた。文章のトーンは、私たちがどんな企業であるかを反映するだけでなく、人々のサイトへの出入りを増すことにもつながった。結局、難解な業界用語を並べただけのサイトは、訪問者もぼーっと読み流してしまうだけなのだ」。

人間味のある言葉で話す

　あくまでも人間らしく。『これまでのビジネスのやり方は終わりだ』（日本経済新聞社）を書いたリック・レヴァインと彼の同僚たちは、10年前に「市場は人口統計データに基づいた数字ではなく、人間から成り立っている」と言っている。ウィリアム・ストランクとE・B・ホワイトも、それより40年前に刊行された『英語文章ルールブック』（訳注：原題『The Elements of Style』。荒竹出版から発行されていたが、現在絶版）の中で、率直なコミュニケーション・スタイルについて、「自然に口をついて出る言葉を書く……明確に……風変わりであるよりは標準的な言葉を好む」と書いている（ホワイトについては後述する）。

　私たちはあなたのこともあなたの顧客のことも人間だと思っている（たとえあなたがB2Bマーケターであっても、結局は誰か他の人間に話しかけることになる）。「すべての顧客に向けた言葉であっても、つねにその一人ひとりに話しかけていることを忘れてはいけない」と、マルチメディア製作会社であるジェリービジョン社の創業者、ハリー・ゴットリーブは言っている。

「人間らしい言葉を話せ」などと言うと、人を食ったように聞こえるだろうか？　私たちにはそのつもりはない。そうではなく、企業のどこかの部署ではなく、ひとりの人間が話しているように聞こえるようなコンテンツを作ってほしいと言いたいのだ。どうやって？　簡単だ。**話しているように書けばいい。**

- **リラックスする**。あなたの声は自然で、ゆったりとしていて、率直でなければならない。
- **会話調にする**。例えば、友人に手紙を書いているかのようにブログを書く。
- **マーケティング用語や専門用語を避ける**（この章の終わりの囲みを参照）。
- **どこかから借りてきたような難しいフレーズをつぎはぎ状態にした"引用のフランケンシュタイン"にしない**。この言葉はイギリスのアーティキュレート・マーケティング社のマシュー・スティブが使ったものを拝借した。彼はそれを「報道資料やマーケティング担当上級副社長のブログに見られるいんちき満載の文章」と表現する。
- **くだけた話し言葉やカジュアルな表現を使う**。「それが生き生きとした印象を加える」と、マシューは助言する。
- **いくつかのルールを破る**。学校でどう習ったかは別として、文章を「そして」「でも」「だから」「なぜなら」で始めてもかまわない。だから心配はいらない。試してみよう！
- **教えるのではなく、見せる**。ストーリーを語る。あなたの製品やサービスが顧客の生活にどう役立てられているかを示す。製品を見せるだけではなく、それを実際に使っている人たちについて語ることを通して具体的に示すのだ。
- **際立ったコンテンツを作ることに集中し、プロらしく見せることにはこだわらない**。マシューは、彼のクライアントが「プロっぽい印象を与えたい」と言い出したとたんに、心配になるという。「なぜなら、そのと

きこそ業界用語、"徹頭徹尾"やら"ウィン・ウィンの（双方にとって利益になる）関係"のような専門用語が飛び出すようになるからだ。こんな言葉を使っていたら、誰もあなたを信じてくれない」。

気楽に構える。どのライターに尋ねても、うまく書くには自分が書いているものに関心を持たなければならないと教えてくれるだろう（もしあなたが関心のない内容なら、オーディエンスも関心を持たない）。しかし、ビジネスの場合はもう一段上を目指さなければならない。**関心を持つことはもちろんだが、それに夢中になり、楽しみさえする**ことも必要になる。

すでに述べた「信じられないほど退屈なウェブコンテンツ・チャレンジ」の例をもう一度考えてほしい。こうしたコンテンツを作っている人たちは、なぜこれほどきまじめにアプローチするのだろう？　おそらく自分たちのビジネスを少しばかりまじめにとらえすぎるのは、人々にふまじめな会社だと思われることを恐れるからだろう。あるいは、信頼できる会社に見られるためにはある程度堅苦しく話さなければならないと考えている企業もあるかもしれない。ビジネスでは、みんなが使っているのと同じ退屈な言葉を使いたくなるものだ（そのほうが簡単でもある）。しかし、もう少し気楽に構えたほうが、ずっと親しみやすくなる（ずっと魅力的に感じさせもする）。「顧客を退屈させるよりは、驚かせるほうがいい」と、ジェリービジョン社のハリーは言う。

企業が自らの声をトーンダウンさせる必要があるような業界はまず思い浮かばない。おそらく、遺族に棺(ひつぎ)を売っているか、アメリカ国防総省に武器を売っている企業ぐらいのものだろう。しかし、こうしたビジネスに従事しているのでない限り、**あなたのアプローチには楽しい要素が含まれているべき**だ。さらに、そうすることを自分も楽しまなければならない。もしコンテンツ作りを楽しめないようなら、やり方が間違っている。

自分のコンテンツに遊び心と個性を持たせたアプローチをとるからといって、まじめな製品を売っていないとか、もっと言えば、退屈だと思われるような製品を売っていないということにはならない。マーケティングソフトを

製作しているヴァージニア州ヴィーナのエロカという会社を考えてみてほしい（図4.2参照）。エロカは効果的なオンライン・マーケティングについて学びたいと思っている企業向けの販促ツールとして、ウェブサイトのランディングページに「ザ・カンバセーション」という双方向型の動画を掲載した（訳注：エロカは2012年にオラクルに買収され、現在のサイトではこの動画は見られない）。

　この動画はエロカのサイト（Eloqua.com）の訪問者を、契約にまでつながりそうな有望なリード（見込み客）に替えようとするものだ。もし、この説明がありきたりに聞こえるなら、あなたはこの動画をまだ見ていないに違いない。エロカは動画を通して、時代を引っ張るマーケティングソフトウェアを、ユーモラスで、軽快で、見込み客を夢中にさせるアプローチで紹介している。

　サイト訪問者がマーケティングの仕事をしていると匂わせると、「わかっ

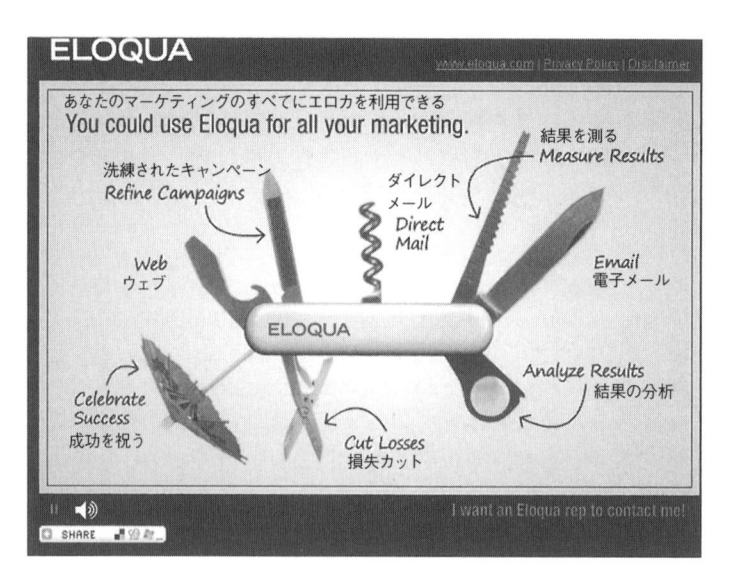

図4.2 エロカのウェブサイト内の動画「ザ・カンバセーション」

出典：http://illuminate.eloqua.com （訳注：この動画は、現在は掲載されていない）

た、それじゃあ」と、動画が始まる。「もちろん、私は典型的なマーケティングテクニック（お色気作戦）を使うことはできない。だからどうか率直に言わせてほしい」。この動画ツールは、楽しく気のきいた訪問者への質問と回答を通して、一方通行のレクチャーではなく、双方向の対話にしている。

　オーディエンスにふさわしいものにする。「ふさわしい」は、あなたの上品な叔母さんが、口をへの字にしてお説教をするときの言葉に聞こえるかもしれない。お説教のように聞こえる危険を冒してでも、ビジネスという目的のため、そしてオーディエンスのためにも、ふさわしいトーンを取り入れることは重要だ。楽しむようにとは言ったが、でたらめに騒ぎ立てるようにとは言っていない。

　実際、楽しむことと、やりすぎで愚かで、（さらに悪いことに）不適切であることとの間には大きな違いがある。どんなものでもそうだが、自分とオーディエンスの特性を理解することは重要だ。思い切ったアプローチを試みるのは悪いことではないが、自分が何者であるかを忘れてはいけない。あなたが選ぶ声は、あなたの目的と、あなたがメッセージを送る相手に適したものでなければならない。

　ブランドを基礎に置く。コンテンツの声とトーンは、あなたのブランドとその個性を反映したものであること。
「ブランド」も、あらゆる解釈と応用が可能な、曖昧なマーケティング用語のひとつだ。私たちのTwitterのフォロワーに「ブランドとは何か？」と尋ねてみたところ、10分以内にさまざまな答えが返ってきた。そのいくつかを紹介しよう。

- 「約束」
- 「期待」
- 「製品と個性」
- 「**特定の製品やサービスが体現するもの。企業イメージや消費者にどう**

認知されているかを含む」
- 「印象、イメージ、あるいは個性。消費者の心に長くとどまる好意的な感情」
- 「ブランドとは、ブランドがする行為」
- 「ブランドは製品やサービスに与えられる感情的価値。それがあるから人々が欲しくなるもの」
- 「市場での差別化につながる製品やサービスのアイデンティティー」
- 「顧客が区別に用いるマークやイメージ。どんな会社なのか、何を提供してくれるかを判断する近道」
- 「製品のDNA、特徴の暗号」
- 「すべての会話の総計」
- 「製品は消費者が買う何か。ブランドは消費者が関係を築く対象」
- 「あるいは、インディアナポリスにあるイグザクトターゲット社という電子メールマーケティング会社の副社長ジェフ・ロアズによれば、"熱した鉄が牛の尻に押しつけられた跡のマーク"(非常に賢い!)」

ここでは単純に、人々があなたの会社や製品について持つイメージを「ブランド」の定義にしておこう。人々がどんな会社として見ているかということだ。あるいは、シデラワークスというソーシャルメディア・コンサルティング会社の共同創業者アンバー・ナスランドが引用したゼイ・フランクの言葉を置き換えて言うなら、製品、サービス、企業との何らかの経験(間接的な経験までを含む)の後にやってくる「感情的な後味」だ。

「自分が何者かを知る」ということは、「声とブランドを一致させる」ということでもある。いずれにしても結果は同じだ。**あなたが使う声は、オーディエンスがイメージするあなたと完全に一致したものでなければならない。**

ヒストリーチャンネルの人気番組『ポーン・スターズ』を、PBSの『アンティーク・ロードショー』と比べてみよう。どちらも基本的には同じで、アンティーク、記念品、アメリカらしい収集品を鑑定する番組だ。しかし、

アプローチは大きく異なる。同じように、ブランドもまったく違う。『ポーン・スターズ』はあけすけで無遠慮。『アンティーク・ロードショー』は上品で言葉遣いも丁寧。これが次に挙げるポイントの格好の例となる。

　たくさんのブランドの中で差別化を図る。 一人ひとりに個性があるように、企業それぞれにも特徴がある。あるいは、そうあるべきだ。ブロガーのロヒット・バルガヴァは『Personality Not Included（仮邦題：個性は含まれず）』（McGraw-Hill）の中で、匿名性はもはや通用しないと説得力ある主張を展開している。
「個性はブランドとそれが象徴するもの、そして、製品が顧客に語るストーリーの背景にある重要な要素だ。ビジネスのすべての要素、顧客との相互関係から製品のパッケージまですべてがブランド・パーソナリティーの要素であり、それによって顧客は喜びを得ることもあれば無関心になることもある。つまり、個性は重要ということだ」
　個性は、ソーシャルメディアの時代にはとくに不可欠である。「製品やその恩恵を売り込むことよりも、ブランドの個性を利用して、いかに顧客との関係を築くかを理解しなければならない」と、ロヒットは付け加える。
　コンテンツの中にオリジナリティー——特別なブランド・パーソナリティー——が感じられるようにしよう。 電子メールマーケティング会社のエマがそうしているように、読者や訪問者に人間味や明確な視点を感じてもらえるようにするのだ。
「ヤング＆フリー・アルバータ」もそれに成功している。カナダのアルバータ州エドモントンのセルヴス・クレジット・ユニオンが2007年に立ち上げたこのウェブサイトは、資産100億ドルのこの大手金融機関が新たに顧客として取り込もうとしている、17～25歳のヤングアダルト層をターゲットにしたものだ。
　ヤング＆フリー・アルバータ（www.youngfreealberta.com）は非常に野心的なプログラムで、ウェブサイト、動画、フリッカー（訳注：写真の共有を目的としたコミュニティーサイト。Flickr）への写真投稿、Facebookグ

ループへの参加の他に、毎年マーケティング・キャンペーンを実施し、対象年齢層の若者たちにサイトの「スポークスター」(代弁者)になるよう応募を呼びかけている。しかし、動画とブログを眺めるだけでも、サイト製作者たちの声を聞き取ることができる。例えば、予算のページ(「予算は簡単だ……本当に!」)では、ヤングアダルト世代の融資に関する不安を取り除くことを目指していることがはっきりわかる。

> 予算で最も大変なことのひとつは、手続きが山のようにあるということです。意志の強さも必要ですし(「*150ドルの靴は必要ない……150ドルの靴は必要ない*」)、ただ座って予算を書き上げるという作業も必要になります! そこで、「ヤング&フリー」の友人であるみなさん、私は予算を魔法のように簡単にする、気のきいたツールをみなさんにご紹介したいと思います。

誰に話しかけているのかを知る。 第3章で説明したように、あなたのコンテンツ、実際にはあなたのマーケティングのすべては、顧客との関係の出発点になる。それでは、あなたは誰に話しかけているのだろう? 誰の注意を引きたいと思っているのだろう? あなたは働きかけたい購入者(バイヤー)のタイプを大ざっぱに特定したいと思うはずだ。マーケターはそのために、**特定の製品やサービスの購入者像「バイヤー・ペルソナ」**を考える。

バイヤー・ペルソナは、基本的にはあなたの製品やサービスに興味を持つと思われる買い手のタイプを表す。ペルソナ構築の背景にあるのは、顧客の特定のニーズや要望を理解するという考えだ。オーディエンスを知ることは、コンテンツ製作にはとくに重要で、想定するバイヤーに関心を持たれるコンテンツを考案するときに、このバイヤー・ペルソナが助けになる。とくに、顧客になりそうな人たちが使っている言葉やフレーズを使うと効果がある。

たいていの企業にとって、語りかけるペルソナはひとつだけではない。例えば、私は地元の公共図書館の評議委員を務めている。顧客は図書館の蔵書

25万冊のどれかを探しに訪れる1万人ほどの利用者だ。そう言うと、ひとつのペルソナにまとめられそうだと思うかもしれないが、そうではない。図書館は実際には次のようなさまざまな人たちのニーズに応えている。

- オンラインで、または直接訪れて、図書館の蔵書にアクセスする人たち。
- 近所に住んでいる人たち（図書館は地域の貸出業の有力メンバーだ）。
- この図書館の蔵書を借りる別の図書館。
- 寄付や資金集めで図書館を支援している個人、基金、地域の「図書館の友」グループ。
- 各種のプログラムで図書館と提携している地域団体。
- 公立学校の教員。
- 図書館の膨大な系譜資料を頼りにしている系譜研究者。
- 図書館の会議室を利用する非営利団体。
- 児童室に頻繁に出入りする子どもたちの親や、読み聞かせの時間に子どもを連れてくる親。
- ティールームにたむろしたり、Wiiのトーナメントや貸し切りイベントなど、図書館のプログラムに参加するティーンエイジャー。
- 近くに住んでいて、地域活動やイベント（リサイクル運動、シニア向け講座、子どもの夏休みのプログラム）の情報源として利用している人たち。

　こうしたさまざまなペルソナを考えるだけでも、図書館がどうしたらもっと地域に貢献できるかを考える助けになるのと同じように、バイヤー・ペルソナは、見込み客に興味を持たれるコンテンツを考案する助けになってくれる。それぞれのペルソナに向けて、どう会社の声を形作ったらよいのか、とくにペルソナの心をつかむ言葉やフレーズやトーンを考えることは重要だ。
　あなたのペルソナが使い、共感する言葉やフレーズは、どうしたらわかるのだろう？　大ざっぱに言えば、**話しかける前に耳を傾けることによって、**

である。理想を言えば、リーチしたいと思っている市場にいる人たちに取材できればいちばんいい。しかし、ネット上の言葉に耳を傾けることからも多くの情報が得られる。つまり、彼らが好んで読んでいる発行物やブログを読む、FacebookやTwitterのようなソーシャルメディアでの会話を聞く、そして、グーグル・アドワーズ、ワードトラッカー、キーワード・ディスカバリーのようなキーワード分析ツールで、**あなたのビジネスに関連するどんなキーワードで人々が検索しているのかを調べる**、といったことだ。

　最後の検索キーワードという考えが、顧客の使っている言語で話しかけるべきもうひとつの理由につながる。もちろん、あなたは彼らにアピールしたいと思っている。そのためには、将来顧客になるかもしれない人たちが、あなたの会社が提供しているものを調べているときに、検索結果の上位にあなたのコンテンツが現れるようにもしたいはずだ。

　顧客はあなたの製品やサービスについて、どう表現するだろうか？　彼らはどんな言葉を使うだろう？　ミネソタ州ミネアポリスにあるトップランク・マーケティング社のリー・オッデンCEOによれば、ある顧客は彼らのビジネスを「テレマーケティング・アウトソーシング」と表現したが、実際に調べてみると、「コールセンター・アウトソーシング」というキーワードで検索している人が多いことがわかった。

　「ソーシャルサイトで使われる言葉は、炭鉱内に有毒ガスが発生していることを知らせてくれるカナリアのようなものだ。顧客について、そして、彼らにどう働きかけるべきかについて、驚くほど多くを教えてくれる」

　そして、彼らにどう話しかけるべきか。文学でも、ビジネスでも、人々は「声」という概念に、少しばかり神秘的な性格を持たせているように思える。声を引き出すことによって、発掘することによって、あるいは見つけることによって（または、魔法のようにそれを目の前に現すどんな方法でも）、自分の会社のより高い次元の本質を見出すことができると思っている。この考えにはいくらかの真実がある。しかし、往々にして、芸術（とビジネス）では、その「声」は意図的に作り出されるものであって、それまで見えなかった何かにつま先をぶつけるときのように偶然見つかるものではない。

あなたが「声」を届けようとしているオーディエンスが、その「声」を作り出すのに一定の役割を果たす。「重要なのは自分たちではなく彼らだから」と、1938メディア社の創業者ローレン・フェルドマンは言う。著作家のスティーヴン・プレスフィールドは、「覚えておくべき重要なことは、作家の声は人工的なものということだ」と言っている。声は作品によって変えることができるからだ。

プレスフィールドは彼のブログにこう書いている。「作家の声（あるいは、演出家、振付師、写真家、起業家の声）は、素材そのものから生まれるものと、その素材にとって役立つ行為から生まれる。本ごとに、ダンスごとに、写真集ごとに、ベンチャーごとに変えることができるし、実際にそういうことが多い」。

あなたがターゲットとするオーディエンスは、「声」の開発や、その「声」のマーケティングでの役割について、あなたがどう考えるべきかに一定の役割を果たす。

退屈なウェブコンテンツの例として紹介したコミュニカティブ・ヘルスケア・アソシエーツの場合なら、法人顧客に対しては専門家らしく聞こえるトーンを、彼らのサービスを必要とする家族に対しては別のもっと温かみのあるトーンを、というように変化を持たせることもできるだろう。相手によって声を調整することは、必ずしも必要ではないかもしれないが（非常に狭い市場にいる企業なら、声はひとつだけというところも多いだろう）、複数のオーディエンスにサービスを提供しているのなら、コンテンツの声を相手に応じて調整したほうがいいかもしれない。

立場を明確にする。「声」はどう書くかについてだけのものではない。あなたが持ち込む視点にもあてはまる。**あるテーマについての立場や態度を明確にすることは重要だ。**あなたがどこから来たのか、話題になっていることについてどう感じているのかを読者に知ってもらう。そうすることで、あなたが何者であるかを伝えると同時に、あなたが書くものを通して独自の視点が伝わるようになる。さらには、誰かがすでに言っていることを単純に繰り

返すだけの"ミー・トゥー（私もそう思う）・ブロガー"になることからも守ってくれる。ブロガーのための情報サイト「プロブロガー」（www.problogger.net）を立ち上げたダレン・ロウズは、「成功しているブロガーは、自分だけの言葉を持っている」と話す。

「教会のマーケティングは最悪だ」というブログ（www.churchmarketingsucks.com）を考えてみよう。これは、非営利団体のチャーチ・コミュニケーション・センターが、会員である教会がより効果的にマーケティングすることを助けるために立ち上げたブログである。ブログのタイトルそのものや投稿のタイトル（「他の教会にはうんざりだ。あなたの教会を売り込まない方法」「あなたの教会に役立つアプリは？」）から、この非営利団体の視点がすぐにわかる。それは、教会のマーケティング努力はひどいコミュニケーション慣行、陳腐なロゴ、くだらないクリップアートだらけのものばかりだが、そんなものを使う必要はないということだ。そして、この非営利団体がより効果的なマーケティングの手助けをしてくれる。

「私たちにはこれまで語られたことのないすばらしいストーリーがあるのに、どう語っていいかがわからずにいる」と、創設者のブラッド・アベアは言う。この組織のブログのすべてのコンテンツは、「教会がそのストーリーを語る手助けをする」という考えを強調している、とブラッドは付け加える。

"インバウンドな"マーケティングソフトを売っているハブスポット社は、「いわゆるアウトバウンドのマーケティング手段（見本市、購買者リストへの電子メールキャンペーン、テレマーケティング、広告など）は、時代遅れだ」という立場を明確にしている。そして、「流行に敏感な子どもたちに聞けば、どうすれば人の心をつかめるかをすぐに答えてくれる。それこそが、あなたに顧客を引き寄せるインバウンド・マーケティングだ」と主張している（そこにはキラーコンテンツを生み出すことも含まれる）。数え切れない数のブログ投稿や動画の中で、ハブスポットの主張は揺らぐことがない。

数年前、ハブスポットの創業者ダーメッシュ・シャアは、「スタートアップについて」というタイトルの個人ブログで、ビジネスリーダーが断固たる

立場をとることになぜ不安を覚えるのかを明らかにした。彼はCEOのブライアン・ハリガンを主役にハブスポットが製作した動画についてこう述べた。

　この動画を作るとき、私たちは決断しなければならなかった。私たちは企業に対して、従来のマーケティング方法（テレマーケティングを含む）のすべてを投げ捨て、新しい方法（インバウンド・マーケティング）に切り替えるように、本当に勧めていいのだろうか、と。そうすることは私たちのビジネスにとって現実的とは言えないのでは、という不安があった。人々にそうするように促せば、私たちの言うことを真剣に受け止めてくれないたくさんの見込み客を失うリスクがある。見込み客は私たちが何もわかっていない（マーケターの）集団だと考えて離れていってしまうかもしれない。しかし、私たちはとにかくそれを実行した。そして、さらに次のステップに進んだ。関連するブログ記事を書いたとき、それに「ばかめ、売り込み電話は負け犬のものだ」という論争を巻き起こすような見出しをつけた。今度は、テレマーケティングをしている人たちをからかっているだけでなく、実際に彼らを負け犬と呼んでいるわけだ。思い出してほしい。私たちにはこのブログを購読している読者が5000人以上いる。彼らの多くはマーケターで、その多くはおそらく何らかのテレマーケティングを取り入れているのだ。

　ハブスポットは非難を浴びているだろうか？　まあ時には。しかし、マーケティング担当副社長のマイク・ヴォルピは、それは織り込み済みのリスクだと言う。「もし全員を喜ばせようと思えば、個性を失い、誰もあなたについて話さなくなる」。ハブスポットはブログ記事で、しばしば強硬な態度をとる。見本市やイベントに出展しないと宣言したこともある。「時には、私たちの見解についてひどいコメントが殺到することもある。だが、立場を貫くことで会話を刺激している」と、マイクは付け加える。

CHAPTER4　あなたは何者か？　79

ガイ・カワサキ（訳注：アップル社の元チーフ・エバンジェリストで、シリコンバレーの著名ベンチャー・キャピタリスト。ブロガーとしても人気がある）はこう語る。「人々を二分することを恐れてはいけない。たいていの企業は年齢、社会経済的背景、居住地域に関係なく、すべての消費者にアピールする万能の製品を作りたいと考える。しかし、それを目指せば、必ず凡庸な製品しか生み出せずに終わる」。

そして最後に、**あなたの声は本物でなければならない**。「本物」という言葉は、近ごろではよく使い回される「透明性」や「純粋」と同じように、ソフトで曖昧で便利な言葉のひとつだ。さまざまな解釈が可能なので、「本物」が本当のところは何を意味するのかを理解するのは難しい。

私たちが本物だと言うとき、それが意味するのは、**あなたの作るコンテンツに生身の人間（たち）だとわかる資質（見解、個性、対象への思い入れ、オーディエンスとの適合性）を持たせ、それをオーディエンスとの関係構築の基盤にする**ということだ。

あなたは自分自身でいることに居心地よく感じる必要もある。それが、この章のはじめに言ったことだ。あなたの声やスタイルを、あなた以外のものに変えてはいけない。**あなた、あなたの会社、あなたの目標を最もよく表す「声」を考え、それがターゲット・オーディエンスの声と共鳴するようにする**。

こうした話は、感傷的でうさんくさいニューエイジ精神論のように聞こえるかもしれないが、そうではない。『クチコミ・エンジンの作り方』（ダイレクト出版）の著者ジョン・ヤンツが書いているように、「必ずしも最新の流行をとらえようとする必要はない。あなたの製品やサービスについての真実だけとらえればいい。正直さは報われる。たいていはそれで成功することができるからだ。……つねにターゲット市場が必要としているものであることを目指すだけでいい」。

2006年にヤンツがそう言ったとき、彼はとくに声について語っていたわけではない。しかし、この言葉は他のすべてのことと同じように、あなたの会社のコミュニケーション・スタイルについてもあてはまる。

禁句にすべき18のビジネス用語

　先日、私のところにある技術会社が電子メールで報道資料を送ってきた。別の企業との提携を誇らしげに発表する内容で、その一部にはこう書かれていた。「私たちはこの提携が……市場での両社の力の相互利用を可能にすることで、どちらのソリューションにとっても重要な価値を加える相乗的なウィン・ウィンを象徴していると信じます」。

　何を言いたいのだろう？　このニュースを伝える価値があるのかどうか、私にはわからなかった。その報道資料は業界用語だらけの企業の言葉遣いそのままだったからだ。私はすぐさまそのメールを削除し、しばらく椅子に深く座ったまま、E・B・ホワイトのことを考えた。

　ホワイトは『シャーロットのおくりもの』や『スチュアート・リトル』の作者として有名だが、ウィリアム・ストランク・ジュニアと一緒に『英語文章ルールブック』も書いている（実際には、1918年に出版されたストランクの『ルールブック』を、ホワイトが1959年に編集・改編した。ストランクはホワイトがコーネル大学の学生だったころの教授のひとりだった）。

　『英語文章ルールブック』は、著述家のための文章作法の古典的テキストと見なされている。ほとんどの著述家の本棚には、この本が目立つ場所に置かれているはずだ。作家のリチャード・フォードが言っているように、たいていのホテルの客室にギデオン協会の聖書が、不運な人々の灯台となるように置かれているのと同じだ。「向こう見ずなやり方があなたをここに導いた場合には、ここに助けがあります」。

　『ルールブック』は、もちろん、誰かに書き方を教えているわけで

はない。しかし、書き方についての基本作法を教えている。明確に。簡潔に。大胆に。ホワイトがこの世を去ってからすでに25年が経ち、この本のホワイト版が発行されてから50年も経っているが、この小編（たったの85ページ！）の内容は今の時代にもあてはまる。それどころか、私たちやあなたにとって、そして、この新しいオンライン・マーケティングの時代にメディア企業としての道を見つけようと奮闘している企業にとっては、今こそこの本の教えが役に立つかもしれない。

1980年代に、私がボストンのシモンズ・カレッジの学生だったころ、最初にとったジャーナリズムのクラスの担当教授はチャーリー・ボールという名で、彼は『ルールブック』をその講義の唯一の必須テキストにした。ボール教授はニュースの報じ方と書き方の基本を教えようとベストを尽くした。例えば、記事を書くときには、冒頭に最も示唆に富み、最も重要な要素を置く「逆さピラミッド」の報道アプローチをとる、と教えてくれた。とくにインターネット以前の時代には、新聞の編集者は当然ながら記事スペースを与えることを渋ったため、記者たちは明確で、正確で、（最も重要なこととして）簡潔な文章を書く必要があった。

「出だしの文章はこのように直接的で簡潔であるべきだ」。ボール教授はある日の授業でそう言った。「死。それが公園で見つかった白人男性の状態だった……」。もちろん、彼は冗談を言っていた。しかし、要点はわかるはずだ。

当時、私の文章は歯がゆいほど長く、残念ながら要素を詰め込みすぎて、優れたレポートに求められる「獲物にずばりと切り込むアプローチ」の代わりに、物語を紡ぐ傾向があった。ボール教授は悲しいほど手直しされたレポートを私に手渡しながら、いつもこう言った。「すぐに使える10セントの言葉が手元にあるときに、20ドルの言葉を使う誘惑に駆られるな（短くシンプルなのがいちばん）」。教授は彼らしい単刀直入な方法で、『ルールブック』を引用してい

た（ルール14：飾った言葉を使うな）。

　私はその学期、実験用の子ザルがコンピューター画面に現れる母親にしがみつくように、ストランクとホワイトの本にしがみついて生き残ろうとした。学生寮の４人部屋を歩きながら、呪文のように各ルールを繰り返したものだ。「ルール４：名詞と動詞を含める。ルール７：大げさにならない。ルール10：正統なスペルを使う」。私はこの薄い本をお守りのようにポケットに入れて持ち歩いた。まるで迷信を信じる花嫁が、何か青いものを持つと幸運になれると信じるかのように。あるいは、少なくとも「むちゃな文章は書かない」ことを示すジェスチャーとして。

　ボール教授のクラスを無事に及第することができた私は、卒業後、一時は『ボストン・グローブ』紙の記者を務めたこともある。しかし、正直なところ、ニュース報道という仕事には夢中になれなかった。そして、まもなく編集者から特集面担当の部署への配置換えを言い渡された。その部署がストーリーテリングへの興味を持つ私にはぴったりだった。いつのまにか『ルールブック』のことは忘れてしまったが、のちにオンラインビジネス関連の執筆と編集に携わるようになると、昔のお守りに再び恋いこがれるようになった。私はE・B・ホワイトがルール21で論じたものと直面していた。「風変わりなものではなく標準的な言葉を選べ」。

「社会の中で独自の言語を発達させたもうひとつの領域がビジネスだ」と、ホワイトは書いている。そして、私たちはビジネス界の誰もがよく知る言葉や論文に行き着く。「公式化（formalize）」や「実用化（utilize）」や「収益化（monetize）」のような、ラテン語から派生した長ったらしい語だ。それを使う人間を利口で賢く見せるように作られたものの、実際には奇妙に膨らませただけの言葉にすぎない（作家のマシュー・スティッブは、「言葉の肥満化」に苦しんでいると表現した。私たちのお気に入りの言葉だ）。ホワイトもこうした気取りを認識し、あざけるようにこう書いている。「たいて

いは、努力さえすれば、同じ考えをもっとすっきり表現することができる」。

　私がインターネット・マーケティングをテーマにした最も初期のウェブサイトとして1997年に共同設立した「クリックZ」（ClickZ.com）では、ふたつの方針を決めた。ひとつは、口語体の文章を使うこと。もうひとつは、寄稿者は「私」を書き出しに用い、インターネット上でビジネスをマーケティングまたは広告するという、当時はまだ新しいアイデアについての自分の実体験から書き始めることだった。「クリックZ」では、ストランクとホワイトが提唱した一連のヒントやルールをもとに、"引用のフランケンシュタイン"、専門用語、曖昧なフレーズ、修飾語、受動態、繰り返し、誇張、正統ではないスペリング、不格好で不明確またはもったいぶったフレーズを避けた。そして、そう、風変わりなものではなく標準的な言葉を好んだ。さようなら、「収益化」。そうすることで、新しいデジタル世界で、再びホワイトの『英語文章ルールブック』を応用したのである。「クリックZ」でライターたちに求めたのは、言葉から企業の装いをはぎ取ることだった。そうすれば、ビジネスライティングも人間の言葉のように聞こえる！

　E・B・ホワイト自身は、ビジネスやマーケティングのために書く文章を軽視していたようだ。しかし、彼が生きていたのは今とはまったく異なる世界だった。人々が屋外広告看板に注意を向け、CMソングを鼻歌で歌っていた時代だ。それでも、興味深いことに、私たちがビジネスをしている現代――表向きには本物、関与、信頼、個性が重視されているように思われる時代――にも、ホワイトの核となるメッセージは新しい形でビジネスに応用できるのだ。

　ホワイトは、いつの日かインターネットのようなものが出現し、彼の明確で興味深く優れたコンテンツの概念にスポットライトが当たるなどとは想像もしなかっただろう。それでも、25年以上経った今、私たちは実際にそうしている。

『ルールブック』の教えの一部も取り入れて、私たちは**マーケティング、セールス、企業のコミュニケーション、ビジネススクール、ブログ、役員室から締め出したいと思う18の言葉とフレーズ**を決定した。

　いや、よく考えてみれば、もっと大胆に、すべての場所でこれらの言葉の使用を禁じたほうがいい。完全に。永遠に。どんな状況であれ、次の言葉のどれひとつ、使わなければならないと感じる必要はない。もちろん、この本を読み終えてからあなたが作るすばらしいコンテンツでも使う必要はない。こうした言葉を禁じることは、人間らしく聞こえるすばらしい文章を書くためのひとつのステップになる。人が人のために書くものだからこそ、語りかける力を持つのだ。

1．インパクトフルな（Impactful）

　これは、ビジネスや教育現場でインパクトを与えるものを表現するために好んで使われる、ひどい言葉である。しかし、ほとんどの辞書にこの言葉は載っていない。もしあったとしても、それを禁じるべきだ。

　代わりに、「影響力が大きい」か「内容の濃い」を試してみよう。「力強い」もいいだろう。

2．レバレッジする（Leverage）

　この言葉は名詞として生まれ、（ややこしいことに）今では動詞としても使われるようになった言葉の見本である。

　代わりに、意図する意味によって、「影響を与える」「利用する」「高める」「頼る」、あるいは単純に「使う」を試してみよう。

3．ラーニングス（Learnings）

　これもまた、別のものとして始まったものが、何か不幸なものに

変質した気の毒な言葉のひとつだ。この場合、「learning」が（knowledge の場合と同じように）複数形になっているが、私はそれによって多くの混乱が生じたと確信している（次のものにも使ってみてほしい。knowledge（知識）は knowledges に、information（情報）は informations になり、何が何やら、一層混乱してくる）。

代わりに、レッスン（lesson）を使おう。

4．シナジー（Synergy）（形容詞、動詞も含む）

組み合わされた結果が個々の部分の総和より大きいと考えられるときに使われる言葉。シナジーが生じるときには、すべての人が利益を得る。したがって、それを表現するのに、しゃれた言葉を使う必要はない。

代わりに、「協力」「助け」「共同」「共同努力」などを使おう。

5．革命的な（Revolutionary）

ビジネスでは実際には革命的ではないことを表現するのに使われることが多い。月へのエスカレーターを発明したのでない限り、この言葉を使ってはいけない。

6．メール攻撃（E-mail blast）

企業が購読リストに電子メールを一斉に送信することを表現するときに、このフレーズを使うことがよくある。問題は、この言葉が相手への敬意を欠いているように聞こえることだ。あなたはスパムメールの発信者だろうか？　もしそうなら、たしかに攻撃したと言える。合法的な企業が、メールの受け取りを許可した購読者リストに合法的なビジネスメールを送ることは？　攻撃とは言えない。

代わりに、「メールマガジン」「電子メールサービス」「購読者への更新情報」はどうだろう？

7．プロアクティブな（Proactive）

　リアクティブな（反応的な）の反対。企業は、自分たちは進歩的な会社で、実際に問題が生じる前からそれに対処していると見せたがる。そのことは私たちもよくわかっている。しかし、この言葉は気取って聞こえるので、使わないほうがいい。あなたが結婚生活の危機に直面しているのでない限り。

　代わりに、意図する意味によって、「行動的な」「予測的な」「未然に防ぐ」「先を読む」を試してみよう。

8．掘り下げる（Drill down）

　人々が退屈な話題の細かい部分に踏み込むときに使われる言葉。似たような言葉に、「深く潜る」（deep-dive）もあるが、片方は明らかに地中で起こることで、もう片方はプールや海中で起こることだ。

　代わりに、「踏み込んだ」「詳細にわたる」を試してみよう。

9．3万フィート（30,000 feet）

　状況を俯瞰すること。深く掘り下げたり潜行したりする（時には両方の）忍耐や能力を持たない人たち、言い換えれば、短気な人や（おそらく）あなたの上司のための言葉だ。

　代わりに、「概観」または「要旨」を使おう。

10．インセンティング（Incenting/incentivizing）

　営業担当や中間管理職のお気に入りの言葉。あなたは使わないほうがいい。始末してしまったほうがいい。

　代わりに、「奨励する」や「インセンティブを与える」を試そう。

11．〜化する（-ize）で終わるほぼすべての言葉

　すでに紹介したものの他に、「製品化（productize）」「現金化（monetize）」「予算化（budgetize）」「利用化（utilize）」「社会化

CHAPTER4　あなたは何者か？

(socialize)」「事業化（operationalize）」など。唯一の例外は「最適化（optimize）」で、検索エンジンにだけは認められる。理由は簡単で、頻繁に使われる言葉になったからだ。

代わりに、SF映画『ロスト・イン・スペース』に出てくるロボットが発したもののように聞こえない言葉を探そう。

12. ソリューション（Solution）

ビジネスピープルは、他の言葉では説明できない製品やサービスを表現するためにこの言葉をよく使う。

代わりに、実際に製品やサービスが何をするのかを説明し、それが問題を解決するかどうかを顧客に決めてもらうのはどうだろう？

13. ユーザー（Users）

人間から個性や人間性をはぎ取る言葉。『The Stranger's Long Neck: How to Deliver What Your Customers Really Want Online（仮邦題：見知らぬ他人の長い首——顧客が本当に望むものを与えるオンラインビジネス）』の著者ゲリー・マクガヴァンは、自分の顧客をユーザーと呼ぶのは、オンライン・マーケターと麻薬ディーラーだけだと言っている。

代わりに、「人々」「カスタマー」「友人たち」はどうだろう？ あるいは、あなたがリーチしたい特定のグループを、その名前で呼ぶのはどうだろう？ 工芸愛好家、映画ファン、愛犬家、プール設営業者など。

14. もとはテクノロジー用語だったが、人間にも使われるようになった言葉のほぼすべて。

追跡を意味する「ピン（ping）」、容量を意味する「処理能力（bandwidth）」、機能していない、またはすでに恐ろしく長い会議から離れることを意味する「オフライン」などを含む。

代わりに、機械ではなく人間が実際にすることを表現する言葉を使おう。

15. 使われすぎている言葉
かつては明確な意味を持つ優れた言葉だったものの、今では使われすぎて意味をなくしたすべての言葉。「頑丈な（robust）」「粗い（granular）」「箱（box）（ただし、"枠組みにとらわれない（outside the box）"という意味で使われる場合）」「戦略的（strategic）」「スペース（space）（あなたが属している市場について言うとき）」「牽引（Traction）」。

16. 組み合わせ言葉
別々に使えば害はないのだが、組み合わせると不快な言葉の一群。「バイイン（buy-in＝買い埋め）」「ミッション・クリティカル（mission-critical＝必須）」「ダイヤルイン（dial-in＝ラジオ・テレビ番組などでの視聴者からの電話受付）」「ベスト・オブ・ブリード（best-of-breed＝最善の組み合わせ）」「エンド・トゥ・エンド（end-to-end＝徹底した）」「バリュー・アド（value-add＝付加価値のある）」「ネクスト・ジェネレーション（next-generation＝次世代）」「フェイスタイム（face time＝人と実際に会って会話する時間）」「プッシュバック（push-back＝相手の意見への反対・抵抗）」「ネット・ネット（net-net＝最終純利益）」「ウィン・ウィン（win-win＝両者にメリットがある）」「ロー・ハンギング（low-hanging＝簡単に達成できる仕事）」（実際に「低い枝にぶら下がっていて簡単に手の届く果実（low-hanging fruit）」を話題にしているのではない場合）。

17. くだらないフレーズ
愚かな企業言葉の例は山ほどある。「旗竿を立てる（run it up the

flagpole＝アイデアを示して反応を見る）」「自分のドッグフードを食べる（eat your own dog food＝自社製品・サービスを自分たちで使う）」「ポケットから（out of pocket＝自腹で）」「ゴムが道路と出合うとき（when the rubber meets the road＝肝心なときに）」「1日の最後に（at the end of the day＝結局）」「タマネギの皮をむく（peel back the onion＝賢明な方法で解決する）」「着物を開く（open the kimono＝本音で語る）」「1日の終わりにタマネギの皮をむきながら、着物を開く」。しかし、とくにくだらないと思うふたつの言葉は、「前へ進む（moving forward）」（何に対して？ 静止していることに対して？ 空回りしていることに対して？ 後退しようとする力に対して？）と、「ベースにタッチする（touch base＝連絡をとる）」だ（なぜなら、私はあなたにタッチしてほしくないからだ。ただ話すだけにしてもらいたい）。

18. 攻撃的なフレーズ

　最後に、私たちが大嫌いなふたつの言葉。ビジネス・コンセプトとして使われるときの「ナチス」（特定のブランドしか買わない人を意味する「ブランド・ナチ（brand Nazi）」など）と、アイデアやコンセプトを（時には理解しないまま）受け入れるときに使われる「クールエイドを飲む（drinking the Kool-Aid＝うのみにする）」だ。このふたつのフレーズは、不幸で悔やむべき歴史上の出来事に起源があるので、それを使うことは攻撃的または（少なくとも）悪趣味である（訳注：1978年にアメリカの宗教団体の信者が集団自殺した際に、「クールエイド」（粉末ジュースの商品名）のような清涼飲料に毒を入れて飲んだといわれる）。

　このリストを作成するのを助けてくれた（笑わせてくれもした）私のTwitterのフォロワーのみなさんに感謝したい。@Brainzooming, @seemills, @jkgala99, @Kellyecrane, @AnthologyMonica, @adamkmiec, @followlinus, @mbbunnell,

@debmaue, @useglobalreach, @alambchop, @irenekoebler,@kpedraja, @laceybaines, @FromChristina, @johnmccrory, @evengenius, @2020_Innovation, @maddiegrant, @DawnPappas, @jmrichmond, @zoziiku, @JenKaneCo, @tamadear, @jblock, @kingaman, @jamiewalker19, @patrickstrother (via @betsyschro via @LornaLyle).

CHAPTER

5

再発想する
——コンテンツの食物連鎖

　さて、ここからがおもしろい部分だ。あなたはどんなコンテンツを生み出そうとしているだろう？　どのフォーマットを使うのか？　Eブック、ホワイトペーパー、ブログ、動画、写真、ポッドキャスト、Twitterでのつぶやき、Facebookの投稿、顧客についてのケーススタディー、あるいはiPhoneアプリがいいのだろうか？　簡単に言えば、そのどれでも答えは「イエス」だ。

　ふざけて言っているわけではない。作りたいコンテンツについて考えるときには、**つねに心をオープンにしておくこと**をお勧めする。「1回作ればおしまい」のアプローチではなく、一つひとつを全体の一部として扱ってほしい。作ろうと思っているコンテンツのすべてのピースを、もっと大きな考えを表現するものとして見るのである。あるいは、もしあなたがホワイトペー

パーのような何か大がかりものから始めるのであれば、その大がかりなコンテンツからどんな小さなコンテンツを新たに生み出せるかを考えてみてほしい。

　コンテンツ製作により広いアプローチを採用するには、考え方を変える必要がある。ほとんどの組織は、ひとつのキャンペーンかイニシアチブとしてマーケティングにアプローチすることに慣れていて、すでに紹介したイグザクトターゲット社のジェフ・ロアズがコンテンツに必要だと言っているような、「長期的に継続するモデル」として考えることをしない。「総合的な見方をするには、思考法を変えなければならない。組織はもともとそのようにはプログラムされていないからだ」とロアズは指摘する。

　ここで、優れたコンテンツを作る責任は、マーケティング担当の部署だけに負わせるべきものではないことも指摘しておこう。ソーシャルネットワークの発達とともに、マーケティング、広報、カスタマーサービスの境界線は曖昧になってきた。顧客はどの部署が責任を持っているかなど気にかけていない。彼らはあなたの会社をひとつの組織として見ている。したがって、コンテンツ戦略を成功させようと思うなら、社内のすべての人間の声とエネルギーを活用することが欠かせない。

　もちろん、あなたはコンテンツの核として、注目を集めるブログや魅力的なポッドキャストを考案することができる。また、もしあなたが個人事業者や小さなショップなら、自分のやり方でビジネスを運営するだけで手一杯かもしれない。しかし、視野を広げてみるほうが、長期的にはより効率的で効果的でもある（大きな組織にとってはそれが必要になる）。つまり、**多くの異なるプラットフォーム向けに、さまざまなフォーマットでコンテンツを製作することで、幅広いオーディエンスに働きかける**のである。また、発行スケジュールや編集カレンダーと呼ばれているものにまとめあげるようなシステムを構築すれば、コンテンツをずっと管理しやすくなる。

　B2B企業のために、主にEブックとケーススタディーの製作を手伝っているステファニー・ティルトンはこう言っている。「コンテンツを生み出す

のは大変な仕事だ。新たな目的のために再活用することが鍵となる。こう自分に問いかけてみてほしい。『できるだけ多くのデジタル資産を生み出すには、どのようにコンテンツ開発についての考え方を軌道修正したらいいのだろう？』」。

　ステファニーの助言するように考えてみるのもいいだろう。コンテンツの大きなピースを他のフォーマットに変えて提供する、あるいは、我らが友人トッド・デフレンが言うように、それを小さなものに切り分ける、つまり「分子化」するのである。しかし、「再利用」は「後から新しい使い道を考える」ことを意味する場合が多いのに対し（古いホイップクリームの容器を残りものの容器として再利用するなど）、私たちはこれをコンテンツ開発計画の第一段階で考える、**もっと狙いを定めた「再発想」としてとらえている**。このように、「再利用」ではなく、「再発想」を試してほしい。

　要するに、「ホワイトペーパーを分解してたくさんの情報に小分けし、それをウェブ上にばらまくか、小さなコンテンツを集めたパッケージにすること」なのだと、ソーシャルメディア・コンサルタントのジェイ・ベアは言う。彼はこれを「水の中に多くの餌を入れること」と表現する。同じ素材を、パッケージを変え、想像を新たに作り直し、できるだけ広いオーディエンスにリーチする機会を創出するということである。

　そうすることで、コンテンツのエコシステム、あるいは「コンテンツの食物連鎖」を生み出すことができる。なぜなら、再創造と再生のサイクルを通して、コンテンツの循環系が成立するからだ。

　ご存じのとおり、食物連鎖は生物界で捕食者（食べる側）と非捕食者（食べられる側）の関係が連続していく関係性を表す。食物連鎖は一次的エネルギー源に始まる。通常は太陽や深海にある熱の噴出口だ。それが泥の中の有機体に栄養を与え、それが、野原の草の栄養分になり、それをウサギが食べ、それをヘビが食べ、それをフクロウが食べ、それをワニが食べる。

　コンテンツの食物連鎖では、あなたのコンテンツは実際に他のコンテンツを食べるわけではない。あなたはひとつの「ビッグアイデア」、すなわち核となるメッセージを中心にしたコンテンツの全体プランを考案する。それが

豊かで信頼できる情報源となり、あなたが再発想する残りのものに活力を与えるエネルギー源として働く（注：生物学者、環境保護主義者、その他の地球科学者、そして、直解主義者と純粋主義者のみなさんへのお断り。この譬えは説明目的だけに使っている。意図的にかなり単純化しているとともに、コンテンツ製作という私たちのテーマに沿うように少し肉付けしている。したがって、私たちが間違っていることを指摘するために、食物連鎖を細かく説明する文書やコメントや証拠資料を送りつけることはご遠慮いただきたい）。

そのエネルギーを原材料にして生まれるコンテンツは、新しい配布先や新しい経路を見つけ（譬えて言えば、新しい足を与えて旅をさせる）、その途中で新しいオーディエンスにリーチし（あるいは少なくとも同じオーディエンスに再びリーチし）、ソーシャルメディアを通してあなたのアイデアを伝える。さらに、検索エンジンはこうして生まれたコンテンツを別々のものとしてインデックスに格納するため、顧客から見つけてもらう可能性が何倍にもなる。

例えば、あなたは「ビッグアイデア」をもとに大きなコンテンツ——おそらくはEブック、ケーススタディー集、あるいは「最善の慣行（ベスト・プラクティス）」についてのホワイトペーパー——を製作することができる。すると、その大きなコンテンツが、もっと小さなサイズの、再発想されたコンテンツ（ブログ、動画ブログ、ニュースレターの記事など）の材料を与えることになる。

マサチューセッツ州ウォータータウンにあるイノサイト社の共同創業者マーク・ジョンソンが、ビジネスモデルの革新について書いた『ホワイトスペース戦略』（阪急コミュニケーションズ）は、専門性の高いビジネス・コンサルティングやトレーニング、投資を行うこの会社のコンテンツ戦略の基礎になっている。イノサイトのホームページでもこの本のことが特集記事として扱われている。ジョンソンはマーケティング本としての目的だけでこれを書いたわけではないが、同社の出版編集者ルネ・ホプキンスによれば、これが他のコンテンツを刺激する「ビッグアイデア」になった。その例としては、イノサイトのブログへの一連の投稿、メールマガジン「戦略＋イノベー

ション」の記事、『ハーバード・ビジネスレビュー』のブログやヘルスケア業界をターゲットにした他の業界誌への寄稿が含まれる。「この本は基礎となる一連のコンセプトを与え、それをもとにブログやもっと長い記事を発行することができている」と、ルネは言う。

「マーケティングプロフス」のサイトでも、2009年12月に発表した「ソーシャルメディア・マーケティングの現状」調査報告で同様のことをした。これは5140人のマーケターへの調査で得られた情報を242ページにまとめた、かなりの分量の報告書だ。これをもとにして、その後、独自のウェビナー(「裸の真実——ソーシャルメディア・マーケティング調査からの洞察」)、サイト記事(「数字に見るソーシャルメディア・マーケティングの現状」)、さらには個々の図表に着目したものや、興味深い調査結果にスポットライトを当てた小さな記事多数を発表した。この調査が重視されたことで、102のビジネス関連のブログでマーケティングプロフスについての言及がなされ、多くのマーケティングイベントや他の団体のウェビナーで、私たちスタッフの誰かが話をする機会も得られた。

同様に、電子メールマーケティング・サービスのコンスタント・コンタクト社は、毎月のコンテンツのテーマを決めている。リストの構築、ソーシャルメディアの統合、コンテンツの評価尺度などだ。マサチューセッツ州ウォルサムにあるこの会社でコンテンツ開発チームを率いるマーティン・リーバーマンはこう話す。「そのテーマに合わせたコンテンツを集中的に作り、各種のプラットフォームで発表しようと努めている。したがって、読者はメールマガジン『ヒントと情報』、ブログ、外部発行物への署名記事などで、同じようなメッセージを見かけることになるはずだ。私たちはさらに、メールマガジンの記事やブログ投稿を各種ガイドやホワイトペーパーにも使っている」。

コンスタント・コンタクトのように、あなたも製作するすべてのコンテンツを、同じメッセージやアイデアに緩やかに基づいたものにすることができるが、まったく同じものには見えないだろう。例えば、ウェビナーはブログとまったく同じに見える必要はない。ウサギがヘビとは似ていないのと同じ

ことだ。

　ここで、効率的で長く継続するコンテンツの食物連鎖を生み出す方法を紹介しよう。

ビッグアイデアを探すには、太陽を見よ

　まずは、**エネルギー源（ビッグアイデア）を探し、調査する**ことから始めよう。それが残りの生態系の食物連鎖を支える。あなたのビッグアイデアは、あなたにとっての熱源だ。もちろん、それが何になるかは、第3章で説明したあなたの目標と目的（誰にリーチしようとしているのか？　彼らにどんな行動をとってほしいのか？）と買い手のニーズと要望（あなたの顧客や見込み客は何に関心を持っているか？　彼らが価値を見出すどんなものを提供できるだろう？）によって決まる。

　あなたが仮に、ヘルスケアに関する情報技術（IT）会社に働きかけ、あなたの会社のソフトウェアを試してほしいと思っているとする。この場合、あなたのビッグアイデアは、おそらく遵守監査を乗り切る方法を中心にしたコンテンツを考案することになるだろう。あるいは、母親に働きかけ、子どもたちをあなたの水泳教室に登録してほしいと思っているのならどうか？　おそらくあなたのビッグアイデアはプールの安全性に関するもので、裏庭での事故を避ける方法や、水泳に関するどのルールが迷信にすぎないのかについての一連のブログを書くこと（「食事後、1時間は泳ぐのを待ったほうがいいというのは本当か？」）、そして、フリッカーに写真を投稿したり、プールで行うゲームの動画などを発表したりすることだろう。

　ヒント：以前に作ったコンテンツのライブラリーをすでに持っているのなら、第3章で説明したように、何を持っているか在庫調べをしておくのもいい考えだ。これまでに作ったすべてのもの——記事、ホワイトペーパー、Eブック、ウェビナー、パワーポイントのプレゼンテーション、スピーチなど——をひとつの場所に集める。簡単なスプレッドシートにするだけでも十分

だ。その上に、サイトのどこにそれぞれが収まっているのかの情報を記録していく（ページタイトルやURL）。それぞれをテーマ、トピック、重要ポイントごとに分類する。もう古くなってしまったものは廃棄し、タイムリーなもの、いつまでも色あせない内容のものを残しておく。

発行スケジュールを決める

　編集カレンダーとも呼ばれる**発行スケジュールがあると、コンテンツの計画、製作、発行が管理できる**。コンテンツの食物連鎖には発行スケジュールが不可欠になる。それによって**コンテンツに一貫性を与え、管理しやすくなる**からだ。ワシントン州ラングレーに拠点を置くフュージョンスパークメディア社のラッセル・スパークマンは、彼が「1−7−30−4−2−1」と呼ぶ発行スケジュールを提案している。

　ラッセルのモデルに、少しの修正と注釈を加えたものをここで紹介しよう。

1＝毎日
- **Twitter を更新し、購読者に価値ある何かを提供する。**
- **あなたの核となるコンテンツに関連する新しい記事をどこか別の場所で目にしたら、それを Twitter や Facebook ページに投稿する**（ラッセルは、製品、サービス、活動目標に関連するニュースが確実に入ってくるように、グーグル・アラートを使うことを勧めている。別の場所で発表されたストーリーを選別・編集して使うこともできる。第6章参照）。
- もし管理できるようなら、あなたのブログへのコメントや、他の業界ブログに残されたコメントに返信する。
- **ユーザー作成コンテンツ（UGC）**（訳注：エンドユーザーの手によって作成されたコンテンツの総称）**をサイトに取り入れる。あなたのウェブサイトの購読登録機能や、フリッカーのようなサイトを利用して行う。**

7＝毎週
- 少なくとも1件のブログ投稿。できれば2、3件の投稿が望ましい。
- 短い動画（簡単に製作できるもの。あなたのチームの誰かのプレゼンテーション風景など）。
- ハウツーものの記事。
- 関連するフォーラムや、LinkedInの討論グループへの参加。
- ウェブサイト内の主要なページやセクションの更新。

30＝毎月
- 詳細な調査に基づいた、内容の濃いブログ投稿や記事を書く。あるいは特定の題材についての専門家へのインタビューを実施する（Q&A方式なら言うことなし！）。
- メールマガジン製作と配信。
- 短い動画の製作（2～3分の長さで、製作価値の高いもの。脚本、ロケ撮影、複数のカメラの使用）。
- 重役の誰かが会議で発言している風景の動画の製作。
- オーディオ・ポッドキャストの製作。
- パワーポイントのプレゼンテーションを実施し、それをスライドシェアのようなプレゼンテーション資料の共有サイトに投稿する。
- カクテル・ミーティングまたはコーヒー・ミーティング、あるいは同様のオフ会を企画する。
- 他のブログや発行物にゲスト投稿または記事を寄稿する。
- ウェビナーの実施。
- ケーススタディーまたは顧客のサクセスストーリーを発表する。

4＝四半期ごと
- 調査に基づいたホワイトペーパーを発行する。
- ケーススタディー集を製作し、PDFフォーマットで配布する。

- E ブックを製作する（これも PDF で配布する）。
- 動画シリーズを製作する。
- メールマガジンの特別号を製作する。
- コンテストまたは懸賞を実施し、優勝者（当選者）を発表する。

　ラッセルは、半年に1回のコンテンツと、年1回のコンテンツを製作することも勧めている（これが2と1の意味だ）。大きなイベントは、1年を通じてコンテンツの内容を豊かにするのにも役立つ。
「うまく行えば、半年に一度のイベントは、動画撮影するだけの価値あるものになるだろう。その動画を必要に応じて、毎週、毎月、または四半期ごとのコンテンツに使うこともできる」。
　そこで、年に1回か2回、「祝賀行事、イベント、特別発表」などをテーマにしたコンテンツ作りを考えてみてほしい、とラッセルは付け加える。彼の提案には次のようなものが含まれる。

- **ライブイベントまたは仮想イベントを開催し、毎週、毎月、四半期のコンテンツに使えるように記録しておく。**
- 重役の円卓会議を計画し、記録する。
- 年次ホワイトペーパーまたは E ブックを製作する。
- 「最善の慣行」に関するガイドを発行する。
- 毎年の会議で講演またはプレゼンテーションを行う。
- コンテストや懸賞の実施と発表。
- ウェブに新しいストーリー、新しいツール、新しい機能を加えて更新する。
- iPhone アプリ、Facebook アプリまたはツール、ウィジェット（訳注：天気や時計、バッテリー残量の表示など、ひと目で情報が得られる小型化されたアプリ）を製作し、公開する。
- ゲームを製作する。

これでは、製作、調整、執筆、コンテンツの量があまりに多すぎると思うだろうか？　きっとそうだろう。自分たちの能力に合わせて変更を加えたくなるのは、そのためだ。例えば、オタワのキナクシスという会社は、同社の検索エンジン最適化（SEO）分析で得られた上位キーワードからビッグアイデアを導き出し、それに基づいて発行スケジュールを決めている。

　2008年、キナクシスは同社のターゲット・オーディエンスであるサプライチェーン関連企業に対する働きかけを始め、ウェブサイトのトラフィックを増し、セールスリード（将来の販売成立が有望な見込み客）の獲得に努め、肯定的な口コミを生み出すことを目指した。そのすべては、検索結果での表示ランクを自然に改善するという目標がその根底にある。「ソートリーダーシップ（訳注：特定の分野での新しい考え方やソリューションを実践する先駆者として、業界を引っ張る影響力を持つこと）を確立するようなコンテンツの開発とそれに続くSEOが、私たちの活動すべての中心にある」と、企業マーケティング担当ディレクターのキルステン・ワトソンは言う。「私たちの目的は、サプライチェーン企業が関心を持つ差し迫った問題についての、説得力あるコンテンツの製作に投資することだ」。

　キナクシスは、Twitter、コミュニティー構築、ブログ、動画など、多方面にわたるコンテンツ主導型のアプローチをとることで、活動的なコミュニティーの構築と維持に成功し、その結果、ウェブベースでのセールスリードの数が3倍になり、2009年には4万2000人に達したという。とくに、ウェブサイト（Kinaxis.com）のトラフィックが2.7倍になり、オンラインで生み出されたリードが3.2倍に、サービス型ソフトウェア（SaaS）（訳注：ソフトウェア機能のうち、ユーザーが必要とするものだけサービスとして配布し利用できるようにしたもの）の「ラピッドレスポンス」の有料利用が2桁の伸びを示した。

　キナクシスのコンテンツ・マシーンは、よく油が回った機械のように機能している。月に一度、特定のキーワードに基づいたホワイトペーパーを発行し、さらにそれを手直しして、さまざまな形で毎日、毎週、毎月のコンテンツにしている。そこから再びコンテンツの食物連鎖が始まる。ホワイトペー

パーを原材料にしたキナクシスの発行スケジュールは次のようなものになる。

1＝毎日
・Twitter の更新。
・Facebook ページの更新。
・ブログ等のコメントへの返信。

7＝毎週
・**連載ブログへの投稿**（キナクシスは通常、週に 3 〜 4 回、新しい投稿をブログに掲載している）。

30＝毎月
・ホワイトペーパーの作成者への動画インタビュー。
・インタビューの音声をポッドキャストで公開。
・**パワーポイントによるプレゼンテーションをスライドシェア**（訳注：プレゼンテーション用の資料をウェブ上で共有できるコミュニティーサイト）**に投稿**。
・ケーススタディー。

4＝四半期
・ウェビナー

　キルステンによれば、キナクシスは「ひとつのことから10のものを生み出している」。具体的にどのように多彩なコンテンツを作るかは、マーケティング目的、専門分野、関心、予算などによって大きく異なる。しかし、ターゲットとするのが母親でも、オタクでも、サプライチェーンのマネージャー（キナクシスのような）でも、アプローチは変わらない。「彼らにとっての情報源になること、あるいは彼らのために問題を解決すること。単純に自社製

品を売り込むだけではいけない」(コンテンツ・ルール6、「共有か解決か。売り込みはしない」を強調するよい機会になる)。

食物連鎖を進行させるには

　最初に大きなコンテンツを製作し(イノサイト、マーケティングプロフス、キナクシスのアプローチ)、それを小さなコンテンツ(ブログ、ポッドキャスト)に分子化するのがよいのだろうか？　それとも、その反対がよいのだろうか？　つまり、小さなコンテンツのコレクションを構築し、それをまとめてより大きなEブック、ホワイトペーパー、あるいは「最善の慣行」に関するガイドなどにするのがよいのだろうか？

　どちらのアプローチでもかまわない。重要なのは、**すべてのコンテンツをひとつのサイクルや連続体の一部として考える**ことだ。したがって、どこから始めるかは重要ではない。私たちの経験では、たいていのB2B企業は最初に大きなコンテンツを作り、それを小さなコンテンツにも利用することを好む。一方、個人事業者や消費者にものを売っている企業は、反対のアプローチをとる傾向がある。

　どちらを選ぶにしても、ビッグアイデアか特定のテーマがすべてのコンテンツ作りの出発点であることを忘れないでほしい。小さく始めるのでも大きく始めるのでも、その根底にあるのはつねに特定のアイデアやテーマだ。そして、あなたが生み出す個々のコンテンツは、その全体像の中のどこかのピースにおさまらなければならない。そう考えると、小さなブログ投稿やポッドキャストから始めるほうが簡単かもしれない。特定のトピックについて詳しく語る一連の小さな投稿から始めるのである。その理由はふたつある。

・**まず、小さく始めるほうが大きく始めるより恐怖心を感じずに済む。**
　特定のトピックについていくつかの投稿を書くほうが、50ページのEブッ

クを考案・執筆・公開するより簡単だ。
- 次に、小さく始めれば、アイデアやコンセプトを実験し、大きなコンテンツ作りに時間とエネルギーと予算を注ぎ込む前に、オーディエンスの反応を見ることができる。ターゲット・オーディエンスの共感を得られずに終わってしまう可能性もあるからだ。言い換えれば、小さく始めるほうが柔軟に対処できる。いくつかのブログ投稿を書き、それをTwitterやFacebookのようなソーシャルネットワークで共有すれば、（フィードバックやクリック数を確認することで）別のアプローチをとったほうがいいとか、少し軌道修正したほうがいいと気づくかもしれない。

驚きを与えるコンテンツ作り

　コンテンツのアイデアをさまざまなフォーマット、長さ、メディアで表現する。例えば、文章、動画、写真、パワーポイントを考える。しかし、それぞれのフォーマットで作るコンテンツの性質についても多様化を心がける。長いブログ投稿と短いもの、時代を超えた永遠のテーマと旬の話題、個人的なトピックと専門的なトピックなどを織り交ぜる（ハブスポット社がブログでどうコンテンツをミックスしているか、その参考になるプランについては第24章を参照）。

　要するに、**オーディエンスが読みたいと思う、説得力あるコンテンツを作る**ということだ。そして、時折彼らの予想を裏切るような形でトピックに変化を持たせると、さらに効果がある。キナクシスはサプライチェーン管理と企業向けソフトウェアについてのYouTubeの動画シリーズを、コメディータッチで企画・製作している。そのいくつか——深夜のトークショー番組風に製作した「遅すぎるサプライチェーン・ショー（Late Late Supply Chain Show）」と、シットコム風の短編「仕事と結婚（Married to the Job）」（夫婦でサプライチェーン・チームに属する、デイモンとシブリー主演）——は、社内で製作されている。一方、外部の製作会社に脚本と出演を依頼して

いるものもある（「仕事と結婚」は、セカンドシティ・コミュニケーションズとキナクシスの共同製作）。

あなたが何を考えているかは想像できる。サプライチェーンの管理と企業向けソフトにジョーク？　どう考えてもおかしく思える——ははは、と笑えるおかしさではなく、奇妙という意味でのおかしさだ。だが、残念ながら、その考えは間違いだ。コメディは実際に笑えるもので、予想外の驚きを与える。疑うなら http://kinaxis.com/supplychaincomedy でチェックしてみてほしい。

驚きの要素を加えることは、コンテンツのシェアが広がるとともに、あなたの会社に個性を与えることにもなる。

コンテンツにエネルギーを与える方法

　現実世界では、ワニはウサギを食べない。しかし、コンテンツの食物連鎖が自然界から逸脱していくのはここからだ。あなたはウェビナーのコンテンツを小さな新しいピースにして再び供給することができる。例えば、Q&Aセクションをブログ投稿やメールマガジンの記事に変えてもいいし、講演者のひとりかふたりをインタビューしてポッドキャストで配信してもいい。こうすれば、大きなコンテンツが小さいコンテンツにエネルギーを与えてくれる。

　ところで、もしあなたの組織が複数の業界もしくは同じ業界内の複数の層の顧客を持っているのなら、コンテンツを個別のオーディエンス向けに調整することもできる。最初にカスタマイズされたパワーポイントのスライドを挿入し、タイトルを微調整して、リーチしようとしているオーディエンスに直接語りかけるメッセージを強調するのもいいだろう。

再発想するための13のアイデア

　コンテンツのサイロを叩き壊せ！　あなたの会社は印刷版のニュースレターを発行しているだろうか？　定期的にポッドキャストを配信しているだろうか？　印刷版の記事をブログにも流用し、反応のよかった記事をFacebookにも投稿し、ポッドキャストのために作った台本を他のコンテンツにも載せ、Twitterで何でもつぶやこう。こうしたアイデアは、すべてコンテンツを孤立させないためのものだ。コンテンツはあらゆるプラットフォームで自由にまき散らすようにしよう。

　何を作るにしても、検索エンジンのために最適化するのを忘れずに。あなたが再発想するコンテンツには、検索エンジンの結果ページであなたの会社のサイトが上位にランクするのを助けるような、普遍的なキーワードを含むようにする。つまり、異なる種類のコンテンツを作るだけでなく、オーディエンスを引きつけるために、検索エンジンの結果を考えて最適化することをつねに心がけてほしい。

　再発想されたコンテンツは**検索結果の改善につながるようなすべてのものを含んでいるようにする**こと。ソーシャルネットワークでシェアできるような機能や、売り上げの伸びにつながる行動の呼びかけなどだ。シェア機能を持たせるというのは、購読登録ボタンの他に、TwitterやFacebook、LinkedInのようなソーシャルネットワークで共有するための「シェアする」や「いいね！」のボタンを加えることを意味する（第8章の「シェアできる」の項目を参照）。

　幅広いチャンネルとプラットフォーム向けにコンテンツを再発想することで広がる可能性は、ほとんど無尽蔵で、あなた（とオーディエンス）の好み、能力、目的、そして（もちろん）予算だけが

制限要因になる。その出発点とするための13のアイデアを紹介しよう。

1．小さく考える。ホワイトペーパーやEブックを作るのは大変すぎる？　それなら、代わりに小さなコンテンツをいくつも作るといい。一連の短いブログ投稿なら簡単にできるし、時間と注意力が足りない読者にも消化してもらえて、検索結果を改善してくれる。

2．本当に小さく考える。TwitterのフォロワーやFacebookのファンに、あなたのビジネスに関連した特定のテーマやトピックについての意見を尋ね、それをもとにブログを書く（もちろん、彼らのクレジットを入れる）。個人的な提案やアドバイスを請う自由回答形式のものが最もうまくいく。例えば、「あなたがビジネスで使う、必須のiPhoneアプリは何ですか？」「2012年のウィジェット管理に関するあなたの必読書は何ですか？」「あなたのお気に入りのソーシャルメディア・ツールは何ですか？」など。C・Cが言っているように、「木ではなく、ドングリを考える」。

3．束ねる。1とは逆で、中心となるテーマに関する既存のブログ投稿をまとめてEブックやホワイトペーパーにする。それを無料で配布してもいい（ダウンロードするのに登録を求めない）し、有料にしてもいい。どちらのアプローチがあなたに適しているかは、第13章を参照。

4．コンテンツの解体工場を作る。「ホワイトペーパーや方針説明書は、一連のブログ投稿やオーディオ・ポッドキャストの情報という形にして、オーディエンスが毎日の通勤途中に見たり聞いたりできるようにするといい」と、ニューヨークのマーケティング・コンサルタント、C・K・カーリーは提案する（www.ckb2b.com）。あなたの会社の会議での専門家の発言を録画したものも、オンライン動画として使うことができる。

　C・Kはさらにこう助言する。「委託した最新調査の結果は、

Twitterのツイートや Facebook の投稿にできる……それを調査についてのブログ投稿にリンクさせる……さらに、その調査における最大の発見を論じているオーディオ・ポッドキャストにリンクさせる……それを、調査結果の示唆するものを論じるさまざまな専門家へのビデオインタビューにリンクさせる……モバイル機器で閲覧する人たちのために、調査結果を"素早く読める"要約にして提供する」。

5．会話に火をつける。コンテンツで取り組んでいるジャンル、テーマ、課題について意見交換する場として、LinkedIn や Facebook のグループを立ち上げ、それをモニターすることも可能だ。

　ヒント：あなたの会社の名前のついたグループを結成するのではなく、特定の課題やテーマへの関心を共有するメンバーを集めるようなグループを作る。人々はそうした幅広いアピールを持つグループのほうが参加しやすい。

6．顧客のストーリーを語る。あなたが記事や PDF として公表する顧客のサクセスストーリーは、「最善の慣行」についてのウェビナーシリーズにすることができる。あるいは、一連の証言を集めた動画にアップグレードすることもできるだろう。

7．プレゼンテーションや講演を録画する。あなたのチームが行うスピーチやプレゼンテーションを記録し、それを YouTube に投稿する。CEO が年間報告書の概要を発表するところを録画し、報告書の要旨のテキストとともに発表する。必要に応じてブログ、Twitter、Facebook などのソーシャルサイト用に調整する。

8．モバイル配信も忘れない。あなたのチームが定期的に追跡している業界データは、モバイル向けの SMS アラートとして発信することができる。そうすれば、あなたがターゲットとする市場の顧客はそれを購読することで、離れた場所で働いていても業界の最新情報に通じていられる。

ヒント：コンテンツをモバイル向けに最適化すること。「ソーシャルメディア向けのコンテンツの最適化は、モバイルメディア向けの最適化とは大きく異なる。オーディエンスによってコンテンツを見るモバイル機器がそれぞれ異なるからだ」と、C・Kは指摘する。ラップトップとスマートフォンで同じウェブコンテンツを閲覧してみれば、その意味がよく理解できるだろう。画面の大小に合わせて最適化するのはかなりの努力を要するが、スマートフォン経由でもコンテンツにアクセスしてもらいたければ（そうしてもらいたいはずだ）、一層の努力をするだけの価値はある。

9．プレゼンテーションとEブックをスライドシェア（SlideShare.net）に、ホワイトペーパーを文書共有サイトのスクリブド（Scribd.com）に投稿する。 この無料サービスを利用すれば、パワーポイントや基調スピーチをスライドシェアで共有し、その後はTwitterやブログなどで自由にシェアできる。業界のイベントで実施したパワーポイントのスライドショーは、大きな画面（デスクトップ、ラップトップ）と小さな画面（スマートフォン）の両方での閲覧に最適なオンライン・スライドショーになる。スライドにナレーションを加えて、プレゼンテーションをさらに魅力あるものにすることも考えよう。

10．同じものを違う形で。 ブログや記事用に、誰かにインタビューする？　それならストーリーとは離れた質問をいくつか加えて動画や音声として記録し、別々のコンテンツとしても投稿しよう。

11．舞台裏を見せる。 読者やフォロワーにあなたの会社の内側を見せる。収録中、配信中のポッドキャストや動画の製作風景の写真をTwitterでシェアする。取り組んでいるコンテンツをTwitterやFacebookでシェアする。

12．ニュースをリメイクする。 あなたの会社の最近のニュースリリースを見直して、その重要性についての短いブログ記事を書く。ただ報告するだけではなく、オーディエンスになぜそれが重要かに

ついての説明を与える。

13. 多くの人が関心を持つテーマについてのTwitter投稿を編集し、スライドシェアのプレゼンテーションにする。これは、イベントなどで同じ経験を共有した後ではとくに効果がある。よりクールな内容にしたい？ それなら、イベントで撮影したスナップ写真を組み合わせるといい。

CHAPTER 6

共有か解決か
――売り込みはするな

　優れたコンテンツは、情報を共有するか解決策を提供するものであって、**押し売りはしない**。つまり、商品を売りつけたり、販売目的のメッセージを押しつけたりはしない。売ることだけしか考えないベンダー（売り手）としてではなく、**信頼できる貴重な情報源として自らを位置づけることで、価値を生み出す**のである。

　第2章で述べたように、優れたコンテンツは知識や情報を共有し、問題を解決し、顧客が仕事をよりうまくこなすことを助け、彼らの生活を改善する。あるいは、彼らをもっと賢く、機知に富み、見栄えよく、背が高く、優れたネットワークを持ち、より格好よく、洗練された人物にする。またあるいは、バックハンドに上達し、ヒップを引き締め、かわいらしい子どもを持つ親になるのを手助けする。要するに、どんな形であれ、顧客が共感し、価

値を見出すコンテンツを作らなければならない。

　プロクター・アンド・ギャンブル社（P&G）を例に挙げよう。このブランドのパンパース部門は、「親の世界へようこそ」というタイトルのウェブ動画シリーズを製作している。内容は、おむつ、トイレトレーニング、夜間の世話、昼寝時間など、まだ新米の親たちの頭から離れないことについて、親たちが実際に話している様子を記録したものだ。パンパースのサイト（Pampers.com）と、P&GのFacebookページで、14のエピソードを見ることができる。このプロジェクトには、粉ミルクの「シミラック」や離乳食の「ビーチナッツ」などの製品も出している製薬会社のアボットも協賛している。P&Gはただ消費者におむつを売り込むのではなく、子育てのアドバイスを共有し、苦労の多い子育ての初期段階を親たちがうまく乗り切れるように手助けしている。要するに、親が関心を持つコンテンツを製作している。

　同じように、ウィスコンシン・チーズ審議会は、「グリルド・チーズ・アカデミー（www.grilledcheeseacademy.com）」と「チーズ＆バーガー・ソサエティー（www.cheeseandburger.com）」という革新的なマイクロサイト（訳注：製品の宣伝などを目的にした、ホームページとは別立ての独立した関連サイト）を立ち上げた。

　このふたつのサイトは、サンドイッチの材料のさまざまな組み合わせを、双方向型のフォーマットで提供しているもので、サイト訪問者にも自分のアイデアを投稿し、それをFacebookやTwitterなどのソーシャルネットワーク上でも共有するように呼びかけている。また、ウィスコンシン乳製品販売審議会（酪農家が資金提供している非営利団体で、ウィスコンシン州産のチーズやその他の乳製品600種類以上の販売促進をしている）でも、これらのサイトをすでにチーズ好きの多くの人々の気持ちをさらに盛り上げる、楽しく親しみを持たれるようなものにしようと努めている。企業コミュニケーション担当副社長のパトリック・ジョーヒガンは次のように語る。

「サイトの訪問者も参加できるような、個性と愛情が伝わるサイトにしたかった。製品を宣伝する愉快な手段というだけではなく、製品について何か役立つ情報を提供する優れた手段として」。このサイトはユニークなレシピ

を紹介して、人々の持つチーズ料理のイメージを広げている。例えば「シボイガン」は、パンとビーフの上にウィスコンシン産チーズカード（凝乳）、ビールマスタード、ふたつに切ったドイツソーセージ、炒めたタマネギ、ザウアークラウトを載せた「絶対に食べたくなるレシピ」だ。

このアプローチが成功を収めたことで、ウィスコンシン乳製品販売審議会は世界70カ国にチーズ＆バーガー・ソサエティーの支部を結成した。仮想コミュニティーとして思い描いていたものが、現実世界の愛好会のようなものに発展したのである。

「誰もあなたの製品やサービスのことになど関心を持っていない」。マーケティング・サービス会社エロカ（第4章参照）のマーケティング責任者だったブライアン・カードンはそう言う。彼は「自分たちを情報源として位置づけること」のほうが企業にとってはるかに効果的だと指摘する。そうした顧客第一の考え方が後になって報われるのだという。

あなたはどうだろう？　あなたのオーディエンスは何を読むこと、見ること、知ることに大きな関心を向けているだろう？　あなたの仕事は**新しいアイデアをひねり出し、自分の会社から魅力的なストーリーを引き出すこと**だ。ただし、ストーリーといっても作り話やおとぎ話などではない。**あなたの会社（あるいは製品やサービス）が、現実世界でどう存在しているかについてのストーリー、つまり、それがどう使われ、人々の生活にどんな価値を加えているか、また彼らの問題解決をどう助け、どう重荷を分かち合い、そのニーズにどう応えているかのストーリー**である。

ここで、優れたコンテンツのアイデアやストーリーの6つの特徴を挙げておこう。

1. **真実である**。「私はワークショップの初日に、学生たちにまずこう言う。優れた文章は真実を語っているものだ、と」。アメリカの著作家アン・ラモットが『Bird by Bird（仮邦題：一羽ずつ、一歩ずつ）』（Anchor Books）の第1章の冒頭にそう書いている。「人間という種は、自分が何者であるかを理解しようとする。羊に寄生するシラミはこの欲求を共

有していないようだ。彼らがほとんど何も書かないのはそれも理由のひとつなのだ」。

　ラモットは、書くことを職業にしている（あるいはそれを目指す）人たちに向けてこの文章を書いた。しかし、あなたが生み出すものもすべて、同じように真実の上に築かれなければならない。実在の人々、現実の状況、本当の感情、そして事実に焦点を当てる。また、語るのではなく、できるだけ見てわかる形で示したほうがいい。顧客の経験談やケーススタディー、利用者の話を通じて、その製品が現実世界にどう存在しているかを示すのである。それが顧客の生活にどんな価値を加えているか、彼らの問題解決にどう役立っているか、彼らのニーズにどう応えているかを、顧客が理解できる言葉で説明する。コンテンツはストーリーテリングの技術に長けていればいいというものではない。真実の話をいかにうまく語るかが勝負になる。

2. **関連性がある**。あなたのコンテンツの目的は何だろう？　鍵となるメッセージは何だろう？　なぜそれを語るのか？　何を達成しようとしているのか？　ジャーナリズムの授業で教えられる秘訣のひとつがこれだ——コンテンツの趣旨を一文で説明してみる。そうすることで、記事で何を伝えようとしているのか、読者はそこから何を得られるのかに考えを集中することができる。

3. **人間味がある**。優れたコンテンツは人間的な要素を持たなければならない。なぜか？　それは読者が人間だからだ。つまり、彼らと同じ目線で話しかけるほうが、頭越しに話すよりも、ストーリーに共感してもらえる。これは企業間（B2B）ビジネスであっても変わらない。たとえあなたの会社が企業向けに何かを売っているのだとしても、製品やサービスが人々の生活にどう関わるのかを考えるようにしよう。ところで、人について何かを書くときの、優れた経験則をひとつ教えよう。「真実味が感じられるほど細部まで描きつつも、共感するに十分なほど普遍的な内容にする」（これもジャーナリズム学校から得た宝の教えだ）。

4. **思いを込める**。これは簡単だ。書いている内容にあなた自身が関心を持

てばいい。書いている本人すら興味を持っていないことに、オーディエンスが興味を持つことはない。ブロガーのジョアナ・ヒル（以前は「水星から来た妻（The Mercurial Wife）」というタイトルのブログを書いていた）の言葉を借りれば、「あなたが夢中にならない限り、誰も夢中にならない」。言い換えれば、熱い思いは伝染する。あなたの製品やサービスにとくに夢中になっている顧客に、あなたのストーリーを彼らの好きな方法で幅広く共有してもらうように働きかけよう。彼らの声で！

5. **オリジナリティーがある。**コンテンツで取り上げる話題に、何か新鮮な視点を持ち込むようにする。そのどこが新しいのだろう？　なぜ重要なのだろう？　私のジャーナリズムの師であるチャーリー・ボール教授なら、（『ニューヨーク・サン』紙の伝説の記者、ジョン・B・ボガートの言葉を引用して）「犬が人を噛んでもニュースにはならない。しょっちゅう起こることだからだ。だが、人が犬を噛めばニュースになる」と言うだろう（とは言え、どうぞ犬には噛みつかないでください）。

6. **驚きがある。**優れたストーリーには、予想外の要素が含まれる。それが読者の好奇心を駆り立て、驚きを与える。あなたのストーリーは、まず何よりも読者を夢中にさせるものでなければならない。コンテンツに驚きの要素を加えることで、シェアを広め、個性を高めることに成功している企業については後述する（B2B企業も含まれる）。

　以上の6つの要素のすべて、または大部分を備えるコンテンツは、オーディエンスを引き寄せ、彼らの心をつかむ。こうした要素を持つストーリーを生み出すことで、オーディエンスはあなたを人として意識し、あなたの会社を生身の人間が動かす、生きて呼吸をしている存在と見なしてくれるようになる。

　しかし、こうしたストーリーはどこで見つけることができるのだろう？　どのように探せばいいのだろう？　それは特別難しいことではない。あなたには言うべきことがある。それを聴きたいと思っている人たちもいる。鍵と

なるのは、ストーリーを魅力あるものにする視点を見つけ、それを真実味があり、共感を呼ぶ、人間らしく心のこもった、新鮮な、（時には）驚くべきコンテンツに仕立て、それがなぜ顧客にとって価値があるのかを伝えることだ。そこで、こう自問してみよう。顧客はこのストーリーのどこに共感してくれるだろう？　なぜこのストーリーに関心を持つべきなのだろう？　彼らはストーリーのどこに価値を見出せるだろう？

　あなたの売っているものが会計サービスや回路基盤などのB2B製品なら、それを不利だと感じているかもしれない。人間味があり、夢中にさせる、新鮮なストーリーなどどこにもないと思っているかもしれない。しかし（失礼ながら）、そう考えるのは間違っている。一見退屈そうな製品を売っているB2B企業が、そうではないと証明された例は数多くある。ボーイング社のコンテンツがどれだけ活力にあふれているか、キュヴィディアン（Qvidian）社がソフトウェア製品の紹介にどのように楽しい要素を加えているかなど、いくつかの例を第3部で紹介するので読んでみてほしい。

　ここでは、あなたの組織の中でストーリーを発掘する25の方法を教えよう。

ストーリーを発掘する25のアプローチ

　定期的に発表し、共有できるような新鮮なニュースもないのに、魅力的なコンテンツなど作れるのだろうかと、あなたは考えているかもしれない。以前なら、企業は何か目新しいニュースがあるときにだけ、世界に向けてそれを語ればよかった。しかし、そうした時代はもう過去のものだ。時代に取り残されることなく、注目される存在であり続けたいなら、大きなニュースがあるときに限らず、もっと頻繁に情報を発信する方法を探さなければならない。

　それでは、言うべきことが何もないときに、何を語ることができるだろう？　興味を引くコンテンツを作るために、次の25のアプローチを考えてみ

てほしい。

1. **顧客とおしゃべりする**。営業担当やカスタマーサービス担当にビデオカメラを持たせ、顧客や見込み客と実際に会って話している様子を録画してもらう。あなたも、今度ネットワーク作りのイベントに出席するときには、ぜひカメラを持っていってほしい。何を言っていいかわからない？　それなら、複数の顧客に同じ質問を尋ね、その回答シーンをつなげ、ひとつの動画にしてみよう。質問は、「あなたにとってマーケティングの最大の難しさとは？　2012年のビジネス目標をひとつ挙げてください」、あるいは「ビジネスを成長させるための今年の戦略は？」などでかまわない。

    ボーナスヒント：この方法は顧客だけでなく、従業員や、イベントや集会で会う人たちに対しても使うことができる。

2. **有名人にインタビューする**。ソートリーダー（訳注：新しい考え方の普及に影響力を持つリーダー的存在）、戦略プランナー、あるいはとにかくおもしろい、またはクリエイティブな考えの持ち主にQ&A方式のインタビューをすれば、文章でも、音声でも、動画でも、興味深いコンテンツになる。彼らの言葉を通じてあなたの会社の存在感を増すことができる。彼ら自身の人気サイトにそのインタビューへのリンクを貼ってもらうこともできるだろう。また、インタビュー対象者として、社内のリーダーのことも忘れてはいけない。

    ヒント：インターネット電話「スカイプ」を通した簡単なQ&Aなら、肩のこらない会話でインタビューがより生き生きとしたものになり、読んでいておもしろいものができあがる。会話を文章に起こし、編集し、タイトルをつければ完成だ！

3. **写真をリアルタイムで共有する**。写真共有サイトのフリッカー（Flickr）をブログに連動させて、業界イベント、会合、その他の集まりの写真をアップロードできるようにしておこう。あるいは、ツイットピック（Twitpic）などのサービスを利用して、Twitter上でスナップ写真を共

有するのもいいだろう。ここで重要なのは、コンテンツが新鮮であることだ。そこで、携帯電話から直接写真を投稿することを考えるか、ほとんどのデジタルカメラに対応している「アイファイ（Eye-Fi）カード」（無線LAN内蔵のSDメモリーカード）（訳注：SDカードを装着するだけでデジカメで撮った写真や動画が、Wi-Fiネットワークを通じてモバイル機器などに自動転送される）を購入して、写真をすぐにウェブ上にアップロードできるようにしておく。

　　ボーナスヒント：投稿が早ければ早いほど、人々がその写真について話題にし、共有しようとするので、あなたのコンテンツへのトラフィックを増すことにつながる。

4. **カスタマーサービスに尋ねる**。顧客とじかに接する最前線の人たちは、コンテンツのための優れた情報源になる。だから彼らに尋ねよう。顧客はどんな問い合わせをしてくるのか？　どんな問題を抱えているのか？　その問題を解決するのをどう助けることができるだろう？　このアプローチをとれば、尽きることのない「顧客からの質問」をテーマに、定期的にコンテンツを作ることができる。ブログの専門家マック・コリアーは、質問をしてきた顧客についてコンテンツ内で触れ、彼らのサイトやブログへのリンク（もしあれば）も掲載することを提案している。「これだけで［その顧客が］あなたの投稿についてコメントしてくれる確率が高まり、その投稿を彼らが参加しているソーシャルネットワークで宣伝してくれる！」。

5. **検索キーワードをモニター**する。人々があなたのブログにたどり着くときには、どんなキーワードで検索しているだろう？　こうしたキーワードをモニターすることで、コンテンツのストーリー作りに役立つ情報が得られ、どこに新しい機会があるのかも明らかになる。トップランク・マーケティング社のリー・オッデンが言うように、キーワードは見込み客が何に関心を持っているか、何を一生懸命探しているかを教えてくれるからだ。

　　ボーナスヒント：風変わりな言葉、ユーモラスな検索ワードやフレー

ズが、あなたのコンテンツに人々を呼び込むかもしれない。ブログに投稿するときにはそうしたワードを利用するようにしよう。

6．**ソーシャルメディアのキーワードをモニターする**。「ソーシャルメディア上の会話や、Twitter、ブログ、Facebookの投稿でよく取り上げられている話題のキーワードをモニターすれば、コンテンツのアイデアを得る豊かな情報源になる」。これもリーからのアドバイスだ。そうすることで、人々が何を話しているか、あなたの顧客が今、何に関心を持っているかをリアルタイムで知ることができる。もし人々があなたのビジネスに関連する特定のトピックについて話していれば、それを含むコンテンツを提供することで、彼らの探しているものを提供するチャンスが生まれる。反対意見やより詳しい全体像を提供することも、彼らの注意を引く方法になる。重要なのは、この「全体像」という点だ。ただ意見を吐き出すだけでなく、きちんと事実を調べるようにする（「真実のストーリーをうまく語る」）。

　ボーナスヒント：オーディエンスがこれまであなたのビジネスと結びつけて考えたことのなかったトピックを選ぶ。これがコミュニティーを驚かせる格好の方法になる。活発な議論や交流につながることも多い（これについては後述する）。

7．**オンラインでリサーチする**。グーグル・アドワーズのキーワードツールなどを利用して、人々が検索しているものを知ろう。もしあなたがゴム製のアヒルを売っているのであれば、毎月750人が「ゴム製アヒルの花嫁花婿」で検索していること、501人が「水に浮かぶ黄色いアヒル」で、460人が「安いゴム製アヒル」で検索していることに関心があるのではないだろうか。こうした発見が、コンテンツを作るときに盛り込むトピックとして役立つ。

　ボーナスヒント：グーグルの予測検索もその目的のために非常に役に立つ。これは、検索ワードを入力すると、グーグルが自動的に関連しそうな他のワードを表示するもので、人々が実際に何を探しているかがわかる。ヤフー・アンサーズやLinkedInアンサーズも、コンテンツのア

イデアを探るために使える。あなたの検索内容や検索ワードに関連して人々が投稿する質問が、情報の宝の山になってくれる。最後に、スライドシェアのプレゼンテーションも、B2Bのキーワードを引き出すのに優れている。

8. **業界ニュースをくまなく探す。**あなたの業界やオーディエンスに影響を与える最新のニュースについての意見を共有する。できるだけタイムリーであること。その話題について最初にコメントするひとりになって、議論に火をつけることで、大きな見返りが得られる。後追いする人たちがそれを参考にして、リンクを貼ってくれるかもしれないからだ。なぜその話題が重要なのかについて、関連する動画を埋め込んで、あなたの意見を述べることもできる。

    8 1/2. 8に関連して。**業界以外のニュースも追う。**世間の注目を集めている一般ニュースを、あなたの業界に結びつけて語ろう。ジャーナリズムの世界では、この手法は「話題性の利用」と呼ばれる。2010年のFIFAワールドカップは、中小企業の成長とどんな関係があっただろう？　実際には何もない。しかし、アメリカンエキスプレスのサイト「OPENフォーラム」への寄稿の中で、マーケティング専門家のロヒット・バルガヴァが、ワールドカップ誘致に成功した南アフリカのマーケティング努力から、中小企業が参考にできる4つの教訓を挙げている。

9. **自分自身の情熱を力にする。**次のふたつのブログ投稿をあなたはどう思うだろう？「ワールド・オブ・ウォークラフト（World of Warcraft）のパッチワークは士気の回復について何を教えてくれるか」（クリストファー・S・ペン）（訳注：パッチワークはオンラインゲーム「World of Warcraft」に登場するキャラクター）と、「アーネスト・ヘミングウェイの、うまく書くための秘訣トップ5」（ブライアン・クラーク）。まず、これらの見出しに含まれるふたつの要素の組み合わせに首を傾げたくなるのでは？　多くの読者を引き込むのは、まさにこうした好奇心な

のだ。

　ボーナスヒント：自分とはまったく異なる業界の人で、考え方や関心があなたのオーディエンスと重なりそうな人にインタビューを行って、動画やブログ投稿にしてもいいだろう。ビデオ製作者のローレン・フェルドマンは、オーディエンスとコミュニティーをテーマに毎年開いてきたイベント「オーディエンス・カンファレンス」（訳注：現在は開催されていない）に、スタンダップ・コメディアンを呼んでパフォーマンスとスピーチを頼んだ。最初は多くの参加者がとまどっていたが、そのうち、コミュニティーを築くという課題は、従来のビジネスと同じようにショービジネスにもあてはまるのだと気づいた。

10. **舞台裏を見せる**。読者やフォロワーがふだん見ることのできないものを見せる。あなたの会社の日常風景がわかるような写真を共有しよう。それをこれから共有しようとしている新しい魅力的なコンテンツ、製品、あるいはイベントの宣伝に利用することもできる。

　ボーナスヒント：顧客に、好ましいと感じた接客スタッフについて、あるいはあなたの会社の製品を日常生活でどう使っているかについての写真やストーリーを投稿してくれるように働きかけるのもいいだろう。社内のスタッフにも自分の職場の写真を投稿し、コンテンツをおもしろくすることに貢献してもらう。

11. **イベントに参加する**。実際には、これは３段階の行動から成る。まず、イベントに先立って、そこから何を得たいか、なぜ楽しみにしているかなどを話す。次に、イベントの最中に、自分が感じた印象、集まりの様子、インタビュー、あるいはスナップ写真を共有する。できれば、あなたのコミュニティーにとっても有益なものになるように、リアルタイムでブログ投稿やツイートをする。最後に、イベントが終わってから、誰と出会ったか、何をして、何を学び、何を楽しんだか、何に驚かされたかなどについて、もう少し内容の濃い報告をする。

　ボーナスヒント：イベントの写真や動画を撮り、オリジナル動画を作成できるアプリ「アニモト」（www.animoto.com）などを使って高品質

のスライドショーにする。動画は、閲覧者への行動の呼びかけで締めくくるようにしよう（アニモトなら、おじいちゃんおばあちゃんの時代の休暇旅行のスライドショーとはまったく別物の洗練された作品に仕上げてくれる）。

12. **ハウツーのコンテンツを製作する**。誰かが何かを作ること、問題を解決することを手助けする種類のコンテンツは、他者にとっても価値がある。「あなたのポッドキャストを軌道に乗せるための10のステップ」や、「6月に芝生から雑草を一掃する5つの助言」といったものだ。フリーランスの写真家なら、「完璧な写真を撮るために知っておくべき8つのこと」についての動画でもいいし、整体師なら「長いドライブ旅行の間の背中の痛みを和らげる5つの方法」についてのブログ投稿でもいい。ソーシャルメディア専門家のマック・コリアーは、「人々はハウツーものの投稿が大好きだ。Twitterのようなソーシャルメディアで頻繁にシェアしている。それで、トラフィックと露出が増えることになる」と説明する。

　　ボーナスヒント：企業の場合、これは間接的に製品を宣伝する完璧な方法になる。読者を怒らせることなく、（これがつねに大事なことだが）製品の価値を高めることができる。

13. **成功例や生産性についての情報を共有する**。何かの領域でより効果的に物事を進めるための情報や秘訣を、あなたは知っているだろうか？　共有すべき成功事例があるだろうか？　誰もがつねに効率性を高めたいと思っている。そのため、このタイプの役立つコンテンツはシェアされやすい。自分を特定の分野のエキスパートとして位置づけよう。なぜなら、あなたは多くの人が共通して直面するジレンマへの解決策を提供できるからだ。

14. **コミュニティーに働きかける**。読者、閲覧者、コメンターなど、あなたのコミュニティーのアクティブメンバー（訳注：オンラインコミュニティーの参加者のうち、実際に投稿や発言をする人たち）向けのコンテンツを作る。例えば、メイジーとサイモンというふたりが、いつもあな

たのブログにコメントを書き込んでいることに気づいたら、彼らに感謝する投稿を書く。さらに、彼らがどういう人たちかを説明し、彼らのブログやサイトへのリンクを掲載する。彼らのブログの中の、お気に入りの投稿のいくつかにスポットを当ててもいいだろう。

　ボーナスヒント：オーディエンスのひとりにスポットを当てると、自分もスポットライトを浴びたいと思う他の人たちがもっと積極的に参加してくれるかもしれない。

15. **アーカイブを掘り起こす。**コンテンツの製作を始めてそれなりの時間が経ったら、過去のコンテンツの中にもう一度取り上げて情報を更新できるようなものがないかどうか探してみよう。過去に書いた何かがもう一度役立つことがよくある。

16. **ゲスト投稿を依頼する。**読者やスタッフに、あなたのブログにゲスト投稿してもらう（ブログ初心者でも簡単に投稿できるテンプレートについては、第11章を参照）。もちろん、文章だけに制限する必要はない。読者の多くはブログに参加できることに興奮するだろう。それによって露出の機会が増し、他のオーディエンスとの交流を深められるからだ。

17. **ライバルをチェックする。**あなたの競争相手はどんなコンテンツを製作しているだろう？　それを見て何か言いたいことはあるだろうか？

　ボーナスヒント：すばらしいと思うライバルのコンテンツをほめるのは問題ない。賛辞を贈り、リンクを貼ろう。自分が信頼できる人間だとアピールするためには、有言実行でなければならない。

18. **シリーズもののコンテンツを作る。**ひとつのテーマをシリーズ化すれば、定期的にコンテンツを発表する助けになる。週の1日、例えば毎週木曜日に、同じタイプのコンテンツを掲載する。定期的に更新するコンテンツは、オーディエンスの関心を呼ぶ。彼らは毎回期待して、楽しみにするようになるだろう。このシリーズ投稿については、印象に残る楽しいタイトルをつけ、人々が話題にし、それぞれのオーディエンスとシェアしやすくするといい。

19. Facebook、LinkedIn、スライドシェアなどのソーシャルネットワーク

を掘り起こす。あなたが取り組み、答えを出したいと思うLinkedInの質問を見つけたら、読者にも知恵を出してもらうように呼びかける。オーディエンスと共有するのに適したプレゼンテーションをスライドシェアで見つけ、それについての意見を述べる。あなたが参加している（していなくてもいい）Facebookのグループについて語り、その参加理由を説明する。Twitterで質問を投げかけ、その結果をブログ上で共有する。

20. **ミームを始める**。ミームとは何か？　最もシンプルな形のミームは、個人から個人へと広まるアイデアを意味する。実際には、議論すべき話題を選び出し、何人かのブロガーに呼びかけて（あるいはタグ付けして）、同じ話題について投稿してもらうことがこれに当たる。

21. **自分の知識や関心を共有する**。書籍、iPhoneアプリ、好みのニュースサイト、壁紙の提供元など、何についてでもレビューを書く。自分の好きなもののリストを作成する、あるいはひとつのものだけを深く追求する。そう、誰もが意見を持っているが、あなたのオーディエンスはあなたの意見を聞きたいと思っている。それを共有することを恐れてはいけない。

    ボーナスヒント：このアプローチを第18項のアドバイスと一緒に使い、あなたのお気に入りを定期的にシェアしよう。例えば、C・C（・チャップマン）は毎週金曜日に、彼が運営するサイト「デジタル・ダッド・ウォッチ」（www.digitaldads.com/tag/digital-dads-watch/）で、執筆スタッフの間で人気のあった前の週のオンライン動画にスポットを当てている。

22. **ティーンエイジャーのころの反抗心を表に出す**。あなたが関心を持っている問題、何かのニュース、あるいは業界で話題になっている事柄についての反対意見を述べる（第6項を参照）。みんなが参加しているが、あなたは好きではないイベントはないだろうか？　同じ業界に、少しばかり思い上がっていて、その高慢な鼻をへし折ってやりたいと思う人物はいないだろうか？　自分の感情に素直でいたいなら、蜂の巣をつつく

ことをためらってはいけない（前に「立場を明確にする」と書いた。覚えているだろうか？）。

　ボーナスヒント：あなたが断固とした立場を貫けば、他の人たちも賛成か反対のコンテンツで加勢あるいは反論してくるかもしれない。そうした反応への心構えをしておくこと。

23. **イベントを主催する**。みなさんと同じように、私たちもネット上での交流は大好きだが、直接顔を合わせての交流に勝るものはない。昼休み中、勤務時間後に一杯飲みながら、あるいは朝のコーヒー・ミーティングなどを利用して、ひとつの話題やテーマを話し合う時間を作り、関心を持ちそうな人すべてに声をかけよう。参加者にはそのイベントを記録することを奨励し、彼らが利用しているメディアでシェアしてもらう。

　ボーナスヒント：アイデアが成功したときに備えて、それを受け入れる心構えをしておく。デイヴ・デラニーはそのことに気づいたひとりだ。彼はテネシー州ナッシュビルで、地元のハイテク愛好家と知り合うために「オタク朝食会」を開催した。ひと握りの参加者で始まったものが、やがて100人近くが集まる毎月の会合へと発展した。今では、すべての参加者が入れるようにイベントを2回に分け、レストランを会場に開催している。

24. **多くの声を集める**。あなたの会社のスタッフは、すでに何らかの種類のコンテンツを作っているのではないだろうか？　おそらく彼らが作るコンテンツは、あなたのビジネスと直接関係するものではないだろう。しかし、社内で働く人たちを紹介することは、会社の人間的な側面を見せることに役立つ。例えば、twitter.zappos.com にアクセスすると、ザッポス社の従業員全員のツイートを読み、写真を見ることができる。こうしたコンテンツへの熱心な取り組みは、この会社のユニークな社風にぴったり合っている。

　ボーナスヒント：スタッフが成し遂げたあらゆる成功を含める。部長がはじめてのマラソンで完走したこと、副社長が音楽アルバムをリリースしたことなど、あなたの会社を支えている人たちにスポットライトを

当てて輝かせよう。達成した内容が、ビジネスと直接関係なくてもかまわない。

25. **外部からコンテンツを集めてキュレートする**。いくつかの必読の情報源から集めたコンテンツやニュースをキュレート（訳注：情報を収集・整理し、新たな視点や価値を加えたうえで、その情報を共有する）することも、読者のために価値ある参照サイトを築く助けになる。自分の手でキュレートを手がけてもいいし（例えばRSSフィードを利用する）、Curata（キュラータ）、Eqentia（イクエンシア）、Lingospot（リンゴスポット）、Loud3r（ラウダー）のようなソフトウェアを使うことを考えてもいい（コンテンツ・キュレーションについてさらに詳しくは、次の項を参照）。

　　ボーナスヒント：業界ニュースの定番の情報源だけに頼るのではなく、自分が夢中になっていることや会社のある地域を念頭に置いて編集する。中小企業、教会、団体であれば、ローカルニュースのコンテンツ・キュレーターとして頼りになる情報源になることを目指す。

最後のアドバイスとして、**コンテンツには未完成の部分を残しておこう**。作成するコンテンツは、すべてが完璧に計画され、見事に論じられ、うまく語られている必要はない。時には少しだらしなく見えるくらいでもかまわない。そのほうが望ましいことだってある。と言っても、ずさんな作業を勧めているわけではない。オーディエンスがそのブログ投稿に自分の意見やアイデアを持ち込む余地を残しておくことを提案しているのである。重要なのは**コンテンツにどんなメッセージを含めるかだ**。完成度にとらわれていてはいけない。

本当にやるべきことは監督だ

私たちは、あなたが魅力的なコンテンツを作る手助けをするために、この

本を書いている。しかし、あなた自身がそれを作らなければならないとは言っていない。

　組織の規模と構造に応じて、あなたと一緒に、またはあなたのためにコンテンツを作ってくれる人たちを雇ってもかまわない。あるいは、コンテンツを充実させるためには、外部から集めてきたもの、キュレートしたもの、共同製作したもの、使用許諾を得たもの、ユーザー作成のものなど、自前のコンテンツ以外のものを利用することが必要になるだろう。当然ながら、大きな組織では──この本で紹介してきた企業のいくつかを含め──コンテンツを開発し、再発想して膨らませ、翌朝目を覚ますと、ひげを剃(そ)り、シャワーを浴び、また同じことを繰り返すという仕事をひとりのスタッフに任せるということはしない。

　それでは、コンテンツ・クリエイターは組織のどこにおさまるのだろう？　そして、仮にライターや編集者、その他のクリエイターを雇ってコンテンツ製作に携わってもらうのであれば、彼らに何を求めるべきだろう？　どこか別の場所で公開された素材をキュレートするなど、外部からのコンテンツの調達についてはどうだろう？　使用許諾を得たコンテンツは？　共同製作された、あるいはユーザーが作成したコンテンツは？

　あなた、もしくはあなたのために誰かが製作したオリジナルのコンテンツは、間違いなく組織の「永遠の友」になる。これはあなたが送り出す最も豊かで最も価値あるコンテンツだ。他のどんな種類のコンテンツも、あなたが自分で生み出したものほどの見返りは与えてくれない。クリスティーナ・ハルヴォーソンが『Content Strategy for the Web（仮邦題：ウェブコンテンツ戦略）』（New Riders Press）にこう書いている。「オーディエンスを本当に理解するために時間をとり、彼らのために、彼らに関係するコンテンツを、あなた独自の声で作る。そして、オーディエンスを夢中にさせ、行動を促すようなフォーマットでそれを発信すれば、彼らはもっと多くを知るために再び戻ってこようと思うものだ」。

　あなたが実際に作っているのであれ、誰かの背中を押してそれをしてもらっているのであれ、このことは変わらない（ところで、たとえあなたが自

分ではまったくコンテンツを作らず、1文字さえ書かなかったとしても、この本からあなたが吸収するルールは、コンテンツ製作をより効果的に管理するだけでなく、コンテンツ製作を任せる人たちに何をしてほしいのかをはっきり伝えるのに役立つ)。

コンテンツについての責任の所在を明らかにする

　誰があなたのウェブコンテンツを所有するのか？　言い換えれば、誰がその企画、製作、管理、そして（時には）失敗したものを切り捨てることに最終的な責任を負うのだろう？　小さな組織なら、その質問に答えるのは簡単だ。しかし、大きな組織では状況はかなり複雑になってくる。

　「クライアントと彼らのコンテンツの問題点について話し始めると、ほんの少しの時間で、ほぼ100％に近い割合で、問題の中心はコンテンツとは関係のないことだとわかる」と、クリスティーナ・ハルヴォーソンは言う。彼女はミネアポリスのコンテンツ戦略コンサルティング会社、ブレイン・トラフィックの創業者兼CEOである。「問題は人材なのだ。彼らは閉鎖的なサイロの中でコンテンツ作りをしている。いったんコンテンツを送り出してしまえば、すぐにそのことを忘れてしまう。目標達成の度合いを測る基準も持たないまま、ネット上にコンテンツを公開している」。

　そのため、コンテンツはただ積み重ねられていくだけになる。計画性もなく、編集者の役割を果たすものもおらず、ろくに管理されないまま、すぐに単なる繰り返しになり、古臭くなり、不必要になる。そして、誰も関心を持たないようなコンテンツの山に埋もれて、身動きがとれなくなってしまうのだ。

　クリスティーナによれば、問題は組織がまだコンテンツを一種のコモディティー（日用品）と見なしていることにある。つまり、作るのは簡単だし、すでに多すぎるくらい持っていると考えていることだ。しかし、本書を読み進めるにつれわかってきたことと思うが、**優れたコンテンツは簡単に手に入**

るものではない。

「質の高いコンテンツを作って管理するには、そのための資源、とくに時間が必要になる」と、クリスティーナは言う。「それなのに、誰も複雑なコンテンツを扱う十分な時間を与えられていない。誰もがそれを脇に押しやり、やるべきことを先延ばしにし、人任せにする。ウェブコンテンツに責任を持たされることを避けるためなら何でもする」。

たいていの人が通常の業務に加えて、ウェブサイトやソーシャルメディアのコンテンツを扱っていることを考えれば、これも驚くことではない。「コンテンツに関して何か問題が生じると、誰もが一斉に『それは私の仕事ではない』と言い出す。最大の問題は、コンテンツの管理がおそらく本当に誰の仕事にもなっていないことなのだ」。そして、クリスティーナはこう結論する。「コンテンツに対するこの責任感の欠如が、管理方針やガイドラインの欠如と結びついて、組織をコンテンツの荒野に迷い込ませることにつながっている」。

この問題への解決策は、**担当者または担当チームを任命し、本書で論じているすべてのことを達成する責任を持たせる**ことだ。その担当者（またはチーム）が組織のためにコンテンツの発行スケジュールと戦略を決定し、管理するのである。大きな組織なら、担当者はCCO（最高コンテンツ責任者）のような肩書きを持つことになるかもしれない。すべてのウェブコンテンツの開発と発行戦略を決定し管理することが、彼または彼女の仕事になる。大きな組織では、CCOはウェブ編集者やライターから成るコンテンツチームを監督し、他部署との調整役を務めることになるだろう。もう少し小さい組織なら、CCOは現場の編集者として行動し、社内外のライターと直接連絡をとり、自分自身もコンテンツ製作に参加するかもしれない。

もちろん、コンテンツ製作を率いる人物は必ずしもCCOの肩書きで呼ばれる必要はない。ウェブサイトの規模やコンテンツをどれだけ重視しているかによって、あるいは社風に応じて、コンテンツ・ディレクター、マネージング・エディター、編集長、ウェブサイト編集者、コンテンツ編集者、あるいは主任ブロガーなど、ふさわしい名前はさまざまだろう。

もしかしたら、その人物はあなた自身かもしれない。いずれにしても、重要なのは**責任者を決め、その人物に十分な権限を与え、会社のオンライン戦略に不可欠な存在にすること**だ。会社のウェブサイト（または複数のウェブサイト）でも、ソーシャルメディア・プラットフォームでも、オンライン・コンテンツを共有し公開する他のどの場所でも、コンテンツ製作のルールとガイドラインを決めて監督することに、社内の誰かが最終的な責任を負わなければならない。

コンテンツ担当者が負うべき責任のいくつかを挙げておこう。

- 他のキーパーソンと協議して、ウェブコンテンツ戦略を率いる。
- コンテンツの基調（声、トーン、タイミング、視点など）を決める。
- 具体的にどんなコンテンツにするのか（誰のために、どこで、いつ、どのように）を決める。
- 予算や管理、コンテンツ管理テクノロジーなどについての運営上の議論に参加する。
- コンテンツ製作を実施し、クリエイターの教育、訓練、動機づけをする。
- 社内の全員がこの本を1冊ずつ持つようにする（厚かましい自己推薦の言葉）。

ライターやクリエイターに求めるべきこと

コンテンツ責任者は、スタッフライターを雇うか、社内でコンテンツ・クリエイターを探す。あるいは、外部の契約ライターやプロデューサーと協力することを選び、ブランド情報あるいは企業情報を発信するクリエイターを「エンベデッド・ジャーナリスト」として雇うか契約し、社内で働いてもらうこともできる（第26章でボーイング社の例を紹介する）。

「エンベデッド・ジャーナリスト」という呼び名は、プロヴィデント・パー

トナーズというミネソタ州セントポールのマーケティング・コンサルティング会社のアルバート・マルッギが命名したもので、軍隊とともに行動する従軍記者をビジネスの現場にあてはめたものをイメージするといいかもしれない。正規スタッフでも契約スタッフでも、フルタイムでもパートタイムでも、エンベデッド・ジャーナリストは社内で記事やブログ投稿を書き、あるいは動画やポッドキャストを製作して特定のオーディエンスを引きつける。「ブランド・ジャーナリズムは製品の売り込みとは違う」と、『マーケティングとPRの実践ネット戦略』の著者、デイヴィッド・ミーアマン・スコットが自身のブログに書いている。「記事広告とは異なる。難解な言葉ばかりを並べ、ストックフォト（訳注：広告、出版、ウェブサイトなどで使用するために提供される写真素材で、使用料を支払って入手する）でうわべを飾り、企業のたわごとを尊大に吐き出すものではない」。あなたが雇う人物は、あなたの会社の真実のストーリーを、この本で勧めているすべてのことを取り入れて説得力ある形で伝えることが仕事になる。つまり、ブランドのストーリーや、顧客がそれをどう利用しているかを掘り起こし、それを人間味にあふれた親しみやすい口調で語り、あなたの会社、顧客、スタッフについての話題が広まるように火をつけるのだ。

　新聞や雑誌の記者、あるいは放送記者として訓練された人を雇うというのも、優れた選択肢だろう。ジャーナリストは言葉、映像、音声を使ってストーリーを語る方法をあらかじめ訓練されていて、オーディエンスを引きつけるコンテンツの作り方を理解しているからだ。本能的にオーディエンスを理解する能力が、ジャーナリストに不可欠な客観的な視点を与える——マーケターには欠けていることがある微妙な感覚だ。彼らはあなたの会社から報酬を受け取る立場かもしれないが、中立的な表現を維持してもらったほうがいい。それがマーケティング・コンテンツを生み出すうえではっきりとした優位性を与える（もちろん、情熱も重要だ。一流のコンテンツ・クリエイターの中には訓練で学んだ以上に情熱を傾ける人たちもいる。彼らは試行錯誤の末に、その情熱をオーディエンスを引き込むことに向ける方法を学んだのである）。

理想を言えば、**少しばかり売り込みのセンスも持ったジャーナリストやコンテンツ・クリエイターを見つけたい**。ビジネスとしてのコンテンツの目的を理解し、オンラインツールに目がなく、（少なくともウェブ上では）社交性がある人が望ましい。彼らの携わる仕事はブランド・ジャーナリズム、企業ジャーナリズム、ビジネス・ジャーナリズム、あるいは（「ビジネス」を意味するオランダ語を使って）ベドレイフス・ジャーナリズムなど、好きな呼び方をしてかまわないが、彼らには次のような資質が求められる。

1. **ストーリーに鼻がきく**。一流のコンテンツ・クリエイターは優れたストーリーを嗅ぎ分ける能力を持つ。ストーリーの骨格をすぐにつかみ、そのコンテンツを人間味があり興味深いものにする方法を本能的に理解している。

2. **デジタルの知識**。ハブスポット社（第24章参照）のためにコンテンツを作っているリック・バーンズは、優れたコンテンツ・クリエイターはウェブの働きを理解している、と言っている。自身のブログRickBurns.comに彼はこう書いている。「ウェブはひとつの生態系だ。この生態系の力学（Twitterがどのようにブログにトラフィックを誘導しているか、注意を引くタイトル、ブログ購読を増やす簡単な方法など）を直感的に理解できないと、あなたのサイトに訪問者を引き寄せることはできないだろう」。

3. **アマチュアの情熱**。すでにオンラインでコンテンツを作っている人たちを探す。アマチュアでもかまわない。個人ブログを書いている人、フリッカーで写真を共有している人、動画やポッドキャストを製作している人たちなどだ。「アマチュア」という言葉の起源はラテン語の「愛」である。コンテンツへの愛のためにそれを作っている人なら、あなたの会社のために同じことをしてもらうのに必要な情熱を持っているだろう。

4. **売り込みもできる社交家**。これもリック・バーンズからのアドバイスだ。彼は、最高のコンテンツ・クリエイターは「自分自身のコンテンツ

を売り込む」と指摘する。「彼らは関係を築き育てることができ、こうした関係を乱用することなく、自分のコンテンツを広めるために利用する方法を知っている」。言い換えれば、たとえ現実世界ではそうではなくても、オンライン上では社交的な人たちを探そう、ということだ。

5．**偏見がない**。私が以前、一緒に働いていたジャーナリストたちの大部分は、「エンベデッド」の仕事をするという考えを鼻であしらうだろう。彼らはそれをジャーナリストとして屈辱的、または身売りにも等しいことと見なしている。あるいは自分への妥協、才能の過小評価と考え、評判を台無しにし、家族を打ちのめし、恥ずかしい思いをし、永遠に自分を日陰の身に置くことになる、と考えている。重要なのは、この本の主題を理解し受け入れられる人を見つけることである。つまり、現在の企業はとびきり優れたコンテンツを生み出さなければならない必要性と動機の両方を持つ、と理解している人たちだ。

　リックはこう指摘する。「企業にとってコンテンツは目的のための手段であって、目的そのものではない。すべての記事、ツイート、動画は、その出来についての主観的な判断ではなく、どれだけ多くの訪問者、リード、顧客を生み出せるかに基づいて評価される」。もちろん、これを裏返して考えれば、最終的には質の高いコンテンツだけが必要なビジネス目的の達成に貢献するということだ。つまり、偏見のある記事広告のようなコンテンツの居場所はない（ちなみに、暗い側面を描くほうがお金になるという考えを捨てきれないジャーナリストたちへ。それは、ただそう言われているだけのことだ）。

6．**ADOS**。これは「あれこれ目移り（Attention Deficit）……おお（Ohh）、輝けるものよ（Shiny!）」を意味する。というのは半分冗談だが、彼らは新しいデジタルツールには目がない。つねに最新のもの、キラキラしているものを探している。いつも最新の機器を真っ先に手に入れ（または切望し）、最先端のテクノロジーを実験し、スマートフォンにはクールなアプリを搭載している。チームに加えると本当に力になってくれる人たちだ。彼らはこうしたテクノロジーをビジネスの成長にどう利用で

きるかを一緒に考えてくれる。この用語を教えてくれた、『Can We Do That?（仮邦題：私たちにそれができるのか）』（John Wiley & Sons）の著者でマーケティング・コンサルタントのピーター・シャンクマンに感謝する。

外部からコンテンツを調達する

　コンテンツをどこか別の場所から調達することも、あなたのコンテンツ構成を補強し拡充するもうひとつの方法になる。しかし、覚えておいてほしいのだが、**外部から持ってきてサイト上に再び掲載することを選んだコンテンツもすべて、あなたのガイドラインや基準に沿ったものでなければならない**。そうしないと、サイトにうまく馴染まず、ブランドの声やトーンと一致しなくなる。そしてもちろん、こうした外部調達のものについても、チーム内でその管理を率いる人物が必要になる。

　外部からコンテンツを調達する場合には、次のような選択肢がある。

キュレートされたコンテンツ

　コンテンツ・キュレーションとは、**最も話題性のあるオンライン・コンテンツや特定のテーマについてのオンライン素材を**、ターゲット・オーディエンスのニーズにマッチするように**収集・選択し、共有する継続的作業**のことである。そうしたコンテンツや素材には、記事、ブログ、動画、写真、ツール、ツイート、あるいは他のウェブサイトの掲載記事へのリンクなどが含まれる。

　美術館のキュレーター（学芸員）が自分の美術館に最もふさわしいアートを選ぶように、コンテンツ・キュレーターは、自分たちのサイトで共有するための最も価値があり関連の深いコンテンツを発掘する。もちろん、美術館のキュレーターとは違い、コンテンツ・キュレーターはそのコンテンツへの

リンクを集めて共有するのが仕事になる。通常は、文章の中に一部を引用することはあっても、コンテンツ全体をすぐさま拾い上げて再利用することはない（動画や写真に関しては、ルールは時に異なる。いつもどおり、疑わしいときには使用許可を求めるといい）。

キュレートするコンテンツは必ずしも新しいものである必要はない。コンテンツへのリンクを自動的に集めるコンテンツ集約機能が、ヤフー・ニュースやグーグル・ニュースのようなサービスを支えている。ネット上でオーディエンスと共有するための際立った素材（掘り出し物）を見つけるという点では、Cool Hunting（クール・ハンティング）やLikecool.com（ライククール）のようなサイトや、個人ブロガーがずっと以前からしていること、私たちの多くがすでにTwitterでしていること、あるいは、Alltop（オールトップ）、Digg（ディッグ）、StumbleUpon（スタンブルアポン）、Delicious（デリシャス）のようなニュース集積サイトや共有サイトがしてきたことと変わらない。

しかし最近になって、コンテンツ・キュレーションがひとつのフィールドとして確立しつつある。単純にコンテンツを集積することとは違って、キュレーションには人間的要素が含まれる。担当編集者がコンテンツの集積サービスに自分自身の整理・選別スキルと判断を加えるからだ。そして、スタンブルアポンやディッグなどと違って、Curata（キュラータ）、Eqentia（イクエンシア）、Lingospot（リンゴスポット）、Loud3r（ラウダー）などのキュレーション・サービスを利用すると、特定の検索ワードに基づいて、リアルタイムのコンテンツを賢く素早く集めることができる。いわば、ステロイドで筋肉を増強した狩猟採集者になれるのだ。

コンテンツ・キュレーションは、組織のコンテンツ戦略にうまくはまることもある。最もタイムリーで、最も関心を持たれ、最も刺激的なオンライン・コンテンツを探し出し、選別し、共有することで、あなたの組織に権威を与え、ソートリーダーやオーディエンスにとっての情報源としての地位を築く。山のようなウェブコンテンツをふるいにかけ、読者にとって最もためになる高品質のものを見つけることは、信用と信頼を築き、特定のトピック

についての貴重な情報源になるためのすばらしい方法だ。読者は最高のものを選び出すことをあなたに頼り、自分で探す必要はないと考える。

さらに、オンライン・コンテンツの製作を始めたばかりの組織——ブログやマイクロサイトを始めたばかりの組織——にとっては、コンテンツ・キュレーションはコンテンツを充実させるだけでなく、検索エンジン最適化（SEO）という点からも、検索結果ページの表示ランクを上げることに役立つ。何かあるほうが何もないよりましなのは間違いないので、関連のあるコンテンツであれば、共有することをためらう必要はない。

コンテンツ・キュレーションは、それを支える戦略と予算があるのなら、もちろん効果がある。とは言うものの、すぐに飛びつく前に注意すべき点をふたつ挙げておこう。

1. **コンテンツ・キュレーションは近道ではない**。オリジナル・コンテンツを作らなくても、キュレーションに頼ればいいと思っているのだとしたら、それはやめたほうがいい。自分で選んだものであれ、自動化されたサービスを利用するのであれ、空っぽのコンテンツを満たすのにコンテンツ・キュレーションだけに頼るべきではない。コンテンツを拡充するにはたしかに優れた方法だが、それだけの話だ。あくまでもオリジナル・コンテンツの開発努力を補完・拡充するものとして位置づけなければならない。

    キュレートされたコンテンツだけに依存しているサイトは多い。そのひとつがノベル社の「インテリジェント・ワークロード・マネジメント」（www.novell.com/media/content/intelligent-workload-management.html）だ。だが一般には、本書で述べてきた多くの理由のために、キュレーションはオリジナル・コンテンツに加えるべきものであって、それに代わるものではない。図6.1は、「トラステッド・クラウド」というクラウド・コンピューティング・セキュリティーに関するサイトで、うまくキュレート・コンテンツを取り入れている例のひとつだ。興味深いことに、このサイトもノベル社が運営している（訳注：「トラステッド・

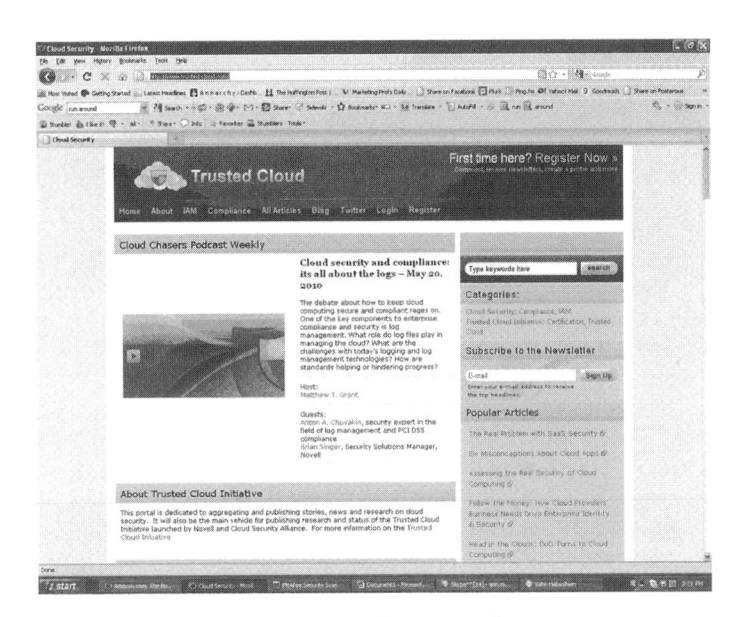

図6.1「トラステッド・クラウド」のウェブサイト

(訳注：オリジナル・コンテンツとキュレート・コンテンツを混合させたサイトの例。画面のトップ項目は定期掲載の「ポッドキャスト・ウィークリー」で、この2010年5月20日の回は「クラウド・コンピューティングのセキュリティーとコンプライアンス──すべてはログ管理から」をテーマに、ゲストを招いてディスカッションしている。その下の「トラステッド・クラウド・イニシアチブについて」の部分に、このサイトがクラウド・セキュリティーについてのコンテンツをキュレートしたサイトであることが説明されている)

出典：www.trusted-cloud.com（訳注：このURLでアクセスすると、現在は同じAttachmate傘下の企業「Net.IQ」のサイトが開く）

クラウド」のサイトはすでに閉鎖されている）。

　結局は、「誰かが言ったこと」を集めたコンテンツ戦略を採用するよりも、自分のオリジナル・コンテンツを作るほうが得策だと思うようになるだろう。こんなふうに考えてみてほしい──いつも野イチゴを探してばかりはいられない。時には自分で植物を植え、育てることも必要だ。

2. **舵取りをするのはやはり人間**。キュレートされたコンテンツを使うことは、ドクター・スース（訳注：米国の絵本作家、画家、詩人）の児童書

に登場する「ゾウ搭載型8筒式爆撃砲」のように、機械が自動的にコンテンツを吐き出すことを意味しない（もっとも、ドクター・スースの機械が吐き出したのはブログ記事ではなくて「酸っぱいさくらんぼの種」だった）。コンテンツ・キュレーションには、生身の、本物の人間である編集者がオーディエンスのために最も適したものを選んで整理する（時にはコメントする）という巧みな操作が必要になる。どんな種類のコンテンツでも、血の通った人間の手を加えることが違いを生む。

共同製作コンテンツ

　ここでは共同製作コンテンツを、**定評のあるコンテンツ・クリエイターたちが発信しているコンテンツ**と定義したい。こうしたクリエイターにはすでに有名になっている人や、専門とする分野に一定のオーディエンスを抱えている人たちなどが含まれるだろう。

　「マーケティングプロフス・デイリー・フィクス」（www.mpdailyfix.com）は、さまざまな業界の人たちからの寄稿を集めたマーケティング・コメンタリーを発行しているグループブログだが、これも共同製作サイトの例である。アメリカンエキスプレス社の「OPENフォーラム」（www.openforum.com）も同様だ。このサイトは中小企業の経営者向けに、動画、記事、ブログ、ネットワーキングなどについての豊かな情報を発信している（図6.2）。

　影響力のあるブロガー、業界のリーダー、経験豊富な起業家などから、実際的ですぐに利用できる情報や意見を提供してもらっているものである。もちろん、このサイト上の唯一の広告やブランディングは、アメリカンエキスプレスのものだ。

　ブランドにとって共同製作コンテンツは、自分たちのニーズに応えるコンテンツをすでに作っている人たちと提携し、それをサイトに掲載したり、ブランド化したコンテンツサイト（「OPENフォーラム」がその例だ）を作ることで、専門知識を持つ優れた情報源としての地位を築くにはすばらしい方

図6.2 OPENフォーラムのウェブサイト

（訳注：共同製作サイトの例。表示されているのは左側に見られる「アイデアハブ」のカテゴリのひとつ、「マーケティング」の画面で、寄稿された動画、記事、ディスカッションの中の注目コンテンツが紹介されている）

法だ。天然素材だけを使った赤ちゃん用品を売っている会社なら、有名な母親ブロガーを探すことができるし、ワイン販売店なら高名なフードブロガーにレシピや写真を提供してもらうことができる。地域の経済開発団体なら、成功している地元のビジネスリーダーに動画を製作してもらってもいいだろう。提供者への報酬はさまざまな形をとる。現金の場合もあれば、コンテンツの提供によって知名度が上がることや名誉を得られること、あるいは、あなたのサイトを通して新しいオーディエンスを獲得できることかもしれない。

　共同製作コンテンツは、協力者それぞれにつくオーディエンスも引き込んで、ひと味違う、ユニークな視点を得る機会になる。しかし、パートナーを組む前に、協力者に求めるルールをはっきりさせておくことは重要だ。例え

ば、どれくらいの頻度でのコンテンツ提供が望ましいのか？　あなたのサイトのために製作したコンテンツを別の場所で再掲載したり再利用したりすることを認めるのか？　著作権は誰に属するのか？　あなたの会社なのか製作者なのか？　もし著作権が製作者にとどまるのであれば、あなたが後からそのコンテンツを別の場所で新たな形で使いたいときに、使用する許可を得られるのか？

ユーザー作成コンテンツ

　ユーザー作成コンテンツ（UGC）は、**顧客やサイト訪問者**によって**生み出されたコンテンツ**で、プロのライターやコンテンツ・クリエイター、製作会社が作ったものとは異なる。要するに、あなた自身がコンテンツを作るのではなく、オーディエンスにあなたの代わりに作ってもらうということだ（クラウドソーシングとも呼ばれる）。これは、サイトにたくさんの優れたコンテンツを集める、すばらしい解決策のように思える。たしかにその可能性はある。しかし、人生で起こる多くのことと同じように、残念ながら魔法の特効薬にはならない。

　消費者による製品レビューや格付けは、Eコマースサイトにコミュニティー感覚と活発な交流をもたらす。料理サイトの「エピキュリアス」（Epicurious.com）の訪問者は、フォークの数でレシピの格付けをし、役立つ情報、変更すべき点、代替案などを交えたレビューを書き込む。「ゴールデンレトリバー・レスキュー・オブ・ウィスコンシン」のサイト（http://www.grrow.org/grrowi/happy+tales++success+stories/success+stories.asp）（訳注：団体のサイトは http://www.grrow.org で開けるが、この特定のページは開けなくなっている）では、訪問者がサイト上で個人的なストーリーを共有でき、それが見捨てられたゴールデンレトリバーの里親探し運動に人間の（そして犬の）顔を与え、コミュニティーを築き、その結果として寄付金を集めている。

　フォード・モーター社は「フォード・ストーリー」のサイト（訳注：現在

は「フォード・ソーシャル（social.ford.com）」のサイトに変わっている）で、フォードのファンに彼らのストーリーを投稿することを呼びかけて大成功した。ニュースや興味深い特集記事、フォード製品についての最新情報の他に、このサイトではフォード・ファンによる記事を掲載している（図6.3参照）。例えば、フォードが組み立てラインの人間工学を改善するために、もともと米軍が開発した"サントス"という仮想兵士のアバターを仮想工場の従業員として"雇い"、作業中の動きを研究しているという記事の隣に、ある女性から寄せられた、乳がん撲滅運動の研究資金集めに協力する特別仕様のマスタングに一目ぼれしたというストーリーが掲載されている。

　読者がコンテンツに詳細情報や意見を付け加えたり、自分のコンテンツをアップロードすることを認めることで、UGC はスタッフライターには真似

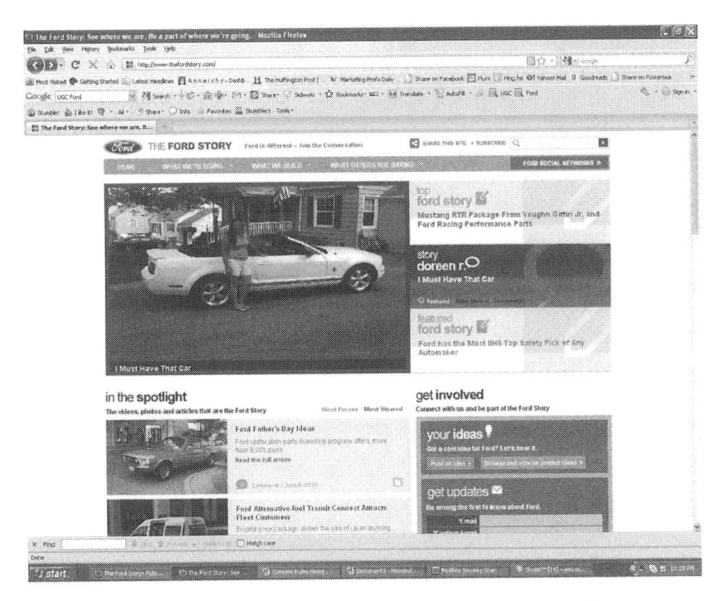

図6.3 フォード社の「フォード・ストーリー」ウェブサイト

（訳注：最新ニュースや特集記事に交じって、ファンからの投稿記事が掲載されている。中央の写真が、本文中で紹介されている、特別仕様のマスタングに一目ぼれした女性の写真）

できないような形で、サイトに深みと広がりを持たせ、双方向性を高めることができる（もちろん、ブログにコメントが書き込めるようにする、Twitterでの反響を追跡してくれるツールを使う、Facebookの「お気に入り」のボタンを加えるなどのソーシャルメディア戦略も、オーディエンスの交流と参加を促すだろう）。

もしあなたが実際にUGCを活用しようと思うのなら、次のふたつのことに留意してほしい。

- **オーディエンス参加のための計画を練る**。オーディエンスの参加を促すようにデザインされたフォーラムを立ち上げはしたものの、最初の興奮がすぐにさめて活気がなくなり、ネット上のゴーストタウンになるほどひどいことはない。見捨てられた通りにはまるで西部劇のようにタンブルウィード（回転草）が風に吹かれて転がっている。もしあなたが実際にUGCを取り入れるのなら、しっかり管理し、ユーザーに反応し、参加を奨励しなければならない。成功するコミュニティーサイトを立ち上げるチャンスは一度しかない。
- **望ましくないものへの心構えをしておく**。オーディエンスはあなたが予想（または期待）していなかった形でサイトに参加してくるかもしれない。

シボレーは販売促進にUGCを活用しようとして裏目に出た。ウェブサイトの訪問者に、シボレーが提供する動画クリップと音楽を使ってフルサイズSUV車「タホ」のための広告を作ることを呼びかけたのだが、不幸なことに、環境保護主義者などの敵対的な人たちまで引き寄せてしまい、彼らが作ったのはガソリンを大量に食う大型車に批判的な広告だった。

もちろん、恐怖はUGCを避ける理由にはならない（正直に言って、もし人々があなたの製品や会社自体に否定的な意見を持っているのなら、おそらくもう別の場所でそれを口にしているだろう）。しかし、企業にとって批判に耐えるのは難しいかもしれない。否定的な反応、あるいはその心配への防

御手段はいくつかある。コミュニティーのガイドラインを作成してルールを明確にしておく（「会員規約」などよりは望ましい）、人による管理と自動化されたフィルターを使って、本当に攻撃的またはけんか腰のコンテンツに対処する、オーディエンスに UGC は適切な内容で高品質を保つように釘を刺しておく、などである。たいていの人は友好的な雰囲気と肯定的な経験を求めているので、能力のある人に権限を与えてあなたを手伝ってもらうといいだろう（マーケティングプロフスでは、UGC の力を借りた情報交換フォーラムで、この戦術のことを愛情たっぷりに、「難民が収容所を運営する」と譬えている）。

ライセンス取得済みのコンテンツ

その名前が示すように、**コンテンツ製作者から使用許諾を得たコンテンツ**のことで、時には手数料が発生することもあるし、クレジット明記と引き換えのこともある。使用許諾を得るのは記事やブログ投稿の他、それ以外のさまざまなコンテンツ、例えばオーディオ、動画、映像のこともある。

どこか別の場所から使用許可を得たものなので、そのコンテンツはあなたのサイト独自のものではない。しかし、オーディエンスのための豊富な情報を集めた総合的オンライン・ライブラリーを創設したいのなら、ライセンス・コンテンツもひとつの選択肢になる。そして、（キュレート・コンテンツと同じように）ライセンス・コンテンツは、信頼できる貴重な情報源としての立場を強化することにつながる。オーディエンスのために、ひとつの場所に優れたコンテンツをうまく集めることができるからだ。

CHAPTER 7
キャンプファイアー
——火を絶やさない

　友人や家族とキャンプファイアーを囲んで座り、暖かさと仲間意識、即席のコミュニティー感覚を楽しんだ経験が、あなたにもあるだろうか？　笑い合い、物語を共有し、生涯続く友情を築く場として、キャンプファイアーは完璧だ。それがサマーキャンプでも、あなたの家の裏庭でもかまわない。人類が最初に火のおこし方を発見して以来、キャンプファイアーはつねに人々が集まり、結束を強める場所だった。

　木を燃やすことがこの本のテーマにどう関係しているのだろう、とあなたは不思議に思っているかもしれない。実は、キャンプファイアーは多くの企業が省いてしまっている重要なステップの譬えになる。このステップを怠る企業は、なぜ自分たちのすばらしいコンテンツに誰も夢中にならないのか、頭を悩ませることになるのである。

オーディエンスを歓迎するコンテンツを作ったからといって、人々がすぐにその周りに座って暖をとるわけではない。たとえ人々が集まり始めても、離れていってしまわないように彼らの注意を引き留めておく必要がある。この譬えにまだピンとこないようなら、もう数ページこのまま読み進めてほしい。きっと納得できるはずだ。

本当に火をおこすには

　この譬えを理解するためにも、その前にまず、本当の火のおこし方の基本を5段階のステップで学んでほしい。コンテンツとサバイバル技術を1冊の本で？　こんな流れになるとはあなたもまったく予想していなかったに違いない。

1．簡単に火のつく小さな小枝（火口（ほくち））を、火をおこしたい場所の中央に積み重ねる。
2．その小枝の山をもう少し太い枝で、ティピー（円錐形のテント小屋）のような形になるように取り囲む。空気が循環するように十分な隙間を空ける（火が燃え続けるには燃料だけでなく空気が必要なことを忘れてはいけない）。
3．数カ所に火をつけ、ゆっくりと火が大きくなるようにする。素早く炎が燃え上がると興奮するが、そうすると同じだけ素早く燃えつきてしまう。
4．火が安定したら、太くて長い丸太を加える。これでもうあまり手をかけなくても燃え続け、暖かさを保ってくれる。
5．時々丸太の位置を調整して、炎の状態を見栄えよく保つ。必要なら木を加える。

コンテンツのキャンプファイアーの目標

 さて、キャンプファイアー作りの基礎がわかったところで、いよいよコンテンツの構築に役立つ話に移ろう。ご存じのとおり、コンテンツの種類、スタイル、フォーマット、サイズは実にさまざまだ。したがって、コンテンツをむやみに集めて、そのうち火がつくだろうと期待するより、しっかりしたコンテンツ戦略の基礎を築くことが肝心だ。

 キャンプファイアーは暖かさと即席コミュニティーの両方を与える。カウボーイが平原でキャンプファイアーを始めると、その周りに大勢が集まってくる。食事を求めて来る者、歌を歌いに来る者、孤独な平原でただ誰かと一緒にいたい者など、目的はそれぞれ異なる。同様に、コンテンツのキャンプファイアーに集まってくる人たちに対しては、最初の訪問時間がどれだけであっても彼らを歓迎しなければならない。**自分が歓迎されていると感じられるほど、訪問者は長くとどまり、他の人たちにも訪ねるように勧め、頻繁に戻ってくるようになる**。それがあなたの最大の目標だ。

小枝から火をおこすように

 最初に火をおこすときに必要な小枝のことを覚えているだろうか？ 小さくて燃えやすく、すぐに火がつき、より大きなものに火を燃え移らせる火口(ほくち)となるものだ。

 あなたに正しい方向を指し示す魔法の処方箋というものはないが、前進するためのいくつかのアイデアを紹介しよう。

- **外へ出て小枝を探す**。他のブログ、動画、その他のオンライン・コンテンツの中に、あなたの業界、キーワード、トピックに関連したコンテンツ

を見つけたら、適切なコメントを書き込む。もちろん、スパムのような迷惑コメントは書かない。重要なのは、コンテンツの内容に関する気のきいたコメントを残し、それを読む人たちがあなたのコンテンツもチェックしたくなるようにすることだ。
- **自分のサイトに小枝を用意する**。シェアしやすいシリーズもののコンテンツを始める。例えば、誰もが何らかの意見を持つような最近の話題、あなたが属する業界についての最新の見解、何かのトップ10リスト、著名人への連載インタビューなどが考えられる。

　目標は、あなたのコンテンツの認知度と牽引力を高めることだ。人々が価値を見出し、すぐにシェアしたくなるようなコンテンツにはどんなものがあるだろう？　こう自分に問いかけてみてほしい。「私ならこれをリツイートするだろうか、Facebookでシェアするだろうか？」。もしイエスと答えられないなら、他の人たちも同じだろう。

　ここで忠告をひとつ。「リンクベイト」（リンクのための餌）は避けること。スラング（俗語）のオンライン辞書「アーバンディクショナリー」（UrbanDictionary.com）では、リンクベイトを「人々にリンクを貼らせることを目的にウェブサイトに掲載されるコンテンツ」と定義している。

　つまり、コンテンツの「火」となるものに風を送ることは必要だが、どうせすぐに離れていく人たちを呼び込むだけのリンクベイトにはならないように、バランスをとらなければならない。ニュアンスには配慮しよう。業界のインフルエンサーの名前をコンテンツに含めて、本人たちのレーダーに引っかかるようにするのはまったく問題ない。だが、それをするなら明確な目的を持ち、見せかけだけでなく実体が伴うようにする。ただ注意を引きたいという理由だけでは不十分だ（素早く燃え上がる炎について述べたことを覚えているだろうか？　見栄えはいいが、長く炎を保つには実体が必要になる）。

　結局のところ、あなたが望むのは、自分のコンテンツをたくさんの人にシェアしてもらうことだろう。多くの人があなたのコンテンツについて話し、コメントし、感想をシェアしてほしいとあなたは思っている。どんなコ

メントでも何もないよりはましだが、根拠もなく選んだ「業界の影響力者トップ10」のリンクベイトで釣るよりも、高品質のコンテンツで注意を引くほうがずっといい。

火を絶やさない大きな枝を見つける

　さあ、火はおこした。あなたはこれから成長させていく何かを手に入れた。人々があなたのサイトの存在を知り、何人かは定期的に訪れてくれるようになった。今こそ、これらの初期のサイト訪問者に何かもっと多くのものを与えるべきときだ。つまり、**彼らに何度も戻ってきたいと思ってもらえるように、火を絶やさないようにしなければならない**。優れたコンテンツを着実に送り続けるのだ。そこで必要となるのが、第5章で述べた発行スケジュールまたは編集カレンダーである。計画はすべてそのとおりにしなければならないというものではないし、3カ月先か半年先くらいまでのスケジュールを決めておけば十分だ。もしそのほうが楽だと思うなら、3カ月程度のコンテンツの流れを大まかに計画するだけでもかまわない。

　勢いをつける必要が生じるのもここからだ。これも第5章で詳しく述べたように、それは、あなたがどんなコンテンツを作っていくのか、どんなスケジュールで発行していくのかに基づいて考えなければならない。もし翌月にウェビナーを開催すると決めたのなら、人々の関心を引き、話題にしてもらい、参加登録を促すには、どんな準備をしておく必要があるだろう？　ウェビナーの開催後にそのコンテンツを新たな形にして再びウェブ上に送り出し、参加者にもそれ以外の人にも関心を維持してもらうには何をすべきだろう？

　コンテンツそれぞれが、コンテンツの食物連鎖の中での役割を担い、火に燃料を補充する。つまり、新たな視点を加えたコンテンツを定期的に送り出すことが鍵となる。コンテンツを作るたびに、このことを考えておく必要がある。

コミュニティー意識が生まれるとき

　キャンプファイアーが最高に盛り上がるのは、友人も見知らぬ人も関係なく、その周りに集まった人たちの間にコミュニティー意識が生まれるときだろう。

　あなたのサイトには、ギターで「クンバヤ」をはじめとするキャンプソングの定番をかき鳴らす人はいないだろうが（実際にそうする人がいれば、今ならYouTubeで注目を集めるかもしれない）、あなた自身もできるだけコミュニティーを築き育てたいと思うはずだ。しかし、コミュニティーが育つのには時間がかかる。それを頭に入れておいてほしい（あなたの会社の重役にもそう伝える必要がある）。

　コミュニティーの結成は、強制することも、操作することも、魔法で呼び出すこともできない。そして、人生のほとんどのことと同じように、質が量に勝る。中途半端な気持ちの人たちを集めた大きなコミュニティーを築くより、あなたやあなたの会社に本当に関心を持ってくれる人たちの小さなコミュニティーを築いたほうがいい。

人々にまた戻ってきてもらうには

　人々はさまざまな理由でサイトに戻ってくる。

・コンテンツが魅力的で、興味深いと思うから。
・コメントや討論フォーラムでの会話が気に入っているから。
・エキスパートとして、他の人を助けることが楽しいから。
・コミュニティーのメンバーとして見られることが、自分にとって有益だから。

あなたの最も熱心なフォロワーの何人かは、ただ知識を得ることが目的で参加している、最も静かな人たちかもしれない。グーグル・プラス、Twitter、Facebook のようなソーシャルネットワークは、会話をブツ切りにする傾向があるため、ブログのコメント数はほんの少し前と比べても、着実な成果を示すものではなくなったように思われる。コンテンツの成功を単純にコメントや「いいね！」の数だけで判断してはいけない。これらのフィードバックも物語の一部ではあるが、物語の全体像を表すわけではない。

人々にまた戻ってきてもらうための鍵は、**目新しく、新鮮な、関心を持たれるコンテンツを供給する**ことである。その供給が滞ったときが、コミュニティーを失い始める瞬間になる。ソフトウェア開発会社のノベル（前章でキュレーツ・コンテンツを使っているサイトの例として挙げた）でソーシャルメディア担当のディレクターを務めるフランク・デイズは、「つねにそこに居続けなければ、取り残される」と言っている。

あなたのストーリーが共有されるとき

ホスト役であるあなたには、自分が火をおこしたキャンプファイアーの周りで人々が語り合うのを先導する仕事がある。若いころによく語ったお化けの話のように、優れた物語は聞いている人々の気持ちをつかむ。彼らはその物語を持ち帰って他の人たちとも共有したいと思うものだ。

「最近のキャンプファイアーはひっそりしている。みんなが集まる場所ではない。人々はもう1カ所に集まることをしなくなったからだ」。『Trust Agents（仮邦題：信頼エージェント）』（John Wiley & Sons）の共著者クリス・ブローガンが、「ブログワールド2009」の基調スピーチでそう話している。彼は続けて、オーディエンスにこう告げた。「あなたのサイトがすばらしいのではない。あなたのストーリーを、それを必要としている人たちの手

に届けることがすばらしいのだ」。

　すでに述べたように、**熱い思いは伝染する**。情熱を傾けて作ったコンテンツからはそれが伝わってくる。そして、もしそれがオーディエンスの心をつかめば、彼らはおそらく他の人とも共有するだろう。

　共有というのは、あなたのコンテンツを盗用することや、著作権を侵害するという意味ではない。**あなたのストーリーがすばらしいものだと思ったときに、人々が彼ら自身のコミュニティーでそれを共有する**ということだ。ウェブならではの特性とマナーのおかげで、誰かがあなたの作ったコンテンツを引用したり、それについて話したりするときには、もとの情報源であるあなたのサイトにリンクを貼る。それだけでなく、自分のサイトにあなたの動画や写真コンテンツを埋め込んだりもする。

　したがって、あなたのストーリーやコンテンツを、あなたのサイトが所有する、手を加えられることのない不動のものとして見る代わりに、**オンライン上で取り出され、話題にされ、他者に共有される対象となるソーシャル・オブジェクト**として考えてみてほしい。

　ソーシャル・オブジェクトとは何か？　それは次の章へとうまくつなげてくれるものだ！

CHAPTER 8

コンテンツの翼と根っこ

　あなたが作る一つひとつのコンテンツは、あなたが立ち上げたウェブサイトやコンテンツ・ライブラリー、その中のどこかのページ、あるいはランディングページのような訪問者がアクセスするページなどに行き先を見つける。しかし、それですべてが終わるわけではない。そこで出番となるのが、コンテンツ・ルール10「(コンテンツに) 翼と根っこを与える」である。

　このアドバイスは通常なら子育てにあてはまるものだ。子どもたちに地にしっかり足をつけるための根っこと、新しい世界を探検し冒険するための翼を与える。ところが、この考えはコンテンツにもうまくあてはまる。コンテンツをあなた独自の見解、声、視点にしっかりと根づかせながらも、自由に空へ飛び立ち、ソーシャル・オブジェクトとしてウェブ上のあらゆる場所で共有されるための翼を与えるのだ。ソーシャル・オブジェクトとは、ウェブ

上で話題にされ、共有される対象として、コミュニケーションの媒介となるものを表す。

　結局のところ、ソーシャルメディアとオンラインビジネスをしっかり支えているのは、誰もが出版社だという事実である。あなたの読者一人ひとりも出版社だ。興味をかき立てられるコンテンツをシェアし、リンクを貼り、コメントを書く権限は誰にでも与えられている。すべてのコンテンツを、それが発表された場所から自由に飛び立つソーシャル・オブジェクトとして見るべきだと私たちが強調したいのも、そのためだ。

　キャンプファイアー社のクリエイティブ・ディレクター、スティーヴ・コールソンはこう話す。「優れたソーシャル・オブジェクトは、メカニズム自体から動力を得ているわけではない。その中心にある燃料――コンテンツ――が動かしている。何がハイオク燃料となるかを明らかにして、そこに努力を集中させれば、他のどんなものよりも友人を増やし、人々に影響を与えることができる。ただ優れたコンテンツを生み出すだけで、それが大きな声で話し始め、あなたが想像するよりはるかに遠くまで旅をする」。

　別の譬えも挙げておこう。あなたは自分で育てたものすべてを溜め込んでしまうサバイバリスト（訳注：大災害や核戦争に備え、シェルターを造るなどして自分たちだけ生き残ろうとする人たち）のメンタリティーを持つことはできない。それよりも、ジョニー・アップルシード（訳注：本名はジョン・チャップマン。アメリカの西部開拓時代の伝説の人物で、聖書の教えを説きながら、各地にリンゴの種を植えて回った）のように、種をまいて、誰もが果実を（ここでは比喩的な意味で）楽しめるようにしたほうがいい。**コンテンツという種をまき、認知度を高め、好意的な感情を育て、あなたのメッセージをオーディエンスに代わりに広めてもらう**。そうすることで、結果的にあなたの顧客ベースが育っていく。

ウェブのための翼

見つけやすい

　グーグルやビング（Bing）で検索する人たちは、あなたのコンテンツを見つけられるだろうか？　もしあなたがYouTubeやヴィメオ（Vimeo）に動画コンテンツを投稿しているのなら、あなたが投稿したタイプの動画を探している人たちは、あなたのものをどれだけ簡単に見つけられるだろう？　どうしたらそれを知ることができるだろう？　答えは簡単だ。自分で試してみればいい。どれくらい早く、自分のコンテンツを見つけることができるだろうか？

　検索結果ページの表示ランクを押し上げるための検索エンジン最適化（SEO）戦略ならたくさんある。しかし、基本的なこととして、**コンテンツの内容や表現にできるだけ多くの情報を含めておくことが大切だ**。見つけてもらいたい相手が使うような検索キーワードを含めるのである（あなただけのものだと言えるようなロングテールのキーワードやフレーズも含める。第1章参照）。あなたのコンテンツは特定の質問に答えを提供しているだろうか？　それなら、その質問がコンテンツのどこかに含まれるようにしておく。

　主要なソーシャルネットワークのすべてにあなたのプロフィールを登録しておくことも忘れてはいけない。あなたの会社や製品をTwitter、イェルプ（Yelp）、Facebook、LinkedInをはじめ、あなたや顧客が参加しているすべてのソーシャルメディア上でも検索してみよう。たとえそれが、訪問者をあなたのサイトに誘導するためのランディングページとしてだけ使っているものだとしても、プロフィールを作っておくことは重要だ。見えない存在でいても意味はないし、誰かがあなたの名前やあなたの会社の名前を騙っている

としたら、もっと悪い。

アクセスしやすい

　毎日、人々はさまざまな機器からコンテンツにアクセスしている。したがって、**コンテンツをできるだけ多くの種類のプラットフォームからアクセスできるようにしておくことも重要だ**。

　ほんの数年前までは、自分のサイトを携帯電話で閲覧できるかどうかを気にかける人など、ほとんどいなかった。今では、それが誰にとっても必要不可欠の条件になった。自分のサイトが携帯で閲覧できるかどうかわからないようなら、種類の違う機器を使っている何人かの友人に頼んで、試してもらうといい。その結果に驚くことになるかもしれない。

　アップル社製の機器は、アドビ・フラッシュ（訳注：動画や音声を含むウェブコンテンツを作成するためのアドビシステムズ社のソフトウェア）に対応していない。これは、もしあなたの動画ファイル（あるいはサイト全体）がフラッシュで構成されているとしたら、人気のiPadやiPhoneでは閲覧できないということだ。つまり、そのために新しい顧客を失っているかもしれない。

　時間と資金が許す限り、コンテンツがきちんと閲覧できるかどうかを、できるだけ多くのブラウザー、携帯電話、モバイル機器で試すことを習慣にしてほしい。

　この「アクセスしやすい」という観点から考えると、コンテンツにアクセスするのに登録を求めるかどうかの決定も重要になってくる（もし登録を求めるのであれば、どんな情報を入力してもらうべきだろう？）。この登録を求めるかどうかのアドバイスについては、第13章を参照してほしい。

シェアできる

　あなたはなぜ、自分が読んだ記事を友人にも電子メールで送ろうと思うの

だろう？ なぜFacebookの投稿に「いいね！」を押すのだろう？ なぜ自分自身のネットワーク上でシェアするのだろう？ ペンシルヴェニア大学の研究チームは、『ニューヨーク・タイムズ』紙のどの記事が最も電子メールでシェアされているかについての調査で、「読者は驚きを与える記事をシェアしたい」と思っていることを明らかにした。

さらに、読者の感情に訴えるストーリーはメールでシェアされることが多く、肯定的な記事のほうが否定的な記事よりも多くシェアされていた。また、長文の記事は短い記事より有利になる傾向があった（もっとも、研究チームはそうした長い記事が関心を持たれる内容だったからだと理由づけている）。

ニューヨークの通りを放し飼いの鶏が歩いていた、といった驚きの記事も、やはりシェアされやすい。しかし、驚きを超えて畏怖の念を与えるような記事や、ペンシルヴェニア大学の研究チームが「自己を超越した感情、自分より大きい存在を目の前にしたときの畏敬や高揚を覚える感覚」と定義するものも、最もシェアされるものに含まれた。ひとりの研究者はそうした記事の効果について、「心を開き、広げるもの」と表現している。

この調査結果は、コンテンツ・クリエイターであるあなたにとっては何を意味するだろう？ それは、コンテンツ・ルールに従い、とくに**ルール8「予想外のことをする」**に目を向けよう、ということだ。また、オーディエンスにシェアしてもらえるように、**時には積極的に、時には控え目に働きかける必要もある**。

コンテンツは、あらゆるソーシャルネットワーク上で、できるだけ少ない労力で簡単にシェアできるようにしておこう。オーディエンスにグーグルを通してあなたのコンテンツを広めてもらい、Twitterでつぶやいてもらい、Facebookで「いいね！」を押してもらう。すべてのコンテンツで主要なボタンが目立つようなレイアウトにする。シェアディス（ShareThis.com）のような集中管理サービスを使えば、ひとつのボタンを設置するだけで、さまざまな共有サービスを選べるボタンが展開されるようにもできる（ShareThis.comのようなサービスの優れた点は、新しいソーシャルネット

ワークが立ち上げられたときに、自動的に新しいプラットフォームを加えてくれることだ。あなたは何もしなくていい）。

　また、動画、音声、写真コンテンツを他のサービスにアップロードするときには、必ずそのコンテンツをシェアできるような設定にする。クリエイティブ・コモンズ（www.creativecommons.org）のライセンス（訳注：著作権者が自ら著作権の一部を開放する意思を示すことで、著作物の適正な再利用を促進しようとする取り組み）を利用すれば、シェアすることに加えて、あなたのコンテンツに対して、他の人に何ができ、何ができないかについての条件を明確に定めることができる（例えば、クレジットを入れるという条件で、あなたの写真を企業のパンフレットに使用することを認めるなど）。

　コンテンツをシェアできるようにすることには、コンテンツの一部を他の人が自分のサイトやブログに埋め込むのを簡単にすることも含まれる。前出の『Trust Agents』の共著者クリス・ブローガンは、これをコンテンツに「ハンドル」を与えること、と表現する。ウィジェット、ツール、ゲーム、スライドシェアのプレゼンテーション、その他、操作や双方向型の交流が可能なほとんどすべてのものが、そのハンドルになる。顧客が直接彼らのブログに埋め込んで、あなたの代わりにシェアしてくれるような双方向型のクイズアプリがその代表だ。例としてイグザクトターゲット社のものを図8.1に示している。

　最後に、PDFやパワーポイントのフォーマットで作成した調査結果や表を公開することも考えていいだろう。そうすることで、オーディエンスはあなたの会社が作成した表を自分たちのプレゼンテーションで使うことができ、もちろん、あなたの会社の名前やロゴはそのまま残すので、オーディエンスにあなたの代わりにメッセージを広げてもらうもうひとつの方法になる。

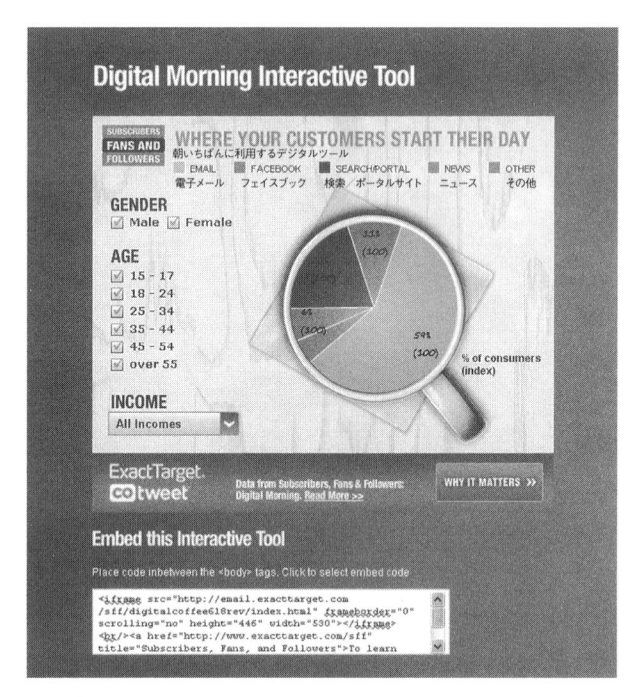

図8.1 コンテンツはシェアできるようにする

（訳注：シェアしやすい形で調査レポートを掲載しているイグザクトターゲット社のサイト。この画面に表示されているのは「朝いちばんに利用するデジタルツール」のアンケート結果。電子メール［59％］、Facebook［11％］、検索／ポータルサイト［20％］、ニュース［6％］という結果が円グラフになっている）

出典：http://email.exacttarget.com/sff/interactivetools.html

アクティビティー・ストリームで注意を引く

「アクティビティー・ストリーム」は、さまざまなソーシャルメディア上でのユーザーの活動（アクティビティー）を最新のものから順に並べてリスト化したもので、コンテンツのシェアも含む。例えば、Twitterのホームペー

ジを訪ねてみれば、リアルタイムでそれを目にすることができる。どれだけ素早くストリームが更新されているかに注目してほしい。アクティビティー・ストリームはつねにモニターされているわけではなく、1日中、人々が出入りを繰り返している。つまり、あなたがシェアするコンテンツはすぐにどこかに消えてしまう可能性が高い、ということだ。しかし、アクティビティー・ストリームはすさまじい勢いで広がっていくので、誰かひとりの目に留まれば、その何倍もの人にシェアされる可能性がある。

それでは、ソーシャルメディア上でアクティビティー・ストリームを公開しシェアするときには、どんなことに留意すればいいだろう？

- **関わってもらうことが目標**。ソーシャルネットワーク上でいかに人々と接触するかが鍵となる。なぜなら誰かがTwitterであなたのコンテンツをリツイートしたり、Facebookの投稿にコメントを書き込んだりすると、それがその人のアクティビティー・ストリームに表示されるからだ。したがって、あなたのコンテンツに反応する人が増えるほど、そのコンテンツは彼らの友人やファンのコミュニティーに拡散される。関わりが増えるほど、より多くの人への露出が得られることを意味する。
- **複数回シェアしてもかまわない**。とくにTwitterやFacebookにあてはまる。ブログなどに比べてはるかにリアルタイム性が高いからだ。朝、最新のコンテンツへのリンクをシェアしたとしても、その日の終わりにもう一度シェアしてかまわない（ただし、フォロワーに迷惑をかけない程度に。一般常識を使おう）。
- **言葉だけで終わらせない**。写真や動画は文章を読んでいた目を留め、すぐに注意を引く。コンテンツに写真や動画を加えるなどして変化を持たせよう。

Twitterについて私が知りたいすべて

　私がジャーナリズム学部で教えられたことのひとつに、ニュース記事は少なくともリード部分に関しては、シンプルで単刀直入であるほどうまくいく、という原則がある。そして、このシンプルさという要素は、（短く、明確で、臨場感があるなど、優れたジャーナリズムの他の原則とともに）多くの企業、ブランド、個人が、Twitter、Facebook、LinkedInなどのソーシャルネットワーク上で繰り広げるコミュニケーションにおいても不可欠なものになった。

　なかでも手ごわいのはTwitterだ。それは、Twitterへの投稿の文字数が140字までに制限されているということもあるが、どうしたら効果的で社会性のある話題になるかを知るのが難しいからでもある。

　私が大学時代から呪文のように唱えていた次のような信条が、どんなものが最善のツイートになるかを教えてくれる。

　すべての言葉に意味を持たせる。伝統的なジャーナリズムでも、Twitterでも、使えるスペースは限られている。もちろん、Twitterならたった140文字しか使えない。私がジャーナリズム学部で学んだように、短い文章を書くことは思っているよりずっと難しい。だらだらと続けるよりも、賢く言葉を選び、コンパクトにまとめるほうが、はるかに骨が折れるのだ。例えば、私はライターのティム・シーデルのツイートが大好きだ（図8.2参照）。

　つぶやきを本当に短く——85～100文字くらいに——すると、リツイートされやすくなる。もとのツイートにコメントを書き込むスペースができるからだ（図8.3参照）。

　シンプルにする。私のジャーナリズムの師であるチャーリー・ボール教授が20ドルの言葉を避けるように教えたように（第4章参

図8.2

I have sold four shirts at twitshirt.com, earning me $2. I regret making that deposit on a swimming pool.
10:44 PM May 27th, 2009 via web

badbanana
Tim Siedell

twitshirt.com でシャツ 4 枚を売ったら $2 になった。その金をプールの水の中に預け入れたことを後悔している。

badbanana
ティム・シーデル

出典：http://twitter.com/badbanana/status/1942761348

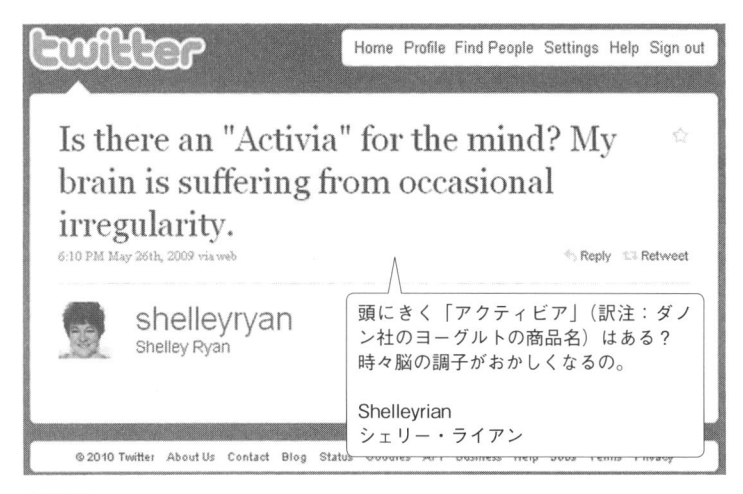

図8.3

Is there an "Activia" for the mind? My brain is suffering from occasional irregularity.
6:10 PM May 26th, 2009 via web

shelleyryan
Shelley Ryan

頭にきく「アクティビア」（訳注：ダノン社のヨーグルトの商品名）はある？時々脳の調子がおかしくなるの。

Shelleyrian
シェリー・ライアン

出典：http://twitter.com/shelleyryan/status/1928645623

照)、一流の報道記者はストーリーをシンプルで明確な言葉で伝える。同様に、ひとつのツイートに情報を詰め込みすぎてはいけない。Twitterでは少ないほどよい。

さらに、ブログやその他の情報源に直接リンクするようにする。ホームページへのリンクでページビューを増やそうとするより、目的のストーリーを最後まで読めるようにする。URL短縮サービスのビットリー（bitly.com）などを利用しよう。Twitterではリンクを自動的に短くするのが普通だが、私はクリック数やリツイート数などの細かいデータを提供してくれるビットリーの情報解析サービスが気に入っている（図8.4参照）。

最後に、略語を多用してツイートに情報を詰め込みたくなる気持ちを抑える。こうした略語を使えば文字数を稼げるかもしれないが、ツイートがティーンエイジャーのテキストメッセージのように見えてしまうからやめておいたほうが賢明だ。

図8.4

出典 http://twitter.com/karenswim/status/2030492891

背景を提供する。報道記者は、与えられたニュース素材に背景のストーリーをからませて伝える。Twitterでは、適切な場所にハッシュタグ（#）付きのキーワードを加え、その会話、スレッド、話題が何についてのものなのか、読者がすぐにわかるようにする。例として図8.5（または図8.6）を参照してほしい。

優れたリードで始める。ジャーナリズムでは、逆さピラミッド型に、最も重要な情報をストーリーの最初に持ってくる。それに続く文章で説明を加え、ストーリーを膨らませる。つまり、第1段落に読者がストーリー全体を把握できるような十分な情報を含めるということだ。Twitterでのリンクや情報のシェアでも同じアプローチを使い、最もインパクトの強い説得力のある言葉で書き始め、別の場所でのストーリーにリンクさせるといいだろう。図8.7を例として参照してほしい。

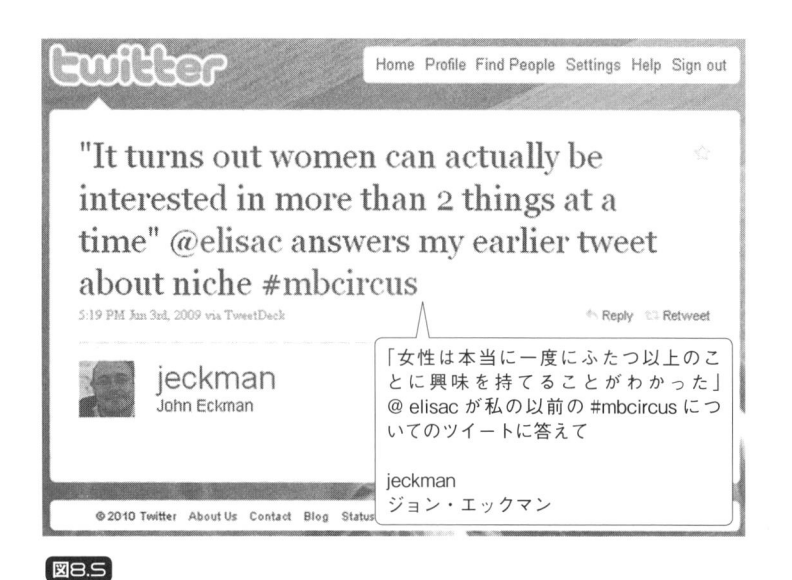

図8.5

出典：http://twitter.com/jeckman/status/2021368181

> University of Wyoming members can now get QuarkXPress 8 (download) for $149 check it out at:
> http://uwyo.onthehub.com
> #OnTheHub #Quark #UWYO
> 10:52 AM Jun 4th, 2009 via web
>
> OnTheHub
> Isabel Sanchez

今ならワイオミング大学生限定で QuarkXPress8（ダウンロード版）が＄149
以下をチェック：http://nwyo.onthehub.com
#OnTheHub #Quark #UWYO

OnTheHub
イザベル・サンチェス

図8.6

出典：http://twitter.com/OnTheHub/status/2030095622

> New post/rant - The idea that 'content is king' in blogging is total bullshit - http://is.gd/Oaba
> 11:23 AM Jun 4th, 2009 via TweetDeck
>
> MackCollier
> Mack Collier

新規投稿／怒りの告発　ブログの「コンテンツは王様」という考えはまったくのでたらめ
http://is.gd/Oaba

MackCollier
マック・コリアー

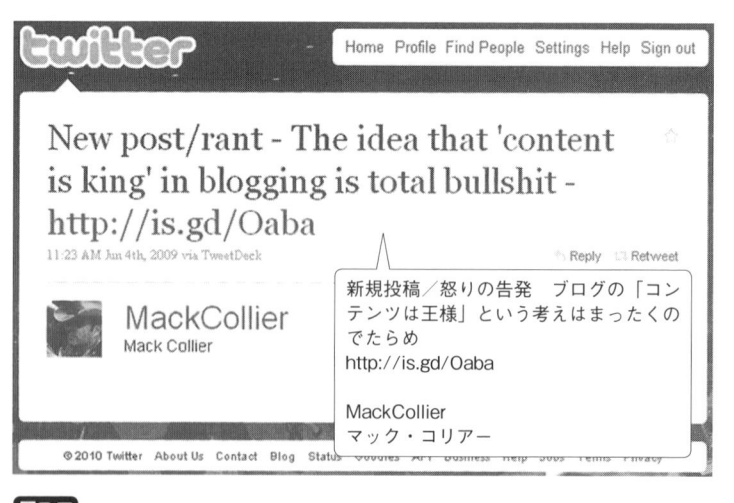

図8.7

出典：http://twitter.com/MackCollier/status/2030444385

164　PART1　コンテンツ・ルール

魅力的な見出しをつける。優れたツイートが読者のクリックを誘うように、優れた見出しはニュース記事やブログ投稿に人々の注目を集める。短くて、パンチがきき、説得力のあるツイートは、読者にあなたが何を提供しているかを正確に語っているか（「〜する方法」「〜のための27の方法」）、気がきいておもしろいか、のどちらかだ。

私はジョン・ヘイドンのツイートのパンチのきいたタイトルと、なぜ優れた読み物なのかについての意見を加えているところが気に入っている（図8.8参照）。

そして、キャメロン・モールが彼のツイートを気のきいた、笑えるものにしているところも（図8.9参照）。

Great read for #nonprofit folks: "9 Ways People Respond to Your Content Online" http://bit.ly/jWBxb #nptech

johnhaydon
John Haydon

#非営利団体関係者にお勧め："人々があなたのオンライン・コンテンツに反応する９つの方法" http://bit.ly/jWBxb #nptech

johnhaydon
ジョン・ヘイドン

図8.8

出典：http://twitter.com/johnhaydon/status/2030125905

グラフィックでストーリーを広げる。 優れた画像やグラフィックがニュース記事を補完し引き立たせる。同様に、Twitter経由で写真にリンクすると、ストーリーにインパクトを与えることができる。例として図8.10を参照。

人が物事をおもしろくする。 報道記者はしばしば、特定の状況や出来事を、人にスポットを当てたストーリーにして語る。同じように、Twitter上でも、おもしろさを維持するのは人の力だ。つまり、会話体とコミュニティー精神を取り入れるだけでなく、自由に仲間に話しかけるようにしよう（図8.11参照）。

そして、それはあなたがブランドのアカウントでツイートするときにもあてはまる（図8.12参照）。

読者のことを考える。 ジャーナリストは時間をかけてひとつのストーリーの正しい見方を決める。Twitterでも、アプローチをよく考えるようにしてほしい。Twitterはリアルタイム性が高いので、あまり先のことを考えずに急いでツイートしがちになる。しかし、もしジャーナリストが読者のことを考えるのと同じように、あなたがフォロワーやオーディエンスに敬意を表するなら、早くツイートしなければ、と考えるより、何をツイートすべきかにもっと時間をかけようとするはずだ。これは信じてほしいのだが、あなたのフォロワーはその努力に感謝するだろう。

出典：この記事は、ソーシャルメディア関連のニュースサイト「マッシャブル」に掲載されたものを転載した。http://mashable.com/2009/06/05/twitter-journalism-school

Coding like it's 1999 http://bit.ly/iTeLE
10:36 AM Jun 4th, 2009 via web

cameronmoll
Cameron Moll

1999年みたいなコーディング http://bit.ly/iTeLE

cameronmoll
キャメロン・モール

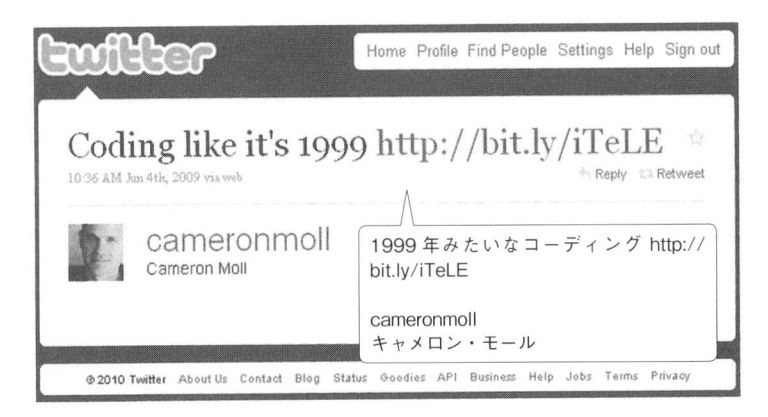

図8.9

出典：http://twitter.com/cameronmoll/status/2029925794

http://twitpic.com/6fank - A sign (literally) of Twitter in the mainstream. (This is at my local library..)
5:16 PM Jun 1st, 2009 via web

MarketingProfs
Ann Handley

http://twitpic.com/6fank（文字どおり）Twitterが主流になった徴候（地元の図書館で発見）

MarketingProfs
アン・ハンドリー

図8.10

出典：http://twitter.com/MarketingProfs/status/1995933299

> RT @ckEpiphany: Cannot tell you the amount of time this twitter video will save you in explaining twitter to newbies: http://bit.ly/oMioe
> 2:21 PM Jun 3rd, 2009 via TweetDeck
> Retweeted by 1 person
>
> swoodruff
> Steve Woodruff

RT @ ckEpiphany: この動画でTwitterを新参者に説明する時間を大幅に短縮できる：http://bit.ly/oMioe

swoodruff
スティーヴ・ウッドラフ

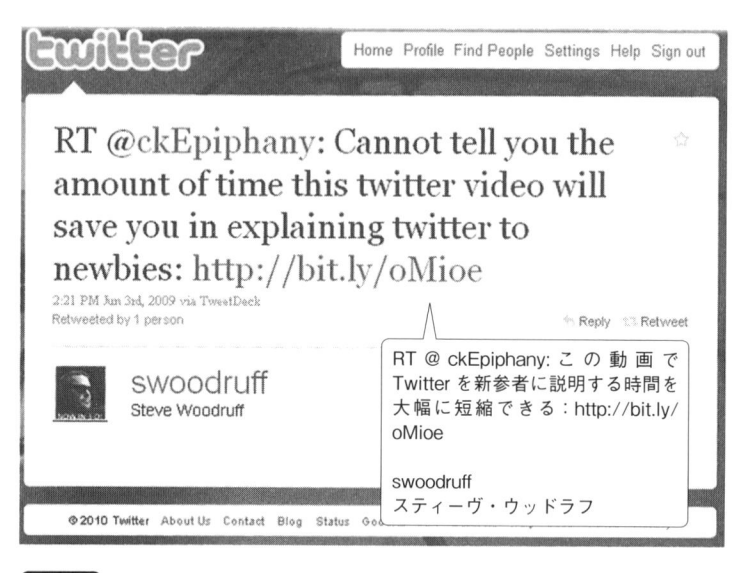

図8.11

出典：http://twitter.com/swoodruff/status/2019336221

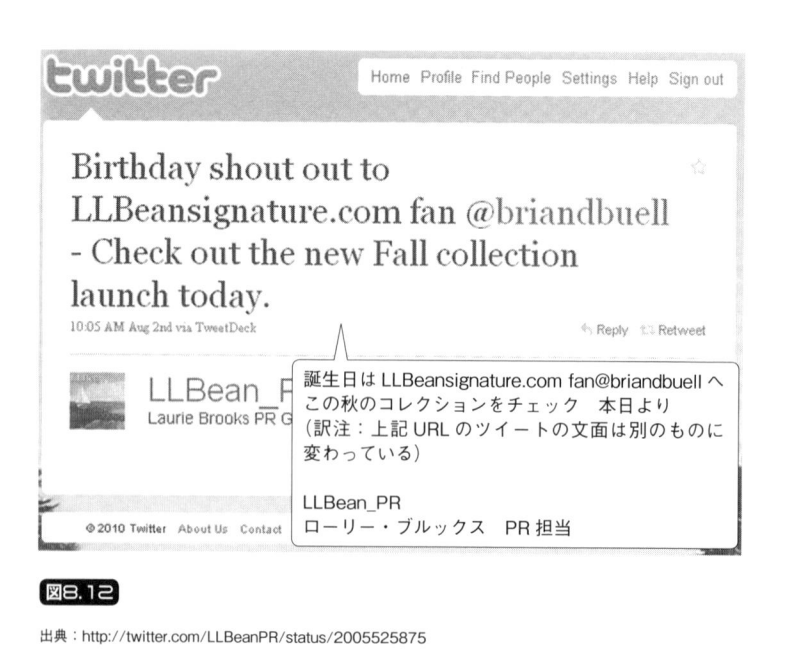

> Birthday shout out to LLBeansignature.com fan @briandbuell - Check out the new Fall collection launch today.
> 10:05 AM Aug 2nd via TweetDeck
>
> LLBean_PR
> Laurie Brooks PR G

誕生日は LLBeansignature.com fan@briandbuell へ
この秋のコレクションをチェック　本日より
（訳注：上記URLのツイートの文面は別のものに変わっている）

LLBean_PR
ローリー・ブルックス　PR担当

図8.12

出典：http://twitter.com/LLBeanPR/status/2005525875

コンテンツをバイラルで広めたいなら

　ここで、余計な混乱を排除しておこう。「バイラル」(「ウイルス性の」の意)という言葉は、あなたのコンテンツに火がつき、たくさんのページビューを稼ぎ、リツイートされ、「いいね！」を押され、辺鄙(へんぴ)な村から大都市まで、世界中でシェアされることを意味する。ものすごい数！　最高だ！　すばらしい！　どうしたらそうした成功をほんのちょっとでも自分のものにできるだろう？　どうしたらコンテンツをウイルスのように広めることができるのだろう？

　残念ながら、**あなたにはできない。**

　みなさんの何人かは別の答えを期待していたかもしれない。たしかに、(この章のはじめに述べたように)シェアを増やすためのテクニックはある。シェアをせがんだり、つついたり、祈ったりすることもできる。だが、コンテンツがウイルスのような伝染力で広まるのは、たいていは幸運な偶然というのが真実だ。

　どんなコンテンツが広まるかは、自分ではコントロールできない。そのことに気づくのは、早ければ早いほどよい。あなたにコントロールできるのは、**コンテンツの形式**と、そのコンテンツにどれだけ**説得力を持たせられるか**だけ。オーディエンスのためにできるだけ優れたコンテンツを作ったら、後はオーディエンス次第だということは何度も述べてきた。このマントラはバイラル・コンテンツにもあてはまる。起こるかもしれないし、起こらないかもしれない。どうあっても、あなたの力ではどうすることもできないことなのだ。

CHAPTER 9

ファンを育てる

　あなたはウェブサイトを立ち上げ、Facebookページを作り、Twitterにもアカウントを作成した。そのすべてに定期的に新しい、興味深い、関心を持たれるコンテンツを補充している。しかし、それが自分のビジネスに役立っているかどうかを知っているだろうか？　あなたが共有するコンテンツを、顧客はどう思っているのだろう？

　コンテンツを作ることに加えて、あなたは自分の周りにファンや顧客のコミュニティーを築いている。彼らの声に耳を傾け、反応することによって、コミュニティーを大事に育てなければならない。

　キャンプファイアーの基本の作り方を思い出してほしい。長い時間、炎を放っておいたらどうなるだろうか？　燃えつきてしまうか、炎が制御できなくなるかのどちらかだ。どちらもあなたの望むことではない。

人々の声を聞く「ダッシュボード」

　人の話を聞くことは、人生で身につけるべき重要なスキルのひとつだ。もしあなたに子どもがいれば、「きちんと話を聞きなさい」と、何度言わなければならないことか。あなたが絶対に避けたいこと、それは、コミュニティーや顧客から聞く力が欠けていると思われることだ。幸い、オーディエンスの声に耳を傾けるのを手助けしてくれるツールはたくさんある。

　ネット上の多くのものがそうだが、入手できるツールには無料のものとプレミアム（割増）料金を課されるものがあり、質もさまざまだ。ここではいくつか無料のものに的を絞ることにする。なぜなら、プレミアムサービスはつねに新しい機能が付け加えられていくので、どの機能設定があなたのニーズと予算に合っているかを自分で決めなければならないからだ。

　コミュニティーをうまく育てるには、**人々の声を聞くためのツールをまとめておく場所を用意する**ことが重要になる。そう、あれこれ計器が並んだ車のダッシュボードのように、聞くためのツールを並べた「リスニング・ダッシュボード」を作るのだ。それはRSSリーダー（もし利用しているのなら）に新しいフォルダーを加えるという単純なものかもしれないし、まったく異なる設定かもしれない。

- **グーグル・リーダー**　RSSリーダーには多くの選択肢がある。グーグル・リーダーは最も人気のあるもののひとつで、設定も簡単だ（訳注：2013年7月にサービスは終了した）。もしあなたの会社にIT部署があれば、彼らにどれを使ったらよいか推薦してもらい、必要なときにサポートを得られるように頼んでおくといいだろう。IT部署がなければ？（もしかしたら、IT部署という存在自体、自分には無縁のものだと苦笑している読者もいるかもしれない）それなら、無料のグーグル・リーダーのアカウント登録をすれば、必要な機能すべてを用意してくれる。使い方は簡単に覚えられ

て、すぐにでも始められる。

　どの RSS リーダーを使うにしても、あなたにとって意味をなすフィードや検索で満たしたいと思うはずだ。それについてはすぐ後で述べる。

- **グーグル・アラート**　このサービスを利用すると、検索キーワード、フレーズ、URL をプロフィールに入力できる。そうすると、グーグルの検索エンジンが、ウェブ上であなたの検索にマッチする何か新しいものをインデックスに加えたときに、メールで知らせてくれる。最低でも、会社名、ウェブサイトの URL、主要製品の名前、そしておそらくはあなたの名前または（会社で働いているのなら）経営幹部たちの名前をキーワードとして登録しておくべきだろう。

　グーグルがマッチするキーワードを見つけたときに、どのタイミングでメールが送られるようにするか（その都度、または1日に1回など）の設定を調整できるオプションがある。検索ワードごとに選択肢を組み合わせることもでき、どれくらいの頻度のアラートにするかも、あなたのニーズに合わせて自由に決められる。

　競争相手やあなたの属する業界のニュースについては、少なくとも1日1回のアラートを設定しておくべきだろう。これは、直接あなたに関係する検索ほど重要ではないが、周囲で何が起こっているのか最新情報を得るのには役立つ。

- **Twitter サーチ**　Twitter の検索機能は、キーワードかフレーズを入力すると、過去2週間にそのワードかフレーズが使われたツイートすべてを調べることができる。これは、人々があなたやあなたの製品について何を話しているか、大ざっぱな情報を素早く得るには優れた方法になるが、このツールを最大限に生かした使い方ではない。

　検索すると、結果画面の右上に、その検索のフィード購読についてのお知らせが現れる（訳注：Twitter による RSS フィードのサポートは終了した模様）。その URL をコピーしてあなたのリスニング・ダッシュボードに加え、それ以降の新しい検索結果が自動的に表示されるようにしよう。これで、何日かおきにサイトにアクセスして、何か新しいものが増え

ていないか確認する必要はなくなる。

　あなたやあなたの会社に関する検索結果がすぐに出てこなくても落胆しないように。新しいコンテンツを加えていけば、すぐに変化が現れる！

・**関連ブログ**　あなたの会社がどの業界に属しているのであれ、読むべきブログはきっとあるだろう。その業界についてのものや、何らかの形で関連のあるものだ。それらをダッシュボードに加え、周囲で何が起こっているかに通じていられるようにしよう。

　もちろん、こうした方法はどれも、ソーシャルメディア上であなたの会社について話題にしたことはあるものの、まだ直接接触する機会はない人たちに焦点を当てたものだ。しかし、すでに直接あなたにコンタクトする気持ちがある人たちのために、ウェブサイト上やソーシャルメディアのプロフィールに、そのためのオプションを必ず用意するようにしておこう。

　ウェブサイトの「問い合わせページ」を詳しくして、誰でもあなたに連絡がとれるように、さまざまな手段を提供しよう。電話番号、メールアドレス、住所、Twitterのハンドルネームなどだ。ただし、読む人に、どの方法であなたに連絡をとったらよいのか迷わせてはいけない（当たり前のアドバイスのように聞こえるだろうか？　だが、このことがどれほど多く見過ごされているかを知れば、驚くはずだ）。

対応は素早く、誠実に

　見込み客への対応や腹を立てた顧客への対処の仕方は重要だ。それを今すぐ考えることから始めてほしい。どちらかの状況が実際に起こる前に。

　あなたが直面するかもしれないシナリオは無数にあるが、次の項では最もよく出会いそうな人たちのいくつかのタイプを挙げることにしよう。ところで、**どんな反応を示すにせよ、素早く対処する**ことが重要だ。どれだけ早く？　可能な限りできるだけ早く、である。

コメンター

あなたが作るすべてのコンテンツは、最近のスピーチを記録した動画でも、新製品の発表についてのブログ投稿でも、それに対してコメントが書き込まれる可能性がある。コミュニティーには、あなたが彼らのコメントを読んでいるだけでなく、それに感謝していることも伝えなければならない。少なくとも1日に一度はコメントを読んで、個別にそれらに返信しよう。

時には、簡単なお礼の言葉で済むものもある。しかし、もっと多いのは、何かの質問や、しっかりした内容の返信が必要になるようなコメントだ。どちらの場合も（実際にはネット上で書くすべてのものに言えることだが）、「投稿」ボタンを押す前に自分の書いたものを読み直して確認するようにしよう。

受け身の読者

リスニング・ダッシュボードを設け、ネット上でアクティブに活動するようになれば、理想的な顧客になりそうな人たちのことを偶然知る機会もきっとあるだろう。まだ実際にはあなたの会社のサイトを訪ねたことはなく、あなたの会社のことを知りさえしないかもしれないが、Twitterやソーシャルサイトで「新しいチーズおろし器を探している」と書いているような人たちだ。そんなときに、あなたがたまたま使いやすいグリップ付きのチーズおろし器を売っていたとしたら？

こうした場合には、言葉や行動が積極的になりすぎないように注意してほしい。相手を怖気づかせないようにしよう。役に立ちたいという気持ちをはっきり示し、強引な売り込みはせず、ソフトなアプローチをとる。「ネットでチーズおろし器をお探しのようでしたね。もしかしたら、私たちがご希望に沿うものを提供できるかもしれません」のような言葉で、謙虚に伝えよう。そして、もっと詳しい情報を得たい場合に、どうしたらあなたに連絡が

とれるかも忘れずに書き添えておく。

　これでその相手には、あなたがしっかり耳を傾け、コミュニティーの一員になろうとしていることを示し、あなたのドア口までの道筋をはっきり伝えたことになる。あなたはできるだけのことをした。後は相手の出方次第だ。

荒らし（トロール）

　トロールという言葉はもう童話に登場する、橋の下に潜む恐ろしい生き物を表すものではなくなった。現在のトロールは、ネット上を混乱させることに倒錯した達成感を覚える迷惑な人たちのことを言う。

　オンライン辞書の「アーバンディクショナリー」では、「オンライン・トロール」を「ニュースグループや掲示板に意図的に挑発的なメッセージを投稿して、混乱や議論を巻き起こそうとする人たち」と定義している。トロールたちはその場の話題とはほとんど関係のないことを書き込んで、議論の内容ではなく自分に注意を向けようとするので、すぐにそれとわかる。

　決してトロールに餌を与えてはいけない。難しいことかもしれないが、彼らのことは無視しよう。どんな形でも彼らの存在を認めてはいけない。

熱烈な人

　「熱烈」という言葉を聞くと、熱狂的ファンやブランドＰＲ大使のような人たちを想像するかもしれない。しかし、腹を立てた人たちも熱烈になる場合があるので、注意が必要だ。思い入れの強い消費者が怒りにまかせて特定のブランドを攻撃する投稿を書くことがある。そうした人たちに悩まされた企業はひとつやふたつではない。しかし、同時に彼らは、怒りの原因である問題にあなたが取り組み解決すれば、過剰なほど好意的な投稿を書きそうな人たちでもある。ソーシャルネットワーク上の声はすぐに広まる。人々はネット上でメガフォンを持ち、それを使えば自分の声を聞いてもらえるのだと気づくようになった。

あなたには顧客が出会うすべての問題を解決することはできないが、最低限、**あなたが耳を傾けていることは相手に伝わるように反応を示す必要がある**。自分の反応が適切なのかどうかわからないときには、法務部や広報部と話し合ってみてもいいかもしれない。

とは言うものの、弁護士や広報担当者の言葉のように聞こえないようにすることが肝心だ。誠実で正直であること。顧客に対して、不満を打ち明けてもらえたことで改善に取り組む機会を得られたと、感謝している気持ちを伝える。苛立ちを示す顧客には、あなたも彼らと同じことを望んでいるのだと示そう。つまり、**顧客に心から満足してもらえる経験を提供したいということだ**。そこで、（1）**欠陥があったことや失望させたことを謝罪する**。そして、（2）**その問題について知らせてもらったこと、将来の顧客が同じ不満を持たずに済むように問題の修復に力を貸してもらったことを感謝する**。できるだけ早く、公(おおやけ)の場での議論になる前に、オフラインでの話し合いに持ち込むほうがいい。

もちろん、顧客が肯定的な情熱を示したときにも、同じアプローチをとることができる。定型文のお礼の言葉が書かれた返信を送るだけでは、彼らはあなたのことを不誠実だと感じるだろう。心のこもった感謝の言葉を贈り、彼らの親切な言葉をどれだけ感謝しているかを伝えよう。彼らは、あなたがもっとよく知るべき人たちだ。何人かはすぐにでも大事なお得意様になる可能性があるし、もっと重要なこととして、ネット上の最大の支援者になってくれるかもしれない。

CHAPTER 10
B2B企業のためのルール

　私たちがプレゼンテーションや基調スピーチをすると、手を挙げてこう言う人が必ずいる。「ちょっと待ってください。それはB2Bにはどう使えるのですか？」

　この本を読んでいるB2B企業の経営者やマーケターの多くは、今この瞬間、まさにこの質問を頭の中に思い浮かべているのではないかと思う。そこで、こうお知らせしておこう。**この本に書かれているすべてのことは、企業向けに何かを売るビジネスについても、もっと言えば、それ以外のどんな種類の組織にもあてはまる**。売っているのが無線ルーターでも、冷暖房設備でも、スイミングプールでも、角氷でも変わらない。あるいは、シナゴーグ（ユダヤ教の礼拝堂）、ジャズバンド、会計サービス、病院、動物園、油絵、学校の理事候補、アメフトのジュニアリーグ、ピザ店、PTAのためにマー

ケティングをするのでも同じことだ。つまり、優れたコンテンツを作るための「コンテンツ・ルール」は広く応用がきき、もちろん、あなただって使うことができる。

とは言え、B2B企業ならではの問題というものもある。そのため、B2B世界でのコンテンツ製作のためにこの章を割き、この本で伝えようとしている内容を、特別にB2B向けにまとめ直してみた。ここでは、ボストンに住む私たちの友人、ステファニー・ティルトンの力も借りている。彼女はテン・トン・マーケティング社（www.tentonmarketing.com）で、B2B企業がキラーコンテンツのブランドを構築するのを手助けしている。ここからは、B2Bビジネスを成功させるコンテンツ製作についてのステファニーの説明である。

この章では次のことを学ぶことができる。

- B2B企業にとってコンテンツ・マーケティングを取り入れることが急務となった最近の傾向についての概観。
- B2B企業のためのコンテンツと、それをどう役立てられるかについての概観。
- 確固たるB2B向けコンテンツ戦略を開発するための7つのステップ。

見込み客はどうしてあなたに接触してこないのか

B2Bの見込み客が購買決定をする際には、かなりの時間をオンライン検索に費やして選択肢を検討している。もちろん、B2B企業はこのことをよく知っている。さらに、B2B企業は先方の組織の誰かひとりとだけ取引をすることはめったにない。購買部門の担当チームを相手にすることになる。

最終的には、あなたの会社の製品やサービスは相手企業の多くの部署で利用される可能性が高い。それは、購買決定に関わる多くの人がそれぞれリサーチし、評価し、選択肢を検討しているということを意味する。こうした

買い手のほとんどは、情報を得るためにインターネットを利用する。Facebook、Twitter、LinkedIn、その他のソーシャルネットワークで意見を求めたり、ウェブサイトのコンテンツを見比べたりしているのだ。

　それが、B2B企業に興味深い形で影響を与える。見込み客はこうしたネット上での意見交換と自分自身のリサーチに基づいて決定を下すため、実際に購買決定をする段階に近づくまで、つまり**購買プロセスの最終段階になるまで、あなたの会社に直接連絡をとるのを避けることができる**。それについて誰が彼らを責められるだろう？　私たち誰もが、何かを買おうと市場に足を踏み入れ、その意思を示したとたん、電子メールや電話が殺到し、それに悩まされてさえいるではないか！

　それでも、情報技術（IT）の専門家を対象に2008年12月に実施されたIDGコミュニケーションズ社の調査によれば、バイヤー（買い手）たちが選択肢をリサーチしている時間の大部分は、求める情報を見つけられずにいる。だから、もしあなたの会社が役立つ関連情報を提供していなければ、ベンダー（販売業者）候補の短いリストに入ることはできない。

　もちろん、これを裏返して考えれば、**見込み客が求める情報を提供できさえすれば、あなたの会社に大きなチャンスがある**ということだ。実際に、マーケティング自動化（オートメーション）ツールを提供しているディマンジェン社（DemandGen）とジーニアス社（Genius.com）が共同で実施した調査では、回答者の66％が、「販売会社とマーケティング会社の両方から継続的に提供される役立つコミュニケーション」が、最終的に取引する企業を選ぶ際に最も大きな影響を与える、と答えている。

見込み客の気持ちを引きつける戦略

　この調査結果はあなたのビジネスにどんな意味を持つだろう？　まず何よりも、価値あるコンテンツを提供しなければならないという大きなプレッシャーがのしかかる。そうしたコンテンツは、これまで営業スタッフが見込

み客の購買プロセス（あるいは購買決定にかける時間。B2Bビジネスでは数カ月ということもあり、冷凍ショーケースからアイスクリームのフレーバーを選ぶよりはずっと長いかもしれない）を通じて働きかけていた仕事に代わるものだ。

フォレスター・リサーチ社によれば、「長い販売サイクルと複雑な購買決定プロセスのため、B2Bマーケターが最も有望な見込み客を見つけることも、最初の売り込み電話をする前の段階で良好な関係を築くことも難しくなっている」。その結果、B2B企業にはまったく新しい考え方が求められるようになった。つまり、リードを生み出すだけでなく、見込み客が満足してあなたの会社の営業担当と話そうと思うまで、気持ちを引きつけておく戦略も考案しなければならない。

鍵は、コンテンツ・マーケティング

そこで重要となるのがコンテンツだ。もし、**見込み客の興味を引き、情報が豊富で、おもしろいと思われるコンテンツを提供できれば**、彼らはあなたのことを信頼できる情報源――すなわち、どんな組織にとってもうらやましい立場のアドバイザー――として見るようになるだろう。

仮にあなたの見込み客が、あなたと競合他社それぞれのソリューションをほぼ同等だと見なしているとしよう。その場合、**あなたが見込み客の質問や心配に答え、購買決定までの期間を通して彼らの関心を引くことができれば**（競争相手はそうしなかったとしたら）、あなたが契約を勝ち取る可能性は大幅に増すだろう。このことは肝に銘じておいてほしい。多くの企業は業界のリーダーに見られようと奮闘しているが、現実にその地位を得られるのはひと握りの企業だけだ。しかし、コンテンツ・マーケティングのすばらしいところは、**どんな規模のどんな会社でも他に秀でることができる**ということである。それによって、自らを際立った存在にできる。

相手に見初められるための補足

コンテンツ・ルールと第3〜6章で説明した優れたコンテンツ製作のための原則（なぜ、誰が、何を、いつ、どのように、どこで）はB2Bにもあてはまるが、そこに付け加えたほうがよいことを紹介しておこう。

なぜ：B2Bコンテンツの目的を明らかにする

努力の成果を測る基準は欠かせない。誰かが報告を求めてくるだろうことはわかっている。それに、有効なコンテンツ（とそうでないもの）がわかれば、有効なものを重点的に育てていくことができる。

B2B企業にとって、個々のコンテンツの成果は他の企業の場合よりもわかりにくい。各コンテンツは、「読者にXYZウェビナーへの登録を呼びかける」などの短期的な目標に結びつけて作るべきだろう。そして、それは「北米での売り上げを15％アップする」などの会社の戦略目標とも関連づけなければならない。**目的をはっきりさせることで、どれくらい成功できたかを判断することができる。**もしあるホワイトペーパーの目的が見込み客の関心を全体から特定のものに促すことであれば、その達成度はどう測ればいいだろう？　そして、もしあなたの全体目標が半年以内の売り上げにつながる400のリードを獲得することなら、どれくらい達成できただろう？

このことを理解できれば、コンテンツ・マーケティングに対する努力を強化し、これまでうまくいっているコンテンツに焦点を絞り、精彩を欠いたコンテンツは道端に置き去りにすることができる。

誰が：B2Bオーディエンスの複雑さを理解する

誰があなたのオーディエンスなのだろう？　彼らはどんな問題を抱えてい

るだろう？　彼らが何に心を動かされ、どんな関心や目的を持っているのかを完全に理解しない限り、その心をつかむ価値あるコンテンツを提供することはできない（第3章参照）。

　たいていの組織にとってはそれを見出すのは難しくはないが、B2B企業の場合は、苦労することが多い。問題は、**多くのB2B企業が見込み客をひと括りにしてしまっている**ことにある。その結果として、自分たちが誰に働きかけ関心を引こうとしているのか、明確なプランが描けていない。コンテンツのターゲットとなる人たちの肩書きや役割を知るだけで十分だと考えているとしたら、それは間違っている。なぜこのアプローチに欠陥があるのか、その例をふたつ挙げよう。

　まず、2010年のフォレスター・リサーチの調査結果をまとめた表10.1を見てほしい。「アプリケーション・ディベロッパー」と「エンタープライズ・アーキテクト」は、企業向けアプリケーションの開発責任者という同じカテゴリにまとめてしまいたくなるかもしれない。しかし、このまったく別のふたつの職種を同じ整理ボックスに入れてかまわないと思い込んでしまうと、どちらか一方に働きかけるための最善のアプローチ経路がわからなくなる。意思決定プロセスの間の両者の情報収集の仕方はまったく異なるのである。

　もうひとつ別の例もある。多くの組織は、最高情報責任者（CIO）の肩書きを持つ人の役割はすべて同じだと考える傾向がある。しかし、『CIO』誌の「2009年CIO実態調査」報告書は、そうではないことを示している。この報告書はCIOを3タイプにまとめているが、それぞれがまったく異なる優先事項と目標を持っている（表10.2参照）。どのCIOも似たりよったりだろうと思い込んでいると、誰にも見向きされないコンテンツを作ってしまうことになる。

　将来の買い手と関係を築くには、**彼らがどういう人たちなのか——何に関心を持ち、何に心を奪われるのか——を理解し、彼らと絆を結ぶ最善の方法を考えなければならない**。それは、現在の顧客ベースと見込み客の情報に基づいて、バイヤー・ペルソナ（理想的な顧客のプロフィール）を特定するこ

とで可能になる。購買決定に関わる一人ひとりのペルソナを知る必要はないが、**決定プロセスで中心的な役割を果たす人たちのペルソナは知っておいたほうがいい**。製品やサービスを利用する人、それを実施または管理する人、小切手を切る人などである。

それぞれの役割ごとに、購買決定にどう関わっているのかをできるだけ知るようにする。この人物は購買プロセスでどんな役割を果たすのだろう？　購買プロセスの各段階で、どんな質問への答えを求めるだろう？　その他に、次の質問への答えも用意しておいたほうがいいだろう。

表10.1　言い換えれば
――似たような肩書きでも購買プロセスへのアプローチは異なる

最も影響を受けている対象トップ5 ――アプリケーション・ディベロッパー	最も影響を受けている対象トップ5 ――エンタープライズ・アーキテクト
仲間と同僚（口コミ）	仲間と同僚（口コミ）
販売業者、業界誌、専門家のウェブサイト	直接やりとりのある販売業者の営業スタッフ
IT関連またはビジネス関連の発行物や雑誌	コンサルタント、付加価値再販業者、システム統合者
コンサルタント、付加価値再販業者（訳注：既存のソフトウェアやハードウェアに新しい機能などを加える、特定業務向けの業者）、システム統合者	販売業者、業界誌、専門家のウェブサイト
直接やりとりをしている販売業者の営業スタッフ	IT関連またはビジネス関連の発行物や雑誌

出典：フォレスター・リサーチ「人口統計がB2B技術会社の戦略決定を形作る」（2010年1月）

表10.2　CIOの元型（アーキタイプ）と関心事

元型	関心事
部署の長	IT事業の卓越性の達成
革新的リーダー	組織全体に変化を生み出す
ビジネス戦略家	ビジネス戦略を牽引する

出典：「2009年CIOの実態調査」CIO誌（2009年1月）

CHAPTER10　B2B企業のためのルール

- この人物を夜も眠れなくするのは仕事上のどんな問題だろう？
- この人物はどんなモチベーションで行動を起こすだろう？
- この人物はどこから毎日の情報やニュースを取り込んでいるだろう？
- この見込み客はどのようにビジネス上の決定を下すだろう？
- この人物はどんなタイプの組織に属しているだろう？　どんなイベントに参加しているだろう？
- この買い手は誰にアドバイスを求めるだろう？　同僚だろうか、業界の仲間だろうか、それとも（それに加えて）中立的な第三者だろうか？
- この人物は現在抱えている問題にどう対処しているだろう？
- この人物は自分が抱えている問題を表現するのに、どんな言葉やフレーズを使っているだろう？
- このタイプの買い手があなたの会社や提供するサービスを選ぶのを妨げる障害にはどんなものがあるだろう？
- この人物は購買プロセスを通してどんなコンテンツを好むだろう？

　このような情報を集めるには、顧客データベースにあたってみたり、顧客と実際に接している同僚にアドバイスを求める、あるいは既存顧客にアンケート調査を実施する、顧客が参加しているTwitter、ブログ、Facebook、個人の討論グループ、LinkedInグループなどでの会話をモニターする、などの方法をとることができる。これらのデータを、特定の業界の全体傾向について教えてくれる外部の調査データで補うのもいいだろう。

何を：彼らはどのようにして買うか

　オーディエンスについて知ったら、次には**彼らが購買決定を下すプロセスの各段階を理解する**必要がある。ごく基本的なレベルでも、もう少し複雑なレベルでも、購買プロセスを描き出すことはできる。鍵となるのは、見込み客や顧客が購買プロセスをどう考えているか、誰が関与するのか、各段階でどんな情報を必要とするのかを理解することだ。

次に、それぞれの見込み客が購買プロセスの各段階で持つ質問や関心を表やスプレッドシートにまとめる。そして、必要とされる情報を見込み客が好むフォーマットのコンテンツにする。バイヤー・ペルソナ構築の一部として、こうしたコンテンツの好みは明らかにしておくべきだ。しかし、外部の助けを必要とするのなら、そして、あなたの会社がテクノロジー関連の製品やサービスを売っているのなら、IT企業向け情報・ネットワークサービスを提供するテックターゲット社（TechTarget）やIT企業向けオンラインメディア「インフォメーションウィーク」（informationweek.com）（訳注：IT情報誌『インフォメーションウィーク』は2013年6月に印刷版の発行を終了し、完全にオンラインメディアに移行した）などが実施した外部調査を利用することができる。

　新規顧客を開拓し、新しい関係を築くことに取り組んでいる間も、既存顧客のことを忘れないようにしなければならない（表10.3参照）。すでに顧客との間に築いた関係を深めるようなコンテンツを作ろう。現在の顧客のニーズは見込み客のものとは異なる。他のことはともかく、彼らはすでに利用している製品やサービスをどうしたら最大限に活用できるかを知りたがっている（それ以外のアイデアについては、表10.3右端の「顧客ロイヤルティー」の欄を参照）。

　これで、購買プロセスの各段階で買い手のニーズに応えるためのコンテンツを作り、見つけ、あるいは再発想する準備ができた。出発点として、現在のコンテンツのどれが別のさまざまなフォーマットとプラットフォームで新たに提供できるか、調べ直してみるのがいいだろう。

いつ：B2B企業ゆえの発行スケジュール

　関連情報をコンテンツにすることに加えて、次にできる最も重要なことは、前述した**購買プロセスの各段階で、継続的に情報を提供すること**だ。あなたのコンテンツは、本来なら営業スタッフが見込み客と持つ交流に代わるものであることを忘れないでほしい。そのため、B2B企業にとっては、**個々**

表10.3 見込み客と顧客が必要とする情報とコンテンツの好みを書き出す

買い手の購買プロセスの段階	問題を認識する 関心事項	コンテンツ	目的と可能性を理解する 関心事項	コンテンツ	ソリューション/売り手を比較する 関心事項	コンテンツ	選択/購買する 関心事項	コンテンツ	顧客ロイヤルティー
ユーザー	・これは業界のトレンドか？ ・これに取り組まなければどうなるか？	・ブログ投稿 ・Eブック ・ホワイトペーパー	・他社はこの問題にどう対処しているか？ ・この問題に取り組む他の選択肢は？	・ポッドキャスト ・アナリストレポート ・ウェビナー ・動画 ・成功事例とハウツーガイド	・このソリューションで何を得られるか？ ・他社はどんな結果を得できたか？	・ソリューションの説明冊子 ・ケーススタディー ・動画	・他の顧客は自分たちの購買決定に満足しているか？	・証言集	・ユーザーガイド ・メールマガジン ・「最善の慣行」ガイド ・オンラインコミュニティー ・ユーザー・カンファレンス
バイヤー					・コストはどのくらいかかるか？ ・投資する価値があるか？ ・この売り手は安定しているか？ ・この売り手は同業者と比べてどうか？	・価格リスト ・投資収益率(ROI)の調査 ・ケーススタディー ・会社概要か概況報告書 ・アナリストレポート	・売り手は私のすべての必要に応えてくれるか？	・提案書	・ROI評価
技術者					・技術的詳細は？ ・これを我が社の環境にどう組み込むか？ ・どんな設置上の問題が予想されるか？	・テクニカルホワイトペーパー ・ケーススタディー ・ウェビナー ・デモンストレーション ・データシート			・設置マニュアル ・「最善の慣行」の実施 ・チュートリアル（指導解説） ・新製品・機能のリリース ・オンラインフォーラム

のコンテンツをその場限りの課題としてではなく、**大きな全体の一要素として考える**ことが重要になる。第5章で紹介したアイデアを参考に、コンテンツの製作プロセスの主な中間目標を記した発行スケジュール（編集カレンダー）を作ってみよう。そして、個々のプロジェクトに携わるチームがそれに沿って作業を進める製作スケジュールを立てる。このアプローチのすばらしいところは、意味のない想定訓練を避け、その代わりに**顧客や見込み客に関心を持たれるコンテンツを継続的に送り出す効率的なプロセスを考案できる**ことだ。

同じように重要なのは、**買い手を次に必要なコンテンツへと導く動機づけになるものを含める**ことである。つまり、その動機づけは見込み客を次の購買プロセスへと進ませるガイド役にならなければならない。**あなたが送り出す個々のコンテンツ（または再発想によって作り直されたコンテンツ）を、個性的なランディングページと結びつける**ことが理想的だ。これで見込み客はまさにこれが欲しかった、と思える情報を見つけることができる。

どのように：楽しめるコンテンツを考案する

この本の大部分は、これをするための情報といってもいい。しかし、B2B企業の場合は、**コンテンツ・ルール8「予想外のことをする」**をとくに重視しなければならない。

本書では、大まじめな製品を扱っていながらも、それをすぐにシェアしたくなるような、会社の個性を高める方法でマーケティングをしている企業の例をたくさん紹介している。ちょっとしたユーモアと娯楽性を加えることも、企業のインフラに取り込まれて目につきにくいサービスや製品（技術製品やセキュリティーサービスなど）の認知度を高めるには優れた方法になる。

キナクシス社（第5章）、イグザクトターゲット社（第4章）、キュヴィディアン社（Qvidian：旧カディエント、第23章）が採用しているアイデアも参考になるだろう（図10.1参照）。

図10.1 キュヴィディアン社（Qvidian：旧カディエント）はユーモラスな動画でオーディエンスの心をつかむ

　あるいは、マーケトー社のようにうまく考えられたゲームとクイズ形式のコンテンツを取り入れることもできるだろう（図10.2参照）。
　さらには、シスコ社のASR1000ルーターのキャンペーンも参考になる。シスコの設備が技術的な問題をどう解決できるかについて、顧客の体験談に頼る代わりに（これをすると、第4章のリストに現れるような業界用語だらけになってしまうだろう）、同社はサンタクロースやイースターバニー（訳注：イースター（復活祭）において、イースターエッグを運んでくるウサギ

図10.2 参加型ゲームで有望な見込み客との関係を築くマーケトー社のサイト

のこと）のようなキャラクターを登場させ、ネットワークをどれだけ頼りにしているかを話させる。サンタがクリスマスイブに信頼性の問題を抱えているとしたら何が起こるだろうか？　そう、クリスマスが台無しになる！

つまり、シスコ社はおもしろく、興味を引く方法で同じマーケティング目的を果たしている。あなたの会社は予想外の要素を加えるためにどんなメッセージを考案することができるだろう？

取り入れるべき「コンテンツの4つのアイデア」

競争相手との比較。あなたの製品の機能を競争相手のものと比較できる、あるいは価格の詳細情報を提供する**ダウンロード可能なドキュメント**を作成する。テックターゲット社の2009年のメディア消費報告は、技術関連企業の

買い手の大部分は、購買決定プロセスが進むにつれ、売り手の製品を競争相手のものと比較できるコンテンツを求めていることを明らかにした。

それでも、競合他社との比較を公表している企業は少ない。忘れてほしくないのだが、これはかつて営業スタッフが見込み客に会って直接手渡していた情報だ。今では買い手が購買決定の最終段階になるまで売り手との接触を先延ばしにする傾向があるため、この情報はネット上で提供しなければならない。あなたがそうしなくても、競争相手はそうするかもしれない。さて、取引先候補の短いリストに加わるのはどちらだろう？

バンクーバーを拠点とするある企業のアプローチを考えてみよう。リッチー・ブラザーズ・オークショニアーズ社（www.rbauction.com）が製作・管理している「リッチーウィキ」（www.ritchiewiki.com）は、コラボレーション型のウェブサイトで、産業機械のスペック、重機や製造会社、この業界の人たち、利用法、プロジェクト、その歴史について、誰かが知りたいと思うかもしれないすべての情報を網羅した、信頼できる情報源となることを目指したものだ（全米で製造されているトラクターは約900種あるが、「キャタピラー535B」が180馬力であることを知っていただろうか？）。要するに、この会社は業界全体の情報を収集・選別してひとつのアクセスしやすい情報サイトにまとめている。あなたの会社が、将来の顧客を含め、業界の頼れる情報源になるにはどうしたらいいだろう？

ケーススタディーやサクセスストーリーへのより個性的なアプローチ。ケーススタディーや顧客の成功物語は、あなたのソリューションの価値を示すだけのもので終わらせてはいけない。**購買プロセスの初期段階で妨げになるものを排除するものとして位置づける。**まず、既存顧客がなぜ初期段階ではあなたの会社の製品に懐疑的だったのかを理解する必要がある。

あなたの会社が「トイザらス」ならぬ「ドクサラス（Docs-R-Us）」という会社で、ドキュメント管理ソフトを売っていると仮定しよう。あなたは現在の顧客と話しているうちに、彼らの多くが最初のうちはあなたの会社の製品を選ぶことをためらっていたことに気づく。提供しているソフトが「サー

ビス型ソフトウェア」（SaaS）だったからだ。顧客企業は、インターネット接続できない人たちが電子ファイルにアクセスできないことを心配していた。そして、その心配は他のSaaSプロバイダーと話すことでますます大きくなった。

　もし、かなりの既存顧客がこの不安を共有していたのであれば、他の（見込み）顧客を遠ざけてしまう前に、障害を取り除いておいて損はない。まず、なぜ既存顧客があなたの会社の製品への見方を変えて購買を決めたのかを突き止めよう。ここでは、ユーザーがオフライン時にもファイルにアクセスできるようにすることで解決策を提供した、と仮定しよう。その場合には、この問題を抱えていた顧客の1社を例に挙げ、なぜあなたの製品がその顧客の気持ちを変えることに成功したかを見込み客に説明するとよい。「ドクサラスはXYZ社が資料ファイルを探し出す時間を半分にした」と題したケーススタディーを作成する代わりに、「あなたのドキュメント管理の選択肢を評価する──サービス型ソフトウェアはどれも同じではない」のようなタイトルのほうが効果的だろう。

　あるいは、成功事例を利用して、異なる立場で購買プロセスに関与する人たちの個別のニーズに応えることもできる。UMBテックウェブ社のスコット・ヴォーガンは、最高情報責任者（CIO）のグループに「マーケターがどうしたらもっとよい仕事をできるか」についての調査を実施した。その結果、問題・解決・結果から成る標準的なケーススタディーの構成は、IT関連製品やサービスの購買決定に関わるCIOたちの共感を得ていないことがわかった。彼らがケーススタディーに含めてほしいと考えている要素のひとつが、そのソリューションを実施している間に学んだ教訓についての項目だった。その情報を与えれば、ライバルとの競争で頭ひとつ抜け出すことができるだろう。

　コンテンツを再発想して作り直す。 第5章で、コンテンツをさまざまなフォーマットやプラットフォームに作り直すための枠組みを説明した。関連製品をダウンロード可能なハウツー・ツールにまとめるのは、買い手の関心

を引く優れた方法になる。マーケティングプロフスでは、同じテーマのさまざまなフォーマットのコンテンツをひとつのキットにまとめている。ハウツーのウェビナー、各種の戦術を説明した記事、ワークシートやチェックリスト、顧客のサクセスストーリーなどを集めたものだ。そのキット自体が製品のランディングページとなり、そこからさらに、マーケティングプロフスのライブラリーにある既存コンテンツにもリンクできる。

よくある質問（FAQ）。よく尋ねられる質問とその回答のリストを作り、見込み客が疑問への答えを見つけられるようにする。魅力的なFAQセクションを作るための詳細については、第15章で説明する。

見込み客や顧客が探している種類のコンテンツを提供するだけでも、競争相手との差別化を図ることができる。もう一度言うが、顧客は大部分の時間、探している情報を見つけられずにいるのである。

どこで：種をまく

見込み客の手に渡す情報が多くなるほど、購買プロセスが進んだ段階で彼らがあなたの会社の営業担当に連絡をとる可能性が増す。そこで、彼らがさまざまな方法でコンテンツにアクセスできるように、ソーシャルメディアなどへのシェアを簡単にできるようにしておこう。少なくとも、**PDFファイルにはシェアの選択肢を埋め込んでおく**（図10.3参照）。第13章で説明するように、プロテウスB2Bマーケティング社のガレン・デ・ヤングは、マーケティングプロフス向けの記事で、彼の会社がB2B向け電子メールマーケティングの成功事例を集めたEブックに、どのように電子メールやソーシャルメディアのシェア機能を組み込んだかを詳細に書いている。彼はURL短縮サービスのビットリー（bit.ly）で入手できるウェブ分析とデータを使い、さまざまな参照元からのトラフィックを追跡・分析している。そして、PDFにシェア機能を埋め込んでいるときのほうが多くシェアされていると確信した。

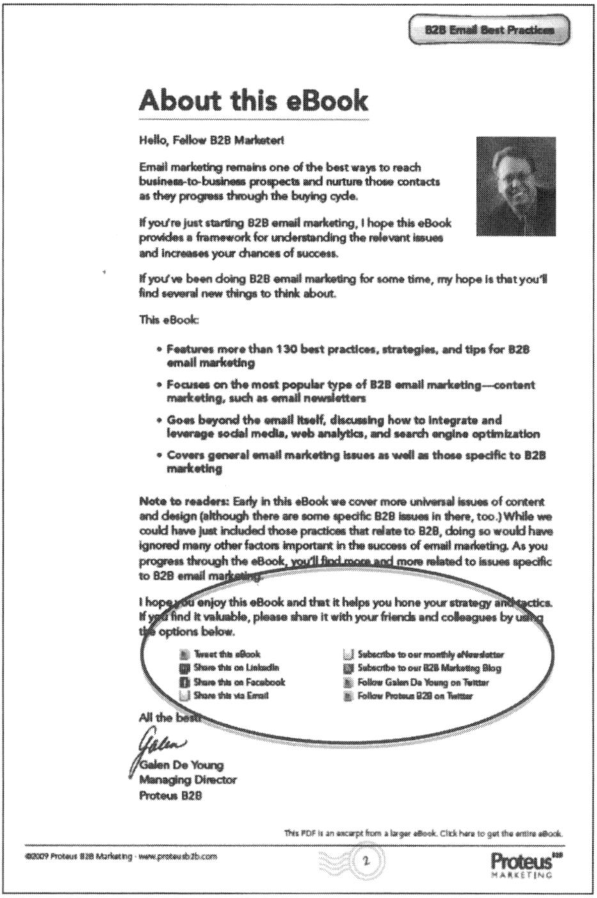

図10.3 シェアを容易にするためのオプション機能の埋め込み

（訳注：プロテウス B2B マーケティング社のEブック「電子メールマーケティングの最善の慣行集」の中の「このEブックについて」のページ。B2B 企業が見込み客に働きかけ、購買プロセスを通して関係を深めていくために、電子メールマーケティングがいかに重要かを説く内容。ページ下の楕円で囲まれている部分が、シェアのためのオプション。左に Twitter、LinkedIn、Facebook、電子メールのシェアボタン。右はメールマガジンの購読申し込み、ブログの購読申し込み、ガレン・デ・ヤングとプロテウス社それぞれの Twitter へのフォロワー登録のボタンが並んでいる）

アカウント登録を求めるべきか

次に、登録についても考え直す必要がある（これについて、さらに詳しくは第13章を参照）。あなたの**コンテンツ**を閲覧するのに、**見込み客にアカウント登録を求めるかどうか**は、ひとつの戦略決定であって、最初から必要だと決めつけるべきではない。もし実際に登録を求めるのなら、入力する項目数は少なくする。顧客のあらゆる情報を集めようとしてはいけない。その代わりに、見込み客との関係をデートのシナリオのように考え、接触する回数を重ねるごとに、少しずつ情報を聞き出すようにしよう。

仮に、ある見込み客がはじめてあなたのウェブサイトを訪れ、ホワイトペーパー、Eブック、ハウツーガイドのダウンロードを希望したとしよう。そのときには名前とメールアドレスだけを入力するだけで、ダウンロードできるようにする。その後、電子メールを送り、今後も役立つ情報を受け取りたいかどうかを尋ねる。つまり、相手があなたのデータベースに加えられることを許可するかどうかを確かめるのだ。ホワイトペーパー、Eブック、ガイドの末尾には、相手を次の行動へと誘うために、あなたの会社のコンテンツ・ライブラリーへのリンクを加えておく。相手をごく自然なステップで購買プロセスへと導くようなものであれば何でもかまわない。

例えば、ある見込み客にシリーズで発行しているホワイトペーパーの次の号のために登録を呼びかけるとしよう。相手がダウンロードを求めてきたら、会社名と肩書きを尋ねる。ペーパーの最後には、1時間のウェビナーのお知らせを載せておく。相手がその参加登録をしたら、今度は会社の規模、購買サイクル、電話番号など、あなたの会社にとって役立つ情報を尋ねる。

重要なのは、一度に少しずつ情報を引き出し、時間をかけて蓄積していくことだ。そうすれば、一度にあれこれ尋ねて見込み客に負担をかけることなく、こちらも必要な情報を集めることができる。クッキー機能（訳注：ウェブサイトを訪問した人のコンピューターに一時的にデータを書き込んで保存させる仕組み。Cookie）を使えば、これまで蓄えてきた情報で、自動入力が

可能なフォームにすることもできるだろう。見込み客は接触を持つたびに少しずつ追加情報を求められることを理解する。

さらに、最新のコンテンツについての報道発表資料を公表することについても、遠慮する必要はない。報道向け資料は製品や会社のニュースを伝えるだけでなく、見込み客があなたのコンテンツを見つけやすくする。最後のアドバイスとして、コンテンツを関連のあるオンラインコミュニティーと共有し、ブログでそれについて書き、Twitterでつぶやき、電子メールの署名部分にも忘れずにリンクを載せておくようにしよう（第8章「シェアできる」の項目を参照）。

巨大ビジネスを成長させるコンテンツ活用法

　SASは世界50カ国の400事業所に1万1000人以上の従業員を抱える世界最大の民間ソフトウェア企業で、その23億ドルのビジネスを成長させるためにコンテンツを最大限に活用しているイノベーターでもある。ノースカロライナ州ローリー近くに本社を構えるSASは、オンラインマガジン、ホワイトペーパー、ブログなど、さまざまなプラットフォームを通して自社製品やサービスに顧客を引き寄せるとともに、業界のリーダーとしての地位を高めている。ここでは、外部コミュニケーション担当シニアマネージャーのケリー・ルヴォワイエ（KL）と、統合コンテンツ・マネージャーのジョン・モージャー（JM）に、彼らのアプローチについて語ってもらった。SASのような大企業が魅力的なコンテンツをどう定義しているか、また、SASのアプローチが小さな組織のものとほとんど変わらないことがわかり興味深い（例えば、ケリーが組織の声について何と語っているかに注目してほしい）。

——SAS のような大きな組織の場合、顧客を引き寄せ維持するためのコンテンツ開発は、小さな組織にとってのものと大きく異なると思います。とくに大企業にとっての、B2B 分野での「魅力的なコンテンツ」の定義とは何でしょう？

KL　実際のところ、中小企業のものとそれほど大きく異なるとは思っていません。既存顧客も見込み客も、**問題解決を助けてくれるコンテンツ**を求めています。購買プロセスのどの段階にいるかによって、直面する問題は変わります。つまり、売り手をリサーチするプロセスの初期段階にいる見込み客もいれば、長期の顧客がすでに使用中の SAS のソフトウェア（私たちの場合）を新しい形で使おうとしている場合もあります。

　もちろん、そのコンテンツを説得力ある形で提供するためには、こうした**オーディエンスが直面している問題をリサーチによって特定している**こと、そして、**それぞれのニーズに応えるコンテンツを開発する確固たるプロセスを確立している**ことが必要になります。こうしたプロセスの複雑さが、私たちが中小企業と違うところかもしれません。

　それは別として、私は魅力的なコンテンツというのは、タイムリーで（現行の問題への新しい考え方と対応を反映するという意味で）、消費しやすく、複数の媒体で提供され、実際に役立つ情報を与え、生身の人間によって書かれたように見えるものだと思います。組織の声が、競争相手との差別化を達成するクオリティのひとつになると思います。結局は相手も人間同士としてのビジネスを望んでいるのですから。重要な投資について話すのであれば、なおさらそうです。

——SAS のような組織ではどこからコンテンツ製作を始めるのでしょう？

KL　まず、我が社は120以上のソフトウェア製品を販売し、世界中

の400の事業所に1万1000人以上の従業員を抱えています。したがって、**インパクトの大きな濃縮されたコンテンツを引き出せるように優先順位を定めなければなりません**。通常は、世界中で3〜5の重点市場を定め、ビジネス分析やリスク管理など、努力を集中させるべき8から10の業界を選び出します。製品のマーケティング担当チームがそれらのエリアで私たちのターゲット・オーディエンスが直面している重要な問題を特定し、その観点から、世界中の多くの異なる部署でコンテンツ開発が進められます。

　私は、先ほどの質問への鍵は、**顧客を引きつけるためにコンテンツをどう使うか**だと思います。それがインバウンド・マーケティングの新しい枠組みの一部になっています。そこで重要になるのが、私たちの**ソートリーダーシップ戦略**です。

　私たちの組織には世界中に数十人の特定の分野のエキスパートがいて、彼らは自分の知識をさまざまな形のコンテンツを通して共有しています。SASブログ、ニュースレター、雑誌、そして主流メディアやソーシャルメディアなどです。しかし、彼らはいつもSASについて話しているわけではありません。もっと重要なのは、彼らが**有益な情報、意見、特定の話題についての今後の予測などを提供している**ことです。役立つ情報を提供し、会話に貢献することによって、読者が次にソフトウェアのソリューションを求めるときに、真っ先にSASのことを頭に浮かべてもらうことを期待しているのです。

——B2B組織は購買プロセスの各段階で共感を呼ぶコンテンツを開発する必要があるということですね。例えば、誰かが初期段階の検討材料として探すコンテンツは、もう少し先の、もっと詳しい機能などを掘り下げていく段階で求めるコンテンツとは違います。さまざまな段階で何が買い手側の共感を得るのかは、どうしたらわかるのでしょう？

JM **マーケターが採用している測定基準から、私たちが実施するグループインタビューから、そして、外部リサーチからです**。私たちが開催するカンファレンスに顧客に参加してもらい、コンテンツ戦略についてのグループインタビューをする機会を逃さないようにしています。

　私たちは、ターゲット・オーディエンス、長期的な購買プロセス、つねに進化するデジタル環境についての複雑な評価方式を採用しています。そのため、いつでもアプローチを調整することができます。

——組織全体でコンテンツ製作を目指すB2B企業として、どんな課題を持っていますか？　それによってマーケティングの仕事は容易になったでしょうか、難しくなったでしょうか？
KL　正直に言って、私が考える最大の課題は、**アイデアがたくさんありすぎて、すべてを実行に移す余裕がない**ことです。それに関連して、**企業がコンテンツを機敏に生み出す需要が高まっています**。それが課題ですね。

　テクノロジー分野のB2B市場は、深く、広く、流れの急な川のようなものです。毎日のように、私たちのビジネスに直接の影響を与える問題や議論が生まれ、何かの発表がなされます。それだけに、タイムリーで説得力のあるコンテンツを作らなければなりません。私たちのような規模の企業の場合は、機敏に動くという点では戦略見直しのサイクルが課題になります。しかし、私はSASでその改善を目にしてきました。例えば、ブログへの進出によって、もっと素早く動き、社内のエキスパートをより信頼する必要があることに気づくことができました。

——実際にはどのようにコンテンツを作っているのですか？
KL　コンテンツの大部分は自分たちで製作しています（動画は本社の高性能録画設備を利用）が、提携しているメディア企業、アナリ

スト企業、調査機関の協力を得ることもあります。社内のあらゆる部署にコンテンツ・プロデューサーがいます。もしパワーポイントのプレゼンテーション、技術文書の作成、マーケティング・キャンペーンなどを企画するのであれば、その部署が日常の業務の一部としてコンテンツをつねに製作しています。私たちはそのすべてが、コンテンツの素材だと考えます。優先的なニーズに応えるものであれば、社内コンテンツも少し手を加えることで対外向けコンテンツとして利用できるのです。すでにお話ししたように、問題は、**このコンテンツを購買サイクルや顧客サポートの各段階にうまく適したチャンネルに振り分け、空白部分を明らかにし、それを埋めていく**ことです。

　我が社の執筆チームは、私が「マーチャンダイズ・コンテンツ」と呼ぶものを得意としています。これは、ホワイトペーパーやウェブキャストとして製作されたものを、形を変えて雑誌記事、ブログ記事、双方向型のデジタルコンテンツに仕立て直したものです。こうした短い、デジタル利用しやすい派生的なコンテンツは、ソーシャルメディアを通して簡単に宣伝でき、何がオーディエンスの共感を得られるかを素早く見極めるのに優れています。

――SASにはコンテンツ開発専門のスタッフはいるのでしょうか？
JM　2008年、それまでのSASにはなかったふたつのポストを新設しました。ソーシャルメディア・マネージャーと、結局は私自身が就くことになった統合コンテンツ・マネージャーです。私は製品マーケティング部署に報告する立場で、我が社のコンテンツ開発の根底をなす、より統制のとれた製作プロセスを考えることに集中しています。
KL　そして2009年には、ブログ向けソーシャルコンテンツ担当エディターのポジションも新設しました。私たちのブログプログラムは急速に成長していて、専任のプログラムマネージャーを必要とし

たのです。現在の担当者は、ほとんどの時間をその仕事に費やしています。

しかし、この肩書きの「ソーシャルコンテンツ」の部分は、マーケティング・コンテンツからデジタル化しやすいコンテンツ資産を作り、ソーシャルメディアで簡単にシェアできるものにするという考えを表しています。また、ソーシャルメディアをモニターして、トレンドとなっている話題をチームに持ち帰り、新しいコンテンツに挑戦すべきかどうかの判断にも利用しています。

さて、始める準備はできただろうか？　出発点として、第29章の「コンテンツ・チェックリスト」も参照してほしい。

Part2

コンテンツづくりの実際

The How-To Section

CHAPTER 11

ハブとしてのブログ

　第1部では、優れたコンテンツを生み出すためのルールを紹介し、詳しく説明した。この第2部では、これからあなたが取り組もうとしている一連のコンテンツについて、その具体的なハウツーを種類別に説明していく。
　まずは、私たちがコンテンツの最前線と考えるブログから始めよう。

> 　ブログ：ブログ（「ウェブログ」を短くした言葉）は、ウェブサイトの一種またはウェブサイトの一部で、通常は個人が定期的に発表する何らかの意見、近況や出来事、あるいは画像や動画などを指す。投稿は最新のものから順に表示されるのが一般的。「ブログ」という言葉は動詞としても使われ、その場合はブログを管理すること、コンテンツを追加することを意味する。──ウィキペディアより

第1部で論じたようなコンテンツを自分でも作り、発表したいと思うなら、当然選ぶべき最初のステップになるのがブログだ。**ブログはネット上への情報発信の基地として、あるいはコンテンツのハブ（拠点）として使うこともできる。**ここで言うコンテンツには、あなたが書く記事、別の場所から集めてきたキュレーション・コンテンツ、メディアでの言及、そして、あなたの会社や組織が他のメディアで発表したもののうち広く共有したいと思う素材などが含まれる。

　言い換えれば、ブログはあなたの考え、言葉、アイデアを世界中の人々と共有するための中央制御室として位置づけることができる。これが正しいブログであるというものが決まっているわけではない。どんなものがあなたの会社にとって最も効果的なブログになるかを、時間をかけて見つけていってほしい。

　利用できるブログのプラットフォームやコンテンツ管理システム（CMS）は多数ある。人気のあるものとしては、WordPress（ワードプレス）、Squarespace（スクエアスペース）、Movable Type（ムーバブルタイプ）、TypePad（タイプパッド）、Blogger（ブロガー）などが挙げられる。機能は似通っているが、それぞれ違いがあるので、比較して最も使いやすいものを選ぶといいだろう。ほとんどのプラットフォームはブログサイトの管理もしてくれるが、ソフトウェア開発者の助けを借りて、ブログを自社ウェブサイトの一部として組み入れることをお勧めする。そうすれば、顧客がウェブ上であなたのブログを見つけたときにウェブサイトに誘導することができるからだ。

ブログを書くための12のガイドライン

　ブログ開設の準備を始める前に、次の12のガイドラインに目を通してほしい。

1. 目的を決める。
2. 実行可能なスケジュールを設定する。
3. 変化を持たせる。
4. 文章以外の要素も含める。
5. 長さにも留意する。
6. 読者を引きつける見出しのつけ方を学ぶ。
7. デザインを重視する。
8. 読者に行動を促す。
9. コメントの承認機能を考慮する。
10. すべてのものを分類しタグ付けする。
11. 話し言葉で書く。
12. 考えすぎない。

目的を決める

　ブログで大事なのはもちろん、**内容がいかに充実しているか**だ。ほとんどの場合、それは**定期的に更新する**ことを意味する。ブログが発する声や視点を明確にすること（第4章参照）。見栄えやデザインなどの、目にしたときの印象も重視すべきだが（これについては後述する）、何といってもコンテンツが王様だ。読者が増えるにつれ、多くの人はあなたのブログをRSSフィードやメール配信で購読するようになるだろう。そのため、最初に訪問したときを最後に、サイトのデザインを目にすることはもうなくなるかもしれない。簡単に言えば、ブログに何を書くかのほうが、視覚的にどう見えるかよりも重要だということだ。そして、何を言うかを決めるためには、次のことを知っておかなければならない。

・誰がオーディエンスになるのか？
・オーディエンスの注目を奪い合うライバルは？

・あなたのブログは何に焦点を当てるのか？　何についてのブログか？
・どんな目標を達成しようとしているのか？
・目標の達成度を測る基準を設けているか？

実行可能なスケジュールを設定する

　ブログへの投稿（エントリー）は一貫したスケジュールで行うことが重要だ。どのくらいの頻度でブログを更新すべきだろう？　それは完全にあなた次第、あなたの掲げる目標や時間の都合次第だが、少なくとも週に2回は必要だろう。一般には火曜日と木曜日の更新が最も効果があると見られているが、自分のスケジュールに合わせていろいろ試してみるといいだろう。ほとんどの企業は営業日の間に更新しているが、時々日曜日に投稿してみると、週末にどれくらいの人が読んでくれているのかがわかる（ネット上のすべてのコンテンツがそうだが、ブログの利用価値も人によって異なる。ソーシャルメディア・コンサルタントのトム・マーティンは、「マルディグラ」（ニューオーリンズで毎年開かれるカーニバル）を家族イベントとして見直すことをミッションとして掲げるブログ「私のマルディグラ経験」を、この祭りの期間中だけ更新していた（訳注：ブログはすでに閉鎖されている）。

　一度に数本の記事を書いて、それを週の何回かに分けて投稿することもできる。ボストンでフィットネス・インストラクターをしているリサ・ジョンソンは、週末の午後に4、5時間デスクに向かい、自身が所有するスタジオ「モダンパイレーツ（Modern Pilates）」と個人のフィットネスブログ用に、1週間分として3本かそれ以上のブログを書いている。「不可能な目標を設定せず、自分に適したスケジュールにすることが大事」と、リサは助言する。

変化を持たせる

　さまざまなトピックを考え、それぞれがどれくらいの注目を集めるかを確

かめる。そして、短い投稿と長い投稿、深い内容のものと軽いもの、その時々の話題と時代を問わない永遠のテーマなどを織り交ぜる。マーケティング・テクノロジー関連企業のハブスポット社のブログを見れば、どのようにバラエティに富んだ投稿を読者に提供するかの参考になるだろう。

文章以外の要素も含める

　ブログを画像中心のものにすることもできる。アメリカのドル紙幣のデザイン変更を提案するリチャード・スミスのブログ「ダラー・リデザイン・プロジェクト（Dollar ReDe$ign Project）」がその例だ。たいていのブログは文章中心なので、グラフィック素材を利用して他のブログとはひと味違うものにすることを考えよう。

　目を楽しませる要素、あるいは伝えたいことを補完する要素として、写真を使うのも効果的だ。フリッカー（Flickr）にアクセスすれば、クリエイティブ・コモンズのライセンス設定がなされた写真を見つけることができる。あるいは、オンライン・フォトライブラリーも各種揃っているので、そこから安く写真を購入することもできる。

　または、表や解説画像、チェックリストなどを加えてもいいだろう。あなたが好きな、あるいは自分で作成したEブックやその他の資料、YouTube動画、パワーポイントやスライドシェアのプレゼンテーション、オーディエンスも参加できるアプリケーションやツールを含めることも可能だ。

　もし他のコンテンツを埋め込むのなら、その中のキーワードが多く含まれた部分を投稿の文章に含めておくのもいい考えだ。そうすれば、読者にも検索エンジンにも、その埋め込まれたコンテンツがどんな内容のものであるかを伝えることができる。

長さにも留意する

　投稿はどのくらいの長さがいいのだろう？　言うべきことを伝える十分な

長さは必要だが、長すぎてはいけない。この答えでは曖昧すぎるかもしれないが、完璧な長さについてのミニスカート理論は、ブログ投稿にもあてはまる。すなわち、**大切な部分をカバーする十分な長さにはしたいが、興味が持続するくらいの短さにまとめたほうがいい**。

読者を引きつける見出しをつける

　見出しは投稿する記事の最も重要な部分になる。ブログを何としてでも成功させる方法を学びたいのなら、文章と同じくらい、見出しを考えることにも時間をかけてほしい（後からの思いつきで見出しを殴り書きするのはやめよう）。Eブックやホワイトペーパーの場合と同じように（第13章を参照）、優れた見出しは読者の好奇心をそそり、もっと読みたいと思わせる。ぱっと目を引くのはいいが、実際にどんな内容なのかが読者に伝わりづらくなることが心配なら、もう少し詳しく内容を説明するサブ見出しをつけるといい（検索用語やキーワードを含める場所としても、サブ見出しは適している）。

　興味をそそる見出しをつけるいくつかの秘訣を教えよう。

- **好奇心をそそる。**「クリーニング店はTwitterで何をしているか？」（マーケティングプロフスのブログ「デイリー・フィックス（Daily Fix）」から）。
- **形容詞の最上級を使う。**「ベンダーから欲しいものを手に入れる方法」の代わりに、「ベンダーから適正価格を引き出す最善の方法」などを使う。
- **驚きの要素または譬えを使う。**「イニゴ・モントーヤが教える、よく使い方を間違える27の言葉」（「コピーブロガー（Copyblogger）」へのブライアン・クラークの投稿から）（訳注：イニゴ・モントーヤは1987年製作の米映画『プリンセス・ブライド・ストーリー』の登場人物）。
- **具体的である。**「成功する着こなし」の代わりに、「就職面接に着ていくならこれ」を使う。
- **複雑なテーマを簡潔にまとめる。**「あなたが太っている理由：最新版」（「リサ・ジョンソン・フィットネス・ドットコム（LisaJohnsonFitness.

com)」から)。
- **逆を行く**。「リチャード・ブランソンの5つの成功の秘訣が本当は4.5である理由」(ティム・ベリーの「プランニング・スタートアップス・ストーリーズ (Planning Startups Stories)」から)、「お金の持ちすぎはなぜ貧乏より悪いのか」(アメリカンエキスプレスの「OPENフォーラム (OPEN Forum)」へのガイ・カワサキの投稿から)、「傲慢になるための正しい方法」(トマス・エドワーズのブログ「ザ・プロフェッショナル・ウィングマン (The Professional Wingman)」から)。
- **数字、とくに奇数を使う**。「あなたのコミュニティーをパワーアップするブログ投稿、27の秘密」(クリス・ブローガンのブログから)。

デザインを重視する

　デザインを含め、ブログには独自のスタイルと個性が感じられなければならない。たとえデザイナーを雇う余裕がなくても心配はいらない。ネット上には無料またはわずかなコストで入手できる、あらゆるプラットフォーム向けのテンプレートが数多く用意されている。テンプレートを使えばすぐにでも立ち上げ可能なので、とりあえずこれで始めてみるのもいいだろう。ネット上で他のブログをいくつかチェックしてみれば、それぞれに個性があることがわかるはずだ。方法にいい悪いはない。ただし、デザインには次のアイテムを含めたい。

- フィード購読ができることをはっきり示すRSSのアイコン。
- 電子メールでブログを購読したい人のためのオプション(フィードバーナー (FeedBurner)なら無料で設定してくれる)。
- コンタクトを求めてくる人のための連絡先。
- 検索ボックス。
- トピックまたは見出しごとの最近の記事アーカイブ。
- ソーシャルメディアでシェアするためのアイコン。シェアやお気に入

りの登録ボタン、Twitter、Facebook、LinkedIn、グーグルバズ（訳注：グーグルバズはグーグルプラスに一本化されて、サービスの提供を終了している）などへのリンクを含める。
・読者があなたをネット上の他の場所でも見つけられるようにするリンク（Twitter、Facebook、LinkedIn、イェルプなど）。

読者に行動を促す

　あなたはブログ訪問者にどんな行動を望んでいるだろう？「ただコンテンツを送り出すだけで十分だと思っている人が多すぎる。本当はそうではないのに」。ハブスポット社のマイク・ヴォルピはそう指摘し、他のすべてのコンテンツと同様、ブログの投稿には行動の引き金(トリガー)となるものを含めるように勧めている。例えば、ハブスポットのブログ（http://blog.Hubspot.com）のすべての投稿には、少なくとも3つのトリガーが埋め込まれている。タイトルのすぐ下、コンテンツの右側（のサイドバーと呼ばれるスペース）、そして投稿の末尾に、通常は別のコンテンツへのリンク（ダウンロード可能なウェビナー、Eブックなどへのリンク）という形のトリガーがある。マイクによれば、複数のトリガーを含めると、「もっと多くを消費するための道筋をつくる」ことになり、読者の経験をより豊かにするとともに、会社にとっても見込み客を獲得するチャンスにつながる。

コメントの承認機能を取り入れる

　ブログの大きな魅力は、読者との対話が可能になり、また読者同士の対話を促進する力を持つことだろう。しかし、ウェブの性格上、会話に何のプラスにもならない、そこに集まる人をただ苛立たせるだけの書き込みをするスパム投稿者や「荒らし」(トロール)が必ず現れる。そのため、ブログには何らかの承認機能を設定する必要がある。
　承認は編集とは違う。たとえその内容に同意できなくても、あなたのブロ

グに書き込まれたコメントを編集してはいけない。読者にはそれぞれ考え方や意見があり、それはあなたのものとは異なるかもしれない。**承認機能はサイトから不適切なコメントや話題からずれたコメントを排除するためだけに利用すべきだろう。**

すべてのブログのプラットフォームには、スパム投稿を排除する何らかのソフトか設定が備わっているが、はじめてあなたのブログにやってきた人のコメントを保留にしておく設定もある。問題がなければ、次のコメントからは保留にならないように承認リストに加えればいい。あるいは、複数のリンクを埋め込んだコメントを保留にできる設定もある。この種のコメントはスパムである可能性が高いからだ。

もし承認機能を設定するのであれば、コメントが投稿されてからサイトに表示されるまでに時間がかかりすぎないように、きちんとチェックするようにしよう。

すべてを分類しタグ付けする

すべての投稿を分類し、少なくともひとつのカテゴリに割り振るようにする。その目的は、カテゴリ名をクリックすることで、読者が同じ話題についての過去の投稿を読めるようにするためだ。検索エンジンもこうした分類を好む。あなたが作るコンテンツの主なカテゴリを考え、それをブログの末尾に加えておこう。カテゴリは簡単に追加したり削除したりできるので、最初からすべてのカテゴリを決めておく必要はない。

さらに、各投稿には関連キーワードまたはタグを加えておく。もちろん、投稿の文章自体にもキーワードを含めるべきだが、タグとして加えておくと、検索エンジンがあなたのコンテンツを見つけやすくなる。

独創的なコンテンツや独自の見解が含まれるカテゴリには、ユニークなタグを考えるといい。例えば、私たちはこの本向けに「再発想されたコンテンツ」のタグを考えた。シトリックス・オンライン（Citrix Online）は、かつて「テレコミューティング（PCを使った在宅勤務）」と呼ばれていたもの

に「ワークシフティング」というタグを加え、それがきっかけで、「ワークシフト」が新しい言葉として定着した。

話し言葉で書く

　話し言葉で書く（ただし忘れずに編集すること）。ブログはカジュアルで気安い会話が持ち味なので、正確な文法に従った完璧な文章を書く必要はない。親しみやすく、くだけた口語体の文章、要するに、人間味あふれる投稿にしよう。

　とは言っても、完璧な文章からだらしない文章までの幅は広い。どの程度の文章を目指せばいいのだろう？　少なくとも単純な間違いを犯さないように注意をしよう。スペリング、誤字脱字、でたらめな文章や誇張された文章などのことだ。

　ボーナスヒント：文章をチェックしてくれる編集者を探しておこう。誰もが編集者を必要としている（一流のライターも例外ではない）。

考えすぎない

　ブログは根本的な部分で伝統的なジャーナリズムの特徴のいくつかを引き継いでいる。そのひとつが、偏りのないストーリーを完全な形で伝えなければ、という強迫観念にとらわれる必要がないということだ。改善の余地や他の人の意見が入り込む余地を残しておくことは問題ない。考えすぎることも、文章を練りすぎる必要もない。第6章で説明したように、未完成の部分を残しておいてかまわない。オーディエンスの声や意見でその部分を埋めてもらえばいいのだから。

特製「超簡単なブログ投稿テンプレート」

　コダック社のチーフブロガーであるジェニー・シズニーは、コダックの「1000ワード」ブログ（コダックについては第25章でさらに論じる）へのすべての投稿者に、シンプルなブログテンプレートを提供している。ブログの基本がわかるシンプルなフレームワークを将来のブロガーたちに手渡し、投稿までのプロセスを簡単にすることで、積極的な投稿を促すことができると考えたからだ。

　コダックのテンプレートはかなりざっくりしている。「1000ワード・コダック・ドットコム（1000Words.Kodak.com）ブログ投稿テンプレート……と役立つアドバイス」と題したシンプルなワードドキュメントで、見出し（「注意を引きつつ、コンパクトに」）、本文、そして画像のためのスペースを提供するだけのものだ。

　ジェニーとコダックのチームに触発され、私たちも独自の「コンテンツ・ルール」バージョンを作ることにした（www.contentrulesbook.com/extras で無料ダウンロードできる）。

　このフレームワークは、ふだんあまり文章を書かない人やブログに慣れていない人が、たまに投稿を書くようなときに使うタイプのものだ。組織内で共有し、あまり積極的ではないか控え目なスタッフにも投稿を促す目的で利用するのが最も適しているかもしれない。つまり、完璧で万能な決定版フレームワークとしての利用を意図したものではない。一般に文章に決まった書き方というものがないのと同じように、ブログにも決まった書き方というものはない。このテンプレートは意図的にごく基本的な骨組みだけにとどめ、わかりやすく使いやすいものになるようにした。

　取り上げる話題に詳しい人（あるいは書く才能のある人）は、こうした骨組みに血と肉を与え、生き生きとした文章をページ上に送

り出すことができるだろう。そうではない人がこの骨組みを使って投稿するときには、同じようにわかりやすくはあるが、少しだけ飾り気のない投稿になるだろう。

　それはまったく問題ない。このようなテンプレートを組織内で共有すること（あるいはあなたが自分で利用すること）の本当の価値は、真っ白なページを目の前にしたときに自然にわき起こる不安を和らげることだからである。誰もがこの種の不安を感じるが、こうした不安が多くの人を麻痺させて彼らの創造力を凍りつかせ、ブログを書くのは難しいから、わざわざそんなことはしないでおこうと尻込みさせる。それで何も書かずに終わってしまうのは本当にもったいないことだ。

　このテンプレートはブログ投稿の練習用として使うこともできる。最初の何回かをこれを使って投稿しているうちに、おそらく気づいたときには自分の力ですいすいと書けるようになり、ブログ世界を楽しんでいることだろう。

投稿の見出し

　読者になぜその投稿が彼らのために役立つのかを知ってもらい、その心をつかむ要素を加える。試行錯誤の末に確立した成功の方程式は、「＿＿＿＿の仕方」「＿＿＿＿のための９つの方法」「＿＿＿＿の秘密」「＿＿＿＿についてあなたが知っておくべきこと」「これまでで最も奇妙な（または最高の、最悪の、最も笑える、最もばかばかしい）＿＿＿＿の経験」などの見出しだ。

冒頭の段落

　あなたの目標は読者の注意を引くことだ。そのために何か質問してみよう。少し議論になりそうなこと、読者の誰もがおもしろいと

思うことなど、好奇心をそそる内容が望ましい。「1日だけ誰かと仕事を交換できるとしたら、どんな気分だろうと考えてみたことはありませんか？ その仕事が高速道路の料金係のような本当に退屈なものだとしたら？」などでもいい。

シンプルにすることが重要だ。ひとつの投稿にひとつのアイデア。目標は読者に何かひとつ心に残るものを与えることである。

次の段落

冒頭の段落で尋ねた質問への答え、あるいは最初の文について説明を書く。最初の文や質問に関連した内容を少し詳しく書き込む。なぜその質問をしたかを明らかにし、そう思った根拠を説明する。他の執筆者のサイトや記事について言及するときには、必ずそれへのリンクを載せるようにしよう。

箇条書きまたは連番を振ったリスト

重要ポイントをリストにする。例えば、もし高速道路の料金係と

一日だけ仕事を取り替えることについて書いているのなら、次のようなポイントが含まれるかもしれない。
・この仕事は驚くほど人との交わりが多い。
・しかし、排気ガスをかなり吸い込む。

　こうしたポイントはいくつかでかまわない。
・
・
・
・

画像を加える

　画像があると個性が出て読者の関心も増すこともできる。投稿には関連写真や図表を含めよう。フリッカーなどの写真共有サイトなら、クリエイティブ・コモンズの取り決めで使用が認められた写真を探すことができる。使用許諾の条件についてしっかり読み、撮影者名を必ず明記するようにしよう。

質問で締めくくる

　投稿の下にあるコメント欄への書き込みを誘うような締めくくりを考える。「どう思いますか？」のようなシンプルな問いかけでもかまわないが、読者がシェアしたくなるような具体的な内容であればもっといい。
　この投稿の例では、「ところで、あなたがいつも1日だけでいいからやってみたかった仕事は？」「あなたがこれまで経験した中で最悪の（最高の）仕事は？」などが考えられる。

ブログ投稿についてのさらなるアドバイス

短いのがいちばん。ウェブ上では短いものが長いものに勝る。とりとめのないブログ投稿は退屈になるので、一般には短いほうが好ましい。ブログ版の『戦争と平和』になるのは避けよう。メッセージが伝わるだけの長さがあれば十分だ（1段落で事足りることもある）。

コメントには返信する。投稿後は、コメントが書き込まれていないかどうかチェックを怠らないようにする。そして、できるだけ素早く返信を書くこと（コダックは書き込みから8時間以内を推薦しているが、可能であれば1〜2時間以内に返信することを勧める）。

叫ぶ！ 言葉を広める！ 家族に話す！ 友人にも！ Facebookにも！ LinkedInにも！ 自分のネットワークの友人たちに新規の投稿があることを知らせるようにする。投稿への興奮を生み、ふさわしい賛辞を得よう。

CHAPTER 12 使えるウェビナー戦略

ウェビナー：オンライン会議の一種で、参加者は離れた場所から各自のコンピューターでインターネットにアクセスし、イベントに参加する。基本的には講師からオーディエンスに向けた一方通行のコミュニケーションで、オーディエンスとの交流は限定されたものになる。

ウェビナーがそれほど優れたマーケティングツールなら、なぜつまらないものばかりなのだろうか？

いきなり、少しばかりがさつな文章から入ることをおわびしておきたい。しかし、これは業を煮やして書いた文だ。

その理由を説明しよう。ウェビナーはアクティブで力強い優れたマーケティングツールとして、見込み客や買い手に働きかける効果的な方法にな

る。というよりは、そうなる可能性があると言ったほうがいいかもしれない。ビジネス・ドットコム（Business.com）が実施した2009年の調査では、主にソーシャルメディアから情報収集しているビジネスリーダーの、なんと67％もが、自分のビジネスと関連のあるポッドキャストやウェビナーを探し求めていることがわかった。

　この数字は機会がそこにあると大声で叫んでいる。そして、少なくとも一部の企業はそれを認識して反応している。リサーチ会社アウトセルが2010年にアメリカの企業1000社以上に対して実施した調査結果を見ると、B2B企業のウェビナー関連のコンテンツ製作費は対前年比で26％も増していた。

　そこで、この疑問が生じる。もしウェビナーがそれほど優れたマーケティングツールなら、なぜ多くが悲惨なほど期待はずれなのか？　なぜこれほど多くのウェビナーが、かつては高校の卒業生代表を務めるほどだった男性が中年になり、故郷のガソリンスタンドで物憂げな顔で接客している姿を思い出させるのだろう？（図12.1参照）

図12.1 大部分のウェビナー画面はこのように見える

（訳注：ジーニアス・ドットコム（genius.com）が2010年3月9日に実施したウェビナー、「リッチコンテンツとソーシャルメディアで検索結果を最大化する」の画面）

ウェビナーとはもちろん、オンラインで視聴できるウェブベースのセミナーのことだ。一般には音声とパワーポイントのスライドを組み合わせたものだが、動画を組み入れることもある。
　ウェビナーの開催に利用されるウェブ会議プラットフォームは、参加者各自がコンピューターにダウンロードするアプリケーションの場合と、ウェブベースのプラットフォームの場合がある。参加者はウェビナー主催者によって配布されたリンク、あるいは主催者からの招待によって会議にアクセスする。
　参加者と主催する企業がウェビナーを大いに好むのは、次のような理由による。

- **実体験できる**。ウェビナーは楽しく、夢中になれ、動きがある。つまり、ホワイトペーパーやケーススタディーよりも目に見える形で体感でき、ライブ感がある。参加者は講師の話を聞き、スライド（または動画）を見る。要するに、あなたが作るコンテンツと従来とは異なる形で接することになる。
- **双方向型の交流ができる**。うまく構成されたウェビナーは、現実の教室か会議室にいるように感じられる。参加者には質問する機会が与えられ、講師や司会者と、また参加者同士で会話ができる。そして、ウェビナー以外の場所でも、Twitterのようなソーシャルメディアでそのウェビナーについて話し合うことができる（もちろん、それによってさらに認知度が上がる）。
- **威圧感がない**。まだあなたの会社の営業スタッフと電話で話す気にはなっていない見込み客でも、ウェビナーならプレッシャーを感じずに大勢の中のひとりになれるので、参加してみたいという気持ちになってくれるだろう。
- **コストが少ない**。オンライン会議に関するテクノロジーが進化したおかげで、プラットフォームのコストはどんどん下がっている。実際のイベントを開くコスト（と苦労！）に比べれば、オンラインで開くウェビナーの

コストははるかにお手頃だ。
- **幅広くリーチできる**。つまり、大勢の人を収容できる。現実のイベントに少数の見込み客を招く代わりに、仮想会議なら数百人を招くことができる。
- **地理的な制約がない**。アプローチしようと思っている人たちがイリノイ州のドゥビュークにいようとドバイにいようと関係ない。仮想イベントならどこにいても参加できる。
- **コンテンツ構成に貢献してくれる**。ウェビナーは、ポッドキャスト、記事、ブログ、オンデマンド・イベントなど、多くの形で新たなコンテンツを生み出す。
- **効果がある**。この章のはじめに述べたビジネス・ドットコムの調査数字を覚えているだろうか？ レイントゥデイ社（RainToday）による別の調査もそれを裏づけている。サービス業界の企業が提携先の候補を最初に特定するための手段として、「イベントや会議のプレゼンテーション」は「紹介と個人的な認知」に次ぐ2位に入っていた。
- **きっかけになる**。ウェビナーはイベントの前後に電話やメールで見込み客に連絡をとる口実を与える。

こうしてみると、いいことばかりのように思える。しかし、もちろんこれは、ウェビナー自体の内容が本当に魅力的なときにだけあてはまる評価で、その場合にだけ持続可能ということになる。残念ながら、ウェビナーは失敗に終わることが少なくない。その理由はさまざまだ。

- **価値を創出するというよりは見込み客の情報を得ることに集中した無料イベントになっている**。優れた内容を約束しておきながら、スポンサーや主催者が講師にその約束を守らせていないウェビナーがあまりに多い。スポンサーは見込み客の名前を手に入れることのほうを重視しているか、自社製品やサービスを売り込むためのプラットフォームとしてウェビナーを利用しようとしている（我らが友人ショーン・ハワードは、これを

「宣伝色ぬりたくりウェビナー」と呼んでいる)。「結局は、スポンサー（と講師）の信用を傷つけ、誰もが"無料の"ウェビナーの価値を疑うようになる」と、シェリー・ライアンは言う。シェリーはマーケティングプロフスのオンラインセミナー・プログラムの発展に大きく貢献してくれた立役者で、現在はテキサス州ヒューストンでキラー・ウェビナーズ・ドットコム（KillerWebinars.com）を運営している。

- **講師は、オンラインでのプレゼンテーションが、実際に集まった人の前で話すのとはまったく異なることを理解していない**。目の前にいる人たちに向かって話すより、見えない聴衆に向かってオンラインで話すほうが難しい。相手の目を見ることができないし、会場のエネルギーを感じることもできない。話す内容も充実したものでなければならない。見込み客を引きつけるのは、内容そのものだからだ。退屈で出来の悪いスライドや単調な話し方を、魅力的な容姿や個性で補うことはできない。「オンラインでは、人々の目と耳を魅了させ続けなければならない。そうしないと、彼らはメールをチェックしたり、星占いを読み始めたりしてしまう」と、シェリーは警告する。

- **「ハドソン川に緊急着陸しなければならなくなったら？」**。緊急事態が起こったときの対策を誰も考えていない。シェリーによれば、ライブのウェビナーは、まだ技術的なトラブルが生じやすい。あるいは、講師が来なかったり、プレゼンテーションが雑だったりすることもある。非常事態に備えて、練習、テスト、リハーサルを繰り返しておくことが重要だ。万一のために。

マーケティングプロフスは2003年からウェビナーを開催している。インターネットの世界では永遠にも近い時間だ。インターネットの1年は犬の年齢の1年に等しい（訳注：犬は人間のおよそ7倍の速度で歳をとるという説がある。IT業界などの、時代の移り変わりの早さをドッグイヤーと言う）。それくらいテクノロジーの進化は早いのだ。マーケティングプロフスで7年も過ごせば、ウェビナーの企画、製作、マーケティングの大ベテランになれ

る。以下に紹介するのは、マーケティングプロフスがこれまでの経験から学んだ、あなたのビジネスに火をつけるウェビナーへの設計図である。シェリーと副社長のヴァレリー・フレイジーへのインタビューに加えて、他のウェビナー上級者たちの経験から拾い集めたものだ。

魅力的なウェビナーを作る25の方法

ビジネスを刺激するウェビナーを企画・製作する25の方法を紹介しよう。

企画

次の処方箋に従って、1回のウェビナーまたはシリーズもののウェビナーを企画してみよう。

1. **「顧客を夜も眠らせない問題とは何だろう」と考えてみる。**どんなコンテンツを作るときにもあてはまることだが、コンテンツ開発のために最初に考えるべきことは、**「顧客や見込み客はどんな情報を求めているか」**ということだ。彼らを夜も眠れないほど悩ませているのはどんな問題だろう？　どうしたらその解決を助けることができるだろう？

    あなたはすでに顧客が抱える差し迫った問題を理解しているかもしれないが、あなたがこれまで作ってきた他のコンテンツ（人気のあったブログ記事や最もよくダウンロードされているホワイトペーパーやEブック）をざっと評価してみることで、何が買い手の共感を得られるかに確信が持てるようになる。

2. **行動を促す。**あなたの目標は、顧客に知恵と刺激を与えること、そのための情報源と教育者になることだが、顧客が購入の意思を固めたときに必ずその場にいるようにすることも重要だ。あなたはオーディエンスに何を持ち帰ってほしいのだろう？　どんな行動をとってもらいたいのだろう？

「ウェビナーの長所のひとつは、コンテンツをすぐに顧客との関係に変えられることだ」と、ボストンとサンフランシスコから「ラリー・ポイント・ウェビナー（Rally Point Webinars）」を発信しているパトリック・ケイヒルは助言する。「『どんな話題であれば、見込み客との対話を増すことができるだろうか』と考えてみるといい」。

3. **大きなテーマか、具体的な戦術か**。マーケティングプロフスは、2種類のウェビナーを開催している。特定のトピックについての情報を与えるハウツー形式のウェビナーと、もっと大局的な視野に立った高レベルの戦略ウェビナーで、後者はビジネス界の大物やマーケティング界のスターを招いている。

前者の例には「成功するFacebookのファンページ：構築し、新鮮さを保ち、他のマーケティング戦略に統合する」「現代のCEOに必要不可欠な5つのこと」などがある。後者の例には、ウェブ戦略アナリストのジェレマイア・アウヤンの「ソーシャルビジネスをスケールアップする：ブランドビジネス構築のために今できること（と次世代ソーシャルメディアでのポジショニング）」などがある。

同様に、多くの企業は幅広いオーディエンスに働きかけるウェビナーを企画して、認知を高め、リードを生み出し、その後にもう少し絞り込んだ見込み客のために小規模なイベントを開催している（この第2のグループのためのウェビナーには、製品デモなどが考えられる。最初のものでは製品デモは行われない）。

4. **ウェビナーの登録フォームを賢く作る**。リードの獲得に集中するのなら、見込み客の関連情報を得られるような入力項目を選び、最も有望なリードにフラグをつける。ただし、登録フォームが長々と続き、つまらなくなると、訪問者は途中で登録をやめてしまうので注意すること。また、長期目標について考えておくことも重要だ。例えば、あなたはそのウェビナーをシリーズ化することを考えているだろうか？　もしそうなら、次回以降のウェビナーのお知らせや招待を希望するかどうかのチェックボックスを加えておく。

5. **ストーリーを書く**。クリフ・アトキンソンは『Beyond Bullet Points（仮邦題：箇条書きを超えて）』の中で、「キーポイントや論理的な流れを考える前にパワーポイントのプレゼンテーションを作り始めるのは、映画監督が脚本を手にする前に俳優を雇って撮影を始めるようなものだ」と書いている。

   本当に優れたウェビナーは、それを支える基本的な構成がしっかりしていなければならない。すぐにパワーポイントを起動させるのではなく、ストーリーの概要と、それに添える表や写真をイメージにすることから始めよう。ワープロソフト、ノート、ホワイトボード、あるいは歩道にチョークで書くのでもいい。重要なのは、**キーポイントを書き出し、それを何らかの構成に組み立てる**ことだ。『プレゼンテーションzen』（ピアソン桐原）の著者ガー・レイノルズは、これを「アナログのプランニング」と呼び、こう説明している。「プレゼンテーションにはデジタルテクノロジーを使うかもしれないが、話すことと聴衆と結びつくこと——説得する、売り込む、情報を与える——は、かなりアナログなものだ」。

6. **説明するのではなく見せる**。ウェビナーは、声と画像とサウンドを組み合わせて、活力に満ちあふれたものにすることができる。これはB2B企業やサービス業にとってはとくに大きな利点となる。買い手が具体的なつながりを実感できないような、形のないものを売っていることが多いからだ。

   そこで、説明するのではなく見せることだ。ケーススタディー、顧客の体験談、変化に富んだ逸話を使ってアイデアや考えを表現する。製品やサービスが実際に利用されているところ、顧客がそれによって仕事をよりうまくこなしているところ、速く走っているところ、高くジャンプしているところなど、何でもいいから見せるのだ。そうすることで、あなたのビジネスは人間的で親しみやすいものになる。人と結びつけた形で説明することになるからだ。

7. **魅力的なスライドを用意する**。優れたストーリーを語るというポイント

は、スライドを作るときにもあてはまる。パワーポイントは視覚的にアピールするものでなければならない。そこで、パワーポイントを簡単にパワーアップできるいくつかの秘訣を教えよう。

- **すっきりしたスライドにする**。ほとんど読めないような小さな文字でスライドを埋めつくさない。文字だらけのスライドを見せるより、詳しい情報が書かれた資料を別に用意して配布し、スライドに合わせて参照してもらうほうがずっといい。おおまかな指針としては、スライドにフォントサイズ32ポイントより小さい文字は使わない（32は相当大きい。あなたが今読んでいる文字は10ポイントほどだ）。これだけ大きなフォントにすると、スライド上で語れるスペースはあまりない。もちろん、それこそが狙いだ。
- **1枚のスライドにひとつのアイデア**。一度に多くの情報をオーディエンスに押しつけない。1枚のスライドには、ストーリーの中のひとつのアイデアだけを盛り込む。
- **真実味のある動画や写真を使う**。退屈なストックフォト（やその他のマーケティング素材）を使ったプレゼンテーションは、参加者の注意を逸らしてしまう。ありふれたスライドを見せるのはやめよう。実際の顧客や従業員から提供してもらうか、ウェブ上で公開されているものから本当におもしろいものを探す。例えば、フリッカーで検索してみれば、ユニークな写真が見つかるだろう（http://flickr.com/search/advanced にアクセスして、クリエイティブ・コモンズのライセンス設定のある写真の中からだけ探すようにしよう。撮影者のクレジットを入れるなど適切な扱いをすることを条件に使用を認めるライセンスだ。もちろん、プレゼンテーションの中でも忘れずにクレジットを入れるようにする）。

8. **これが本当に重要な、絶対不可欠のポイント！**　今、これを見て絶対に読もうと思ったのでは？　それは見出しに有無を言わせない力があるからだ。タイトルは重要なのである！　実際に、ブログや記事の見出しと同じくらい、ウェビナーもタイトルが重要になる。それは、参加者にどん

な内容のウェビナーを期待できるかを約束すると同時に、どんなプレゼンテーションになるかのイメージがつかめるようにするからでもある。

　例えば、あなたなら次のふたつのウェビナータイトルのどちらにより惹かれるだろう？　「ソーシャルメディア研究から得られた理解」だろうか、それとも「裸の真実――ソーシャルメディアでは何が誇大広告で、何がそうでないか？」だろうか（際立った見出しのつけ方については、第11章と第13章を参照）。

9. **魅力的な講師を見つける**。ウェビナーの成否は、ゲスト講師が参加者をどれだけ魅了してくれるかにかかっている。講師には講演料を支払う場合と無償の場合とがある（後者の場合、通常はそれによって講師がパブリシティーを得られることが報酬になる）。まず、定評のある講師を呼ぶという選択肢がある。世に認められた専門家や著名なソートリーダー、特定の分野の伝説的存在、第一人者、賢人、教師、ウェブ上の有名人、大学教授、本の著者などだ。しかし、こうした人たちは講演で各地を回っていることもあるので、オーディエンスがこれまで聴いたことのない話や、他の場所では聴けないような話はしてもらえないかもしれない。

　あまり有名ではないが、話し手として同じくらい高い能力を持つ人たちを探し出すための優れた方法のひとつは、スライドシェアやYouTubeのようなサイトで、私が「ソーシャル探査」と呼んでいるものを実施することだ。あなたの業界と関連したキーワードで検索し、何かおもしろい意見を持っている人、それを新鮮な切り口で語ってくれそうな人を見つける。どんなアプローチをとるにしても、講師に何を期待するかについては明確なガイドラインを定めておいたほうがいい。そして、早い段階で基準を設け、妥協は（あまり）しないようにする（ところで、他のプラットフォームでのソーシャル探査も、コンテンツ製作に情熱を傾ける人たちを発掘する優れた方法になる。私自身もこの方法でマーケティングプロフスの寄稿者の多くを見つけた）。

10. **司会者も重要**。司会者は賢く選ぶこと。司会者が機敏に反応できるかど

うかで、すばらしいウェビナーになるか、ひどいウェビナーになるかが決まるかもしれない。「よい司会者はオーディエンスの経験をより豊かなものにする」と、シェリーは言う。そのためには、エネルギッシュで進行がてきぱきしていること、フィードバックやオーディエンスからのコメントに注意を向けること（オーディエンスの特定のコメントに対して公式に非公式に反応する）、オーディエンスからの質問をうまくさばくこと（質問の内容を明確にするため、タイミングよく話をさえぎる。プレゼンテーションの間に言及された資料に関連するリンクをチャットウインドウにアップする）などが求められる。また、司会者にはウェビナーの最後または途中でのQ&Aタイムの進行役も務めてもらう。

　これは、思っているほど簡単ではない。時には参加者の質問がなんとなく曖昧だったり不正確だったりすることもある。シェリーは、「質問の背後にある疑問を明らかにすることが大切。もちろん、くだらない質問や不適切な質問は無視しなければならない」と言っている。

11. **動画の扱いで注意することは？**　使用するウェブ会議プラットフォームが動画に対応しているのなら、短く、本当にそのトピックに関連した動画だけに限って利用する。動画を組み込むことが可能だから、というだけの理由で、ウェビナーの内容にさして関係のないものまで使おうとしてしまいがちなので、気をつけること。さらに、オーディエンスによって動画を見るためのフォーマットがまちまちであることも頭に入れておかなければならない。例えば、フラッシュ形式の動画ファイルには、SWFとFLVの2種類がある。SWFファイルの場合は主催者側が動画をスタートさせるが、FLVはオーディエンス側が再生をコントロールする。それによってプレゼンテーションの流れが滞るかもしれない。

　そして、もうひとつ。今も通信速度の遅いインターネット接続を利用している人がいる。彼らが動画をなかなか再生できずに手間取っている間に、次のスライドに移ってしまうといったことが起こらないように注意しよう。また、こうした人たちにはあらかじめ注意を促しておく。

12. **練習とリハーサルをして本番に備える。**　ウェビナー本番の前にリハーサ

ルのスケジュールを組み、通しで練習して全体の流れを確認しておく。とくに司会者と講師がプラットフォームやコントロールにてこずらないようにする。彼らのインターネット接続やハードウェアが安定しているかどうかをテストし、講師が使用するスライドが期待どおりに見えるかどうかもチェックしよう。

　プレゼンテーションのすべてをリハーサルする必要はないが、少なくとも講師には、スライドの送り方に慣れ、見えないオーディエンスと自然に会話しているように話してもらえるようにする。考えただけでもぞっとするが、子どもを寝かしつけるときの絵本の読み聞かせのようになることは絶対に避けよう。講師が自分の言葉で語るのではなく、スライドに映っている文章を読んでいるときには、そうなりがちだ。オーディエンスにとって、これは苛立ちのもとになる。講師が話すスピードより、自分がスライドを読むスピードのほうが速くなることが多いからだ。

13. **ウェビナーから新たなコンテンツを作る**。他のコンテンツと同様、ウェビナーをさまざまな新しい形に発展させることを計画しておく。ラリー・ポイント・ウェビナーズのチームも、ウェビナーをどう手直しして新たなコンテンツにするかをあらかじめ考えている。彼らの考えを少しだけ修正したものをここで紹介しておこう。

    - **ウェビナー前のお知らせ記事**：ウェビナーの前に、見込み客にお知らせを送るか、イベントの概要をブログに投稿して注意を引き、登録を促す。

      ヒント：送付先リストをふたつに分けて別々のタイトルをつけ、どちらがより関心を持たれるかをチェックするといい。より反応のよかったほうを、ウェビナーで使うかそれをもとにしたタイトルにする。

    - **ウェビナー前のポッドキャスト**：講師にウェビナーのテーマについてインタビューする。インタビューのほうがお知らせ記事よりもアクティブに感じられる。その後のイベントのための先行宣伝にもなるだ

ろう。また、ポッドキャストにすることで参加者が増える。アバイア社（Avaya）の最高マーケティング責任者（CMO）を務めるポール・デュネイは、ウェビナーの参加登録ページにポッドキャストを添えておくと、会話率が10％から50％も上がると言っている。

- オンデマンド・ウェビナー：イベントを録画しておき、ウェブサイト上でのオンデマンド・アクセスを可能にする。積み重ねていくと、オンデマンド・イベントのライブラリーを構築することができる。
- パワーポイントのプレゼンテーション用PDF：プレゼンテーションのスライドをプリントしたハードコピーを手元に残したいと考える参加者が多い。なぜかはわからないが、実際にそうなのだ。
- ウェビナーのテキスト化：ウェビナーの内容を書き起こしてテキスト文書にし、ウェブサイトからダウンロード可能にするか、参加者に特別に配布する。このテキストは小さなコンテンツを作るためにも使うことができる。例えば、何度かのブログ投稿（またはシリーズ形式のブログ）にすることが考えられる。文書化をネット上で安く外注することもできる。音声認識ソフトを使って大体の文章にし、その後、編集してすっきりさせてくれるものだ。あるいは、キャスティング・ワーズ・ドットコム（CastingWords.com）のような文書化サービスを試してもいいだろう。1分あたり75セントから2ドル50セントほどでやってくれる。
- ウェビナー後のポッドキャスト：ウェビナーのQ&Aコーナーの抜粋を別個のポッドキャストにする。またはQ&Aでまだ答えていない質問をあらためて講師にインタビューする。
- ウェビナー後の記事またはフォローアップのブログ投稿：ウェビナーに基づいた追加素材を発行するのも、ウェビナーのオンライン寿命を延ばし、いつまでもアクティブにしておくのに役立つ。

製作

14. **オーディエンスに積極的に参加してもらう。**あなたもそうではないウェビナーに参加したことがあるのではないだろうか。参加者は自分のパソコンから質問やコメントをタイプして画面上の小さなボックスに入れるだけで、先方の誰かに気づいてもらえるかどうかもわからない。もっと優れたウェブ会議ツールは、ウェビナーに参加する全員がプレゼンテーションの間にリアルタイムでチャットできるように、メインのプレゼンテーション画面の脇にウインドウが現れる。この種のウェビナーはまったく印象が異なる。参加者がコミュニティー感覚を覚え、グループとしての経験を共有できるからだ。

    参加者からのコメントや質問をシェアするのが少し怖いと思うなら、通常はQ&Aのチャットを自分で管理できるように設定できる。シェリーによれば、たいていのウェブ会議ツールは、何を見せて、何をストリームから外すかを選択することで、コメンタリーを管理できる。なかには参加者からの電話での質問を音声で組み込むように調整できるものもあるが、ウェビナーの多くはテキストによる会話方式を使っている。

    ところで、参加者の中にはチャットで気が散ると感じる人たちもいる。マーケティングプロフスが調査したところ、参加者の85%はウェビナー中の他の参加者との交流を好むと答えたが、15%は大嫌いだと答えた。そうした15%の人たちのためには気が散る要素は取り除いたほうがいい。スライドをフル画面モードにして、他の参加者のチャットが目に入らないようにすることを提案するといいだろう。

15. **講師とオーディエンスの対話を奨励する。**プレゼンテーション自体にも双方向性を取り込む。質疑応答の時間を最後にとっておく代わりに、途中でいったん話を中断してその時間を設けるといい。ひとつふたつ関連したアンケート調査も実施しよう。「ウェブ2.0時代には、誰も一方通行の会話を望まない」と、シェリーは言う。

ウェビナー開催中に、参加者それぞれに(使っているプラットフォームでそれが可能なら)プライベートチャットで働きかけ、イベントに引き込むようにする。「『このプレゼンテーションは役に立っていますか？講師に何か聞きたいことはありませんか？』と尋ねてみてはどうだろう」と、パトリックは提案している。

参加者の規模によっては、もっと頻繁に接触したほうがいいかもしれない。200人ほどの参加者なら、スタッフ6人ほどで個々の参加者に連絡をとり、雰囲気づくりをするといいかもしれない。大変だと思うかもしれないが、パトリックによれば、そうするだけの価値はある。「小さなことだが、参加者の反応と関与レベルを引き上げるのに大きく貢献する」。

16. **裏ルートでのチャットを奨励する。**Twitterをよく利用している人のために、プレゼンテーションの前や最中に、そのウェビナーについてTwitter上で話題にしやすくする。検索しやすい短いハッシュタグを使うと、Twitter利用者が情報をシェアしやすい。ハッシュタグはTwitter用の一種の省略記号で、キーワードや略語の前にハッシュ記号(#)をつけることで、関連ツイートをまとめて検索しやすくしたものだ。よく利用されている#followfriday(#ff)(訳注：金曜日にTwitterでフォローしているユーザーの中からお勧めの人を他の人に紹介するというもの)や#marketermondayは、Twitterで情報を広めるとともに、イベントを組織するためにも使える。想像どおり、カンファレンスやイベントの主催者にとってはとくに好まれるツールだ。

ウェブ会議ツールの中には、ライブツイート機能を搭載しているものもある。例えば、参加者はウェビナーからTwitter、LinkedIn、Facebookに直接コメントを投稿することができる。

17. **イベントを録画する。**ウェブ会議ソフトウェアの最大の長所のひとつは、ライブイベントを記録できることで、それによって音声、スライドのプレゼンテーション、Q&Aセッション、アンケート調査の結果といった各種のコンテンツ素材ができる。それをさまざまな形に作り直し

てウェビナーへの投資から最大のリターンを引き出そう。

18. **シェアのために最適化する**。ウェビナーのプレゼンテーションとスライド資料をスライドシェアにアップロードし、検索のために最適化する。プレゼンテーションのタイトルとテキストの中のキーワードを使う。スライドにはたくさんの関連ワードをタグ付けし、検索する人があなたのコンテンツを見つけられるようにする。

19. **広める**。スライドシェアのサイト（www.slideshare.net）がスライドシェア・プレゼンテーションを埋め込める唯一の場所ではない。スライドシェアのアプリケーションをあなたのページにダウンロードして、LinkedInでも共有できるようにしておこう。Facebookの個人ページや会社のページでも同じことができる。あなたのウェブサイトのホームページかブログにも取り込んでおくといい。

　他にもふたつのアイデアがある。まず、スライドキャスティング（www.slideshare.net/faqs/slidecast）という機能を使ってナレーションを加える。このためにはMP3音声を別に録音しなければならないが、スライドと音声を同調することができる。最後にもうひとつ。スライドシェアは企業向けに、（手数料はかかるが）カスタマイズされたマイクロサイトを立ち上げるオプションサービスを提供している（基本的には企業のマイクロサイトとなる）。これを利用すると、パワーポイント・プレゼンテーション、ホワイトペーパー、ウェビナーに使える中心的な素材ができる。

20. **最終的なスライドを注意深く準備する**。最終的なスライドは、ある意味で参加者のための持ち帰り用ビジュアル資料になる。したがって、参加者に次なる行動を促すための視覚的な刺激を与えるものでなければならない。一般にプレゼンテーションで使うスライドは、ひどい出来か見栄えが悪いものばかりだ。スライドを自分の著書を締めくくる最後の言葉、あるいはブログ投稿の最後のオチとして考えてみてほしい。閲覧者を購入者に替えるような、あるいはそこに近づけるようなスライドを作るようにしよう。

簡単な販売手段としてなら、参加者に期間限定のお得な割引価格を提供するリンクを設けることができる。もう少し高度な売り方としては、さらに興味を引くような関連コンテンツを提供する。おそらくは、ダウンロード可能なチェックリストかワークシート、わかりやすいガイドなどになるだろう。

オンライン・マーケティング戦略家のボブ・ディステファノは、ウェビナーの締めくくりに、参加者に無料のウェブ診断へのリンクを提供している。これは、彼がウェビナーで教えるコンセプトを、もっと詳しく、具体的に、個人向けにまとめたものだ。

21. **災難に備える。**リハーサルをこなし、大変な苦労をして準備をしても、まだ想定外のことが起こるものだ。ハドソン川への緊急着陸を要請されるようなことはないだろうが、予測不能の事態に備え、できる限りの危機管理をしよう。

例えば、講師が到着しない場合に備えて、携帯電話の番号や緊急時の連絡先を確認しておく。インターネット接続がうまくいかなかった場合に備えて、スライドをプリントアウトしておき、紙の状態からでもアップロードできるようにしておく。また、ウェブ会議プラットフォームが全面的にクラッシュするような想定外の（しかし、ありえなくはない）事態のときに、参加者に伝えるメッセージを用意しておく。どんな災難に見舞われるにせよ、重要なのは準備をしておくことだ。

22. **フィードバックを得る。**簡単なアンケート（5項目の質問程度）を実施して、ウェビナーのコンテンツの質やイベント全体についての満足度について、参加者からのフィードバックを求める。セミナーの最後のスライドにアンケート用のリンクを書き込んでおき、それについて早い段階から（参加者がログアウトする前、あるいはQ&Aが終わる前に）、あらかじめ言及しておく。何日か後に電子メールを送るよりも、まだイベントが記憶に新しいうちに参加者にクリックを促すほうがいい。

マーケティングプロフスで尋ねる大事な質問のひとつは、「このウェビナーを友人にも薦めようと思いますか？」というものだ（1～5の星

の数で評価してもらう)。参加者からの反応を本当に知りたいという気持ちを伝えるために、素早く評価を集計して報告することも重要だ。マーケティングプロフスでは、24時間以内に星取りの格付け結果をウェビナーのライブラリーページにアップしている。

23. **素早くフォローする**。電話またはメール(あるいは、パトリックによればその両方)で、イベントから24時間以内にフォローアップする。プレゼンテーションのコピー、録画したセッションへのリンクなど、約束したものを確実に送り届ける。パトリックは、「まだ教える&教わるモードにあるうちに、関係性を深める」ことが大事だと言う。つまり、「お試し版をお送りしていいですか?」のアプローチではなく、「ウェビナーでは回答を得られなかった新しい質問はありませんか?」と尋ねるのだ。

　　プレゼンテーション当日にライブ参加できなかった人たちへのフォローも重要だ。彼らには録画したイベントへのリンクを提供する(ところで、ライブイベントと同じように、オンデマンドセッションのためにも同じ登録情報を集めておくといい。こうした見込み客の存在は把握しておきたいはずだ)。イベント後に製作した関連コンテンツへのリンクを含めることもできる。ポッドキャスト、講師の書いた記事、Q&Aをテキスト化したものなどだ。

24. **イベントの成功度を評価する**。各ウェビナーでの参加者の行動をきちんと確認しておく。途中でログアウトしただろうか、最後までとどまっていただろうか? (もし講師が参加者の注意を引き続けることができなければ、その講師を再び招くことはやめたほうがいいかもしれない)

　　イベント後には登録者数と出席率、イベントによって生み出されたリードの質、彼らが実際の購入者に替わった率をチェックする。それを過去のイベントや設定していた目標の数字と比べ、イベントの成功度を測る。

25. **最後にもうひとつ**。このリストでは、テクノロジー・プラットフォームをどのように選ぶのかについては言及しなかった。それは、この本の

テーマがコンテンツであって、テクノロジーではないからだ。しかし、基本的なアドバイスがいくつかある。ウェブ会議のプラットフォームには、ON24、シトリックスのGoToWebinar、アドビのConnect Pro、マイクロソフトのLive Meeting、シスコのWebExなど、本当にたくさんの選択肢がある。優れたものは多いが、どれも完璧ではない。価格を見て怖気づいたり、販売員の言葉に気持ちを踊らされたりしないこと。自分にとって本当に必要な機能を見つけ、テストし、それだけのためにお金を払おう。

あなたのセミナーを何と呼ぶべきか

あなたは自分のオンラインセミナーを「ウェビナー」と呼ぶべきだろうか？ それとも別の呼び方をすべきだろうか？ 仮想会議、オンライン会議、ウェブセミナー、それとも、まったく異なる呼び名？（注：「ウェブキャスト」や「スクリーンキャスト」という呼び名は避けよう。これは少し異なるものを意味するからだ。「ウェブキャスト」は通常、インターネット上で流されるビデオ放送のことを言う。「スクリーンキャスト」は、一連のウェブ画面をデジタル動画にして、それにナレーションを加えたものを言う）

マーケティングプロフスが2003年にウェビナー・プログラムを開始したときには、意図的に「ウェビナー」という言葉を避けることにした。この言葉が、参加者に実際的な価値を提供するというより、よりたくさんの見込み客の名前を集めることを目的にした、押し売り的要素の強いイベントを想起させたからだ。マーケティングプロフスのウェビナーは、リードを生み出す道具ではなかったので、「オンラインセミナー」という言葉を使って教育的価値を強調し、強引だったり媚を売ったりするセールスマンのイメージとは一線を画すようにした。

「Which Test Won?（http://whichtestwon.com/navigation-bar-test）」（ど

ちらのテストが勝った？）というサイトを運営するアン・ホーランドが、メール配信サービスのメールチンプ（MailChimp）のウェブサイトについて、ナビゲーションメニューのふたつのバージョンを比較した結果を発表している。片方は見出しに「ウェビナー」という言葉を使い、もう片方は「オンライン・トレーニング」を使った。

その実験では、「オンライン・トレーニング」を使うと、サポートページからウェビナーページへのクリック数が10.4％増した。「ライブ・トレーニング」と「メイルチンプ・トレーニング」でも試してみたが、その場合でも「ウェビナー」はやはり敗北した。アンは、「もちろん、どの呼び名でも同じものを意味することができるが、オーディエンスの共感を得られる呼び名とそうでないものがある」と報告している。

それでは、「ウェビナー」をやめて「オンライン・トレーニング」にすべきなのだろうか？　必ずしもそうではない、とシェリーは言う。そして、「私は以前ウェビナーという言葉が嫌いだったけれど、それはリードを生み出すことだけを考えたイベントだらけで、"時間の無駄"を連想させる言葉だったからだ」とその理由を述べている。だが最近では、「ウェビナー」のほうを使う企業が増えている（マーケティングプロフスでも、現在はリード誘導のウェビナーとメンバー限定のウェビナーの両方を主催している）。シェリーも、プログラムの質が改善されたことで、「ウェビナー」は今では、「素早く実際的なオンライン・ラーニング」というイベントの要素を伝えるのに役立つ言葉になった、と付け加えている。

「ウェビナーは最近では"クリネックス"のように一般的な語になった。もう以前とは違う」

CHAPTER 13 Eブックとホワイトペーパー

> ホワイトペーパー：問題とその解決法についての権威ある報告書またはガイド。読者の教育、または意思決定を助けるために使われる。
>
> Eブック：簡単に言えば、画面上に表示するかプリントアウトして読めるように、ダウンロード可能な形にデザインされた電子書籍。

　ホワイトペーパーとEブックの主な違いは、その**文体と語り口**だ。

　ホワイトペーパー（調査レポート、サマリー、技術概要などと呼ばれることもある）は、**通常はひとつの中心となるテーマ、例えば最新の動向などを整然とまとめた報告書**で、10〜12ページとやや長めになることが多く、特定の分野のオーディエンスに向けたもの。B2B企業はとくにこの形式を好む。

Ｅブックは、キュヴィディアン社の「あなたの売上指標を徹底分析——セールスの隠れた宝を見つける４つの方法」（第23章参照）の例のように、**あまり形式ばらず、楽しく奇抜なものが多い**（しゃれを意図したものではない）。ホワイトペーパーと同じくらいの長さ、時にはもっと長くなることもあるが、関心を持たれるテーマを選び、魅力的なデザインにして、太字の文字や付記を散りばめるなどレイアウトにも凝っている。

『Writing Copy For Dummies（仮邦題：誰にでもわかるコピーの書き方）』(John Wiley & Sons) の著者で、ボストンを拠点とするクランツ・コミュニケーションズ（Kranz Communications）のオーナーであるコピーライターのジョナサン・クランツは、こう表現している。「ホワイトペーパーはグレーのフランネルのスーツを来た男性のイメージ。堅苦しい学者ぶった態度で自分の知識をひけらかすことによって権威を保とうとする役人のようだ。それに対して、Ｅブックはホテルのバーであなたの隣に座るアロハシャツの同僚というイメージ。人の役に立とうと熱心で、経験から得た貴重な知恵を人と共有しようとする」。

『Writing White Papers（仮邦題：ホワイトペーパーを書く）』(WhitePaperSource Publishing) の著者であるマイケル・ステルツナー (SocialMediaExaminer.com も運営している) も、現在ではＥブックとホワイトペーパーにほとんど違いはないと付け加える。

ただし、作成者の中には「ホワイトペーパーを飾り立ててＥブックと呼んでいる者もいる」という。実際にはどちらも似たようなもので、要するに「どちらも顧客が関心を持つような特定の問題やトレンドを扱っている」とマイケルは言う。

次の表を見てほしい。

ホワイトペーパー	Eブック
客観的で長めのまじめな読み物	小さな項目に分かれ、ざっと目を通すのに適している
データ中心で公式調査に基づいていることが多い	コンセプト中心で、アイデアやトレンディーな話題を追ったものが多い
文章量が多い	ビジュアル要素を重視している。文章を箇条書きリストや付記で補っている
堅苦しく重みがある。専門家が理詰めで説き伏せようとしているような印象	くだけた口語体。仲間同士で会話しているイメージ

 ジョナサンはこう付け加える。「こうした境界線は曖昧であることを覚えておいてほしい。例えば、リサーチに基づいたEブックもたくさんあるし、イラストやグラフを含むホワイトペーパーも多い」。顧客のサクセスストーリーやチェックリスト、その他の付録が含まれることもある。「しかし、一般にはEブックは気軽に読めるようにデザインされ、ホワイトペーパーはこれみよがしに"権威"で圧倒しようとする傾向がある」(出版業界では、Eブック[電子書籍]はもちろん、「従来の紙の書籍のデジタル版」を意味する。マーケターがその用語を自分たちに都合よく利用してきたわけだが、この語を使うときには、あなたの顧客や組織内のマーケター以外の人たちには誤解を招くこともあるので注意したほうがいい)。

 どちらにしても、ホワイトペーパーやEブックは次のような組織に最も適している。

・見えないクオリティ、例えば専門知識や知的資産を目に見える価値に変換したい。
・顧客になってくれそうな人たちを、前もって教育する必要がある。
・見込み客側で、深い検討(と場合によってはリサーチ)が必要になるような製品やサービスを販売している。
・最初の接触から契約を結ぶまでの長い販売サイクルを管理したい。
・意思決定者を説得する前に、複数レベルのインフルエンサー(影響力

者）に話しかけたい。
- 質の高い新しい情報に飢えた業界に属している。
- 顧客の興味深い成功事例が手元にたくさんある。
- 複数の経路——ウェブサイト、電子メール、ブログ、その他のソーシャルメディア、報道用資料など——を使ってホワイトペーパーやEブックをプロモートしていきたい。

次のような組織には、どちらもあまり利用価値がないかもしれない。

- 顧客が真剣なリサーチや検討をする必要のない製品やサービスを販売している。ナットやボルト、ロブスターサンドイッチ、缶ビールのホルダーを売っているって？ それなら、ホワイトペーパーもEブックも優れた選択肢ではない。
- 品質や革新性ではなく、主に価格や利便性で競争している。
- 衝動買いやありふれた日用品の売り上げに依存している。
- 語るべきアイデアやストーリーがない。
- 最終製品を販売促進するつもりがない（あるいはできない）。もしあなたの状況がこれにあてはまるなら、新たな職探しのためにLinkedInでのネットワークづくりに時間をかけることを勧めたい。

コンテンツ作りのための9つのステップ

　ふたつのうちどちらか（あるいは両方）が、自分の会社にも適したコンテンツになりそうだと思えたら？ すばらしい！ 優れたものができ上がるように9つのガイドラインを教えよう。

1. 「共有か解決か。売り込みはするな」をとくに重視する。
　　Eブックやホワイトペーパーのテーマは、当然ながらオーディエンスにとって価値あるものでなければならない。あなたの顧客は何に関心を

持っているだろう？　あなたのブランドは彼らの日常生活にどう役立ててもらえるだろう？

　とくにEブックやホワイトペーパーは、あなたの会社を特定のブランドを売り込むベンダーとしてではなく、信頼できる貴重な情報源として位置づける格好の機会を与えてくれる。重要なのはこの、ブランドを前面に出さないという点だ。なぜなら、あなたの目的は顧客のために問題を解決するか、情報を共有するかであって、売り込みたいのではないからだ。売るのではなく、教えることを目指そう！

　ロバート・ハーフ・アジア社は、「面接を成功させる方法」という洗練されたEブックを発行している。内容には就職面接にやってきた応募者が本当のことを隠したり誇張したりしているのをどう見破るか、といった話題も含まれ、また採用担当者がすべきでない質問がリストになっている。ロバート・ハーフは、人材派遣会社である自分たちの存在が採用担当者の目に留まることを望んでこのEブックを製作した。そして、採用担当者たちが仕事をよりうまくこなせるように手助けすると同時に、自らを彼らにとっての情報源になるよううまく位置づけている。

　犬の訓練用品と天然素材のおもちゃを売っているペット・エクスパティーズ社は、「ペット犬のための基本のしつけ」という非常に役立つEブックを発行した。タイトルからわかるように、このEブックは、シンプルで実用的なしつけのアドバイス集であるとともに、飼い主がペットとの関係を楽しみ、困った行動や乱暴な行動をとらせないための豊富なチェックリストも載っている。つまり、これはこの会社が売っている製品の宣伝ではない。ペットとの生活をもっと楽しみたい人に役立ててもらうためのものだ。

2．**楽しい要素を加える。**

　コンセプト中心のフォーマットでグラフィックな要素を取り入れたEブックには、愉快でリラックスしたアプローチが欠かせない（そう、たとえあなたの会社がB2B企業でも）。親しみやすい会話調の文章にして、

興味を引くテーマと結びつけよう。

　ブルー・スカイ・ファクトリー社のEブック「電子メールマーケティングの最強ガイド」では、武道の能力レベルを表す語を使って、電子メールマーケティング初心者（白帯）、すでに電子メールを活用しているマーケター（黒帯）、より高度なアドバイスを求める熟練者（ニンジャ）のためのキャンペーン戦略と戦術を伝授している。

3．教えるだけでなく見せる。

　Eブックやホワイトペーパーには血が通っていないものが多すぎる。人の息吹と個性が感じられず、心惹かれるものがない。Eブックでは実例や実際の状況をもとに、あなたの製品が世の中にどう存在しているかのストーリーを語るべきだ。

　「ロス・フェリス図書館友の会」という団体が発行したEブック「ハードカバーが救ってくれた」（図13.1）のアプローチが参考になるだろう。これは、ロサンゼルス公立図書館の存在がどれほど家族生活を豊かにしているかに感謝することで、ロス・フェリス地域の分館への資金援助を力強く、しかしシンプルに呼びかけるコンテンツだ。友の会は貸出率や利用率の数字を並べる代わりに、図書館によって生活が豊かになった子どもたちのエッセイ、詩、絵を集めることで、ストーリーをより力強く語ることを選んだ。

4．興味をそそるタイトルをつける。

　Eブックには読者の好奇心をそそり、もっと読みたいと思わせるタイトルをつける。もし、興味を引くことだけを考えてつけたタイトルが、内容を十分に伝えず、ターゲット層の読者を引きつけられないのではと心配なら、Eブックの内容を表現するようなサブタイトルを加えるといい（サブタイトルは、あなたの読者になるかもしれない人たちがチェックし、検索している検索フレーズやキーワードを含めるには格好の場所だ）。

　興味を引くEブックのタイトルには次のようなものがある。

図13.1「ハードカバーが救ってくれた」

> SAVED by a HARD COVER
>
> ロサンゼルス公立図書館に感謝する子どもたちの
> ストーリーと絵のコレクション
> a collection of stories and drawings
> celebrating the los angeles public library

- **好奇心をそそるもの**:「聖書がセックスについて語ること」(グローバル・クリスチャンズという団体が発行したEブック)。
- **複雑なテーマをわかりやすくまとめたもの**:「最強の営業の手引きの作り方」(第23章参照)、マーケトー社の「ソーシャルメディアガイド決定版」、アクシオム社のホワイトペーパー「ショッピングモールでお金を失う」(欠陥のあるアイデアがいかに機会を失わせるかをテーマにしている)など。

- **ストーリーを語る**：コンテンツ・クリエイターのロン・プルーフのEブック「レンジャー・ステーションの火災」は、実際の火事についてのものではない。フォード・モーター社のPR担当者がソーシャルメディアを利用して、同社のファンサイト「レンジャー・ステーション」の"炎上"を消火したというストーリーを語っている。
- **予想外または興味深い譬えを使う**：「B2Bマーケティングの7つの感染症——とその治療法」で、キャスリン・ロイはマーケティングの過ちを病気に譬えた。また、ダレン・ベアフットとジュリー・サボーの「ソーシャルメディア・マーケティングの手引き」は、ソーシャルメディア・マーケティングをデートに譬え、ボストンの歯科医ヘレイン・スミスの「健康な歯、健康なセックス」は、オーラルケアと充実した性生活との結びつきを探っている。
- **社会通念に挑む**：プロゴルファーのチャーリー・キング（第19章参照）の「頭は上げなくていい（You're NOT Lifting Your Head）」は、ゴルフのスイングのときに顔を上に向けてボールから目を離すと、ミスショットになるという通念に異議を申し立てている。

5. **デザインは重要**。Eブックとホワイトペーパーはビジュアル要素があるので、専門家に依頼して、資料をぱっと目を引く生き生きとした見栄えのするものにしてもらうことを考えてもいいかもしれない。デザインの優れたEブックは横長書式にする傾向があり、ホワイトペーパーは縦長書式にする傾向がある。Eブックを横長にすると、ホワイトペーパーやケーススタディー集とビジュアル的に差別化を図ることができるとともに、画面に実際に表示したときに、こちらのほうが読みやすい。どちらにするにしても、視覚的に興味を引く要素をあちこちに挿入するようにしよう。付記、箇条書き、ヘッダー、網掛けした囲み、サイドバー、小さな画像などで、細かくなりがちな文章を分割し、全体に目を通しや

すくする。また、ラッシュアワーの地下鉄のようにびっしり詰め込むのではなく、空白部分を多くしてコンテンツが窮屈にならないようにしよう。

多くの人がいちばん簡単だと思うのは、キーノートやパワーポイントのようなプレゼンテーション用ソフトウェアをレイアウトに使うことだ。使用する写真は、アイストックフォト（iStockphoto.com）のようなオンライン・フォトライブラリーで探すといいだろう。

双方向性にも注意を向けてほしい。通常は画面上で読んだり眺めたりすることになるので、目次の各章や項目を該当ページにリンクさせてすぐに開けるようにしよう。ネット上に他の参照資料があるときには、ハイパーリンクを載せて、読者がさらに情報を得られるようにする。さらに、ソーシャルメディアの共有ボタンをたくさん含めておく（次項で説明する）。

6. **共有ボタンでシェアを促す。** コンテンツ・ルール10「（コンテンツに）翼と根っこを与える」は、Eブックとホワイトペーパーにもあてはまる。読者に自由にEブックをシェアするように促すには、クリエイティブ・コモンズのライセンスを設定しておくといい。そうすることで、その資料は著作権で守られているが、他の場所で使用できるということを読者に知らせることができる。

さまざまなソーシャルメディアでのシェアが可能であることを示すアイコンを含め、読者にそのコンテンツに翼を与えてもらうようにする。要するに、Twitter、Facebook、LinkedIn、メールでEブックをシェアしてもらうということだ。「マーケティングプロフス」へのガレン・デ・ヤングの寄稿によれば、EブックのPDFファイルにメールとソーシャルメディアの共有アイコンが存在するだけで、読者に対してこの文書はシェアできるのだとさりげなく思い出させることができる。それがなければ、PDFをシェアするという考えは思い浮かばないかもしれない。

もちろん、そのプロセスがスムーズになるほど、読者は最後まで読み

通してくれる、とガレンは付け加える。だから、PDFでシェアを可能にしたプラットフォームには、自らもアカウントを作っておこう。要するに、もし読者にあなたのPDFについてTwitterに投稿してほしければ、PDFからTwitterを立ち上げてツイートできるようにする。希望すれば、Twitterの投稿は編集することもできるが、いずれにしてもシェアを広めるための優れた基盤になる。ハッシュタグ付きのキーワードも含め、ハッシュタグをフォローする人たちにも働きかけるようにしよう（ソーシャルメディアの共有オプションについては、「マーケティングプロフス」のガレンの投稿をチェックしてほしい。www.mpdailyfix.com/do-your-pdfs-have-embedded-sharing-options）。

　あなた自身のツイートについても考えてみよう。Eブック自体のタイトルと同じように、そのEブックをダウンロードしたくなるような、興味をそそるツイートにしなければならない。そして、シェアする人たちが自分で作るのではなく、短縮して追跡しやすくしたURLを──bitly.comかgoo.glの短縮サービスを利用して──含めるようにする（Twitterへの投稿の仕方については第8章を参照）。

7. **ランディングページを作る**。あなたのEブックをダウンロードできるランディングページを作る。そこにはもちろん、そのEブックを売り込む魅力的なキャッチコピーを含めたほうがいい。ページに他のソーシャルメディアの共有ボタンを載せることも忘れずに。

　大手マーケティング・マネジメント会社のマーケトーは、同社のEブックのランディングページにやってくる訪問者のために、ソーシャル・バリデーション（訳注：他のユーザーのレビューなどを通して、そのコンテンツが社会的にどう評価されているかがわかるようにするマーケティング手法）となるような要素をたくさん含めている（実際には同社のすべてのコンテンツページでそうしている）。

　Eブックの内容を説明する標準的なコンテンツだけでなく、マーケトーはFacebookの「いいね！」ボタン、ツイートミームの「リツイート」ボタン（訳注：ツイートミームはすでにサービスを終了している）、

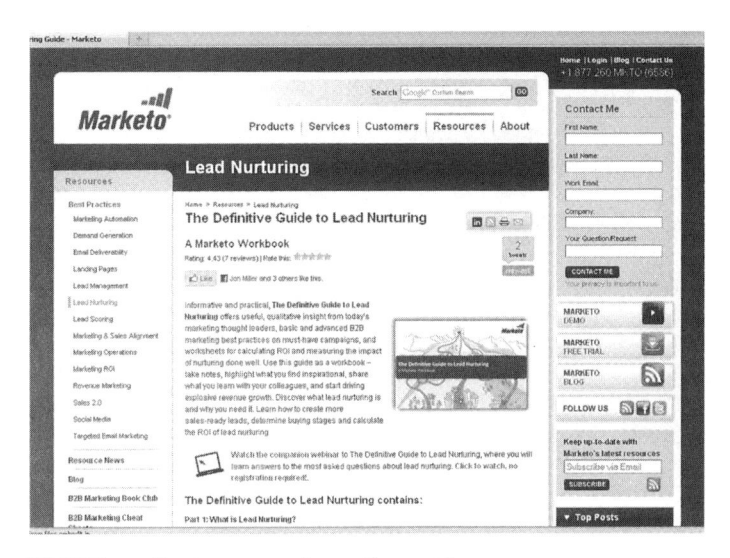

図13.2 Eブックのランディングページ

(訳注:マーケトー社のEブック「リード育成のための最強ガイド」のランディングページ。中央の文章は、B2B企業のマーケティング戦略に欠かせないリード育成に関して、このEブックがいかに役立つガイドになるかをわかりやすくアピールしている。その周囲に、Facebookの「いいね!」ボタン(見出し下)、LinkedIn、RSS、印刷、メール、Twitter用のボタン(右上)、さらにこのEブックと対になるウェビナーへのリンク(下)を配置している)

印刷、電子メール、その他のブックマークや共有オプションを加えている(図13.2参照)。また、個々のEブックやコンテンツのページビュー数を表示し、訪問者が1から5までの星の数でコンテンツを評価できるようにしている。さらには、そのコンテンツについて、著名な人物や企業からの推薦の言葉を含め、それ以外の人もコメントできるようにしている。最後に、Box.net(ボックス)というツールで、Eブックの一部をランディングページ自体に埋め込んでいる。こうすれば、訪問者は最初の10ページをめくって、自分のニーズや期待に沿ったものかどうかを判断することができる。マーケトーのマリア・ペルゴリノはこう話す。「私たちはそれぞれのEブックやコンテンツについて、読者にできるだけ多くの情報を与えたいと思っている。それが彼らにとって価値のある

ものかどうかを判断する材料に使ってもらうために」。

8. **とにかく宣伝しまくる。** 何をすべきかはわかっていることと思う。ウェブサイト上でそのEブックをダウンロードすべきコンテンツとして宣伝し、ブログに書き、Twitterでつぶやき、FacebookやLinkedInで語る。あらゆる方法を使って情報を広める。

　ここで、とっておきのヒントをひとつ。Eブックをオーディエンスやメディア、アナリスト、ブロガーに宣伝するときには、彼らにPDFではなく、ダウンロードできる直接のリンクを提供したほうがいい。そうすれば、ダウンロードされた数をカウントすることができるからだ。

9. **登録を求めるべきか？** ここまでの段階で、魅力的で、うまく書かれ、情報豊富で、レイアウトにも凝った、共有ボタンを散りばめたEブックやホワイトペーパーが完成した。それを見栄えのよいランディングページからダウンロードできるようにも設定した。これらのコンテンツをオーディエンスに届けるお膳立ては整った。しかし、彼らの小さな手に届けるための最善のアプローチは？

　Eブックやホワイトペーパー配布のアプローチに関しては、大きくふたつの派に分かれる。

   1. 伝統的なアプローチは、ダウンロードと引き換えに、何らかの登録を求めて見込み客の名前や連絡先の情報を集めるというもの。もちろん、後からのマーケティングで使おうと考えてのことだ。Eブックやホワイトペーパーの成功は、集めた登録ページの数で評価できる。

   2. 第2のアプローチは、名前を集めるのは時代遅れで短絡的だと考える、デイヴィッド・ミーアマン・スコットらが推薦しているものだ。こちらの派は、登録を求めてマーケティングをコントロールするのではなく、アイデアが自由に素早く広まるようにすることを勧めている。多くの人があなたのことをネット上で話せば、結果的にはもっとよい形で報われるというのだ。ただし、成功の判断基準は異なる。コンテンツを広めている間のダウンロードの

数、またはブログやTwitterのユーザーがあなたの会社について話している数が目安になる。

　最初のアプローチをとるのは難しい、と考えるマーケターは多いだろう。資料のダウンロード数やビュー数は、メールアドレスやその他の個人情報の入力を求めないときに急増するとわかっているからだ。ブログやTwitterのユーザーは、魅力的なコンテンツを自由にシェアし、どんどんリンクを貼ってくれる。セールスリード（売り上げに直結しそうなリード）の獲得にこだわることは、逆効果だとマーケターたちは言う。本当の目的はオーディエンスの目に留まることだからだ。「何十年も、企業はウェブコンテンツをリードベイト（リードのための餌）として提供してきた。しかし、目標はあなたの組織についての口コミを広めることであって、インターネットを時代遅れのマーケティングテクニックのために乱用することではない」と、デイヴィッドは言っている。

　第2のアプローチも、一部のマーケター、とくにB2B企業にとっては採用しづらい。これはリードをとらえ、ビジネスをとりつけるという伝統的なやり方に反するからでもあるし、マーケターはつねに自分たちの成功について何か具体的な証拠を得ようとするからでもある。彼らにとっては投資収益率（ROI）が絶対的な価値を持つ。

　さて、どちらの派が正しいのだろう？　そして、どちらがあなたのビジネスにとって正しいアプローチなのだろう？　端的に言えば、それは場合による。というよりは、**あなたの目標による**。

　もしあなたの目標がメーリングリストを拡充することなら、最初のアプローチを使うといいだろう。コントロールを緩めた場合よりダウンロード数が少なければ、あなたが働きかける人たちの数も当然ながら少なくなる。ソーシャルメディアでの盛んなリンクやシェアにはつながらないだろうが、マーケティングの対象にする人たちのリストを手に入れることはできる。ところで、見込み客の情報は、実際にその名前のリストを使ったマーケティングを計画できるときにだけ集めること。「いつか」マーケティングに役立てようなどという曖昧な考えでは、その日が実際にやってきたときに信用を失

いかねない。

　もしあなたの目標が網を広く投げかけることなら、第2のアプローチを使うといいだろう。幅広い層にあなたのアイデアやメッセージを広め、認知度を高めるための戦略としては、閲覧者に個人情報の提供を求めることは効果がない。コントロールを弱めれば、そうしたアイデアが広がりやすくなり、簡単にシェアされ、結果としてあなたの会社にコンタクトをとろうとする人たちが増える。

　もちろん、両方の混合アプローチをとる企業もある。特定のコンテンツには登録を求め、それ以外のものには求めない、という方法だ。製品やサービスの認知度を高めることを意図したコンテンツでは、登録を求めるべきではないだろう（B2B用語では「セールスファンネル（販売じょうご）の入り口」、すなわち見込み客との最初の接触の段階にあたる）。購買の意思があり、その決定に近づいている買い手を教育することを意図したコンテンツの場合は、登録を求めるのがいいだろう（B2B用語では「販売じょうごの出口」、すなわち購買決定の段階にあたる）。

　ここでは不覚にも「場合による」という、典型的なコンサルタント用語を使って回答してしまった。だが、これは本当のことだ。

CHAPTER 14
ケーススタディー
——顧客のサクセスストーリー

ケーススタディー:ひとつの事例またはイベント(ケース)についての詳細な調査。情報を分析し結果を報告するためのアプローチのひとつとして、特定の概念やアイデアへの理解を得るために使われる。

顧客のサクセスストーリーを効果的に語るための唯一にして最大の秘密(以前はケーススタディーと呼ばれていたもの)と言えば、深夜のテレビショッピングで紹介される「驚異の吸水タオル」の宣伝のように聞こえるだろうか?

そうかもしれない。しかし、これはまったく正しいのである。

ここまでは、際立ったウェビナー、Eブック、動画、ブログなどを作るための、かなり労力を要するレシピを紹介してきた。それらに比べれば、**本当**

に優れた顧客のサクセスストーリー——ケーススタディーとも呼ばれるもの——の製作は、ずっと簡単な作業になる。

　たいていのケーススタディーは、統計数字やつまらない情報が並び、刺激を与えるよりは退屈させるような無味乾燥なものばかりだ。利用者への恩恵ではなく、製品の特徴ばかりに集中し、自画自賛の言葉とこ難しい専門用語のオンパレードになっている。

　重要なのは、**ターゲット・オーディエンスが聴きたいと思うストーリーを語ること**だ。そして、そのためにはひとつのことだけを頭に入れておけばいい。そうすれば、事実を並べただけの血の通わない事例研究（ケーススタディー）ではなく、人間味があり気持ちが伝わる顧客のサクセスストーリーを提供することができる。

　さて、ただひとつの秘密というのがこれだ——本当に必要なのは、**あなたの会社がマントをはおって颯爽と登場するスーパーヒーロー役になるような、優れたストーリーを語ることである**。

　スーパーヒーローに譬えはしたものの、ここで言う「ストーリー」は、寓話やおとぎ話などではない。あなたの会社の製品やサービスが、顧客の抱える問題をどう解決したか、どうトラブルを緩和したか、あるいはどうぽっかり空いたニーズを満たしているかについての、**真実のストーリーを語ること**を意味する。大切なのは、**いかにして信用を築くか**である。つまり、**あなたの会社の製品やサービスがクライアントのために何を成し遂げたか**であって、製品やサービスそれ自体に何ができるかではない。

　そこで、実際にその製品やサービスが役に立っている企業やクライアントを取り上げ、あなたの会社をヒーローとして配役する。満足して幸せそうなその顧客は、あなたの製品やサービスが世の中にどう存在しているかについての信頼できる実例を提供してくれる。それによって、読者や閲覧者やリスナー（あなたがストーリーを文章、動画、音声のどれで公開するかによって呼び名が変わる）は、自分もその幸せな顧客と同じ立場にいることを想像し、あなたの売っているものが何であれ、同じようにその恩恵を得られると思うのである。

そのストーリーの中で、あなたの会社はスーパーヒーローとして颯爽と登場し、人々を苦境から救い出し、敵対者を威嚇し、厄介な障害を取り払い、最後の瞬間に勝利を収めて愛と尊敬とビジネスを勝ち取る。うまくいけば、ケーススタディーのドラマ性を高めて読む人を引き込み、見込み客との間に人間的、感情的な絆を結ぶことができるだろう。
　それでは、その具体的な方法に移ろう。

1. **舞台設定：基本的な背景と事実を伝える**。箇条書きなどを使って、ストーリーに登場する企業や顧客についての背景をざっと説明する。もし組織を取り上げるのなら、以下のいくつか、またはすべてを含めるといいだろう。そうすることで、ストーリーの下地ができ、読む人が内容を身近に感じられるようになる。
   - **組織の名称**
   - **連絡窓口の人物**
   - **所在地（都市または州）**
   - **属する業界**
   - **年商**
   - **従業員数**

   　文書の形でのケーススタディーの場合は、1ページか2ページに短くまとめるようにしよう。冒頭部分でストーリーの大体の内容がわかるように、要旨を1〜2文にまとめておく。

2. **課題：人を物語の主役にする**。主人公または人間の視点からストーリーを語る。つまり、実在する人たちについて語るようにする。オーディエンスにその人物について知ってもらい、興味を持ってもらうのである（もちろん、ストーリーで取り上げる顧客には、名前、会社名、話の内容を明かすことについて必ず許可をとっておく）。その人たちの名前を紹介したら、すぐに状況説明に取りかかる。

　　まずは、何が問題や課題になっているかを説明するところからストーリーを始める。この人物はどんな課題を抱えているのだろう？　彼また

は彼女の生活に支障をもたらしているのはどんな種類の問題だろう？　オーディエンスが共感しやすいように、少しずつ肉付けをしていく。この問題はどんな種類のコストを引き起こすのだろう？　ストレス、不安、お金、機会の損失、それとも成功できずに終わることだろうか？　「マーケティングプロフス」への寄稿の中で、ゲイル・マーティンは読者と気持ちを通じ合わせるストーリーの書き方を説明している（「説得力あるケーススタディーを書く秘密」）。

　ここでも恐縮ながらゲイルの記事を借用して、私たちが重要と考えるポイントを説明することにしたい。52歳のある女性が、心筋梗塞を患（わずら）っていると診断される。読者は彼女が最近になって受けた手術の経過を知らされる。医学の勝利で彼女は完治する。やった！　まあ、たしかに。あなたはこの名前も顔も知らない女性のことを本当に心配するだろうか？

　今度は、顧客のサクセスストーリーとして想像してみよう。ジジ・ハバチは犬の散歩をしている途中、心臓発作に襲われて地面に倒れた。手術室に運ばれながら、あらゆる疑問が彼女の頭をかけめぐる。「仕事に戻れなかったらどうしよう？　私が死んだら誰がインコに餌をあげてくれるのだろう？　もう一度ビーチバレーをできるだろうか？　病気から回復できるだろうか？」ジジの担当医師は心配する家族に、「メディワウ」という会社が開発した新しい医療機器のおかげで、ジジは数週間もすれば起き上がって普通の生活を送れるようになるだろうと説明する。来年ヴェネツィアで開かれるビーチバレーの大会に参加することだってできるだろう、と。

　あなたはどちらのストーリーに共感できるだろう？　どちらがジジの人物像をつかみ、彼女と同じ立場に置かれた自分を想像できるような形で問題を理解することに役立っただろう？

　ゲイルはこう書いている。「読む人が、何が危機にさらされているかを感情レベルで理解する必要がある。そして、問題が解決されたらどんなにいいだろうと、自分のこととして思い描けなければならない。表、

グラフ、専門用語ではそれを伝えられない」。もし、悪者がどれほど恐ろしいかについてはっきりとしたイメージを伝えられなければ、オーディエンスは何が起こっているかに注意を向けない。オーディエンスが恐怖を感じられるようにすることが必要、とゲイルは付け加える。

　どのような問題に取り組むべきかは、誰がターゲット・オーディエンスなのか、彼らにどんな行動をとってもらいたいかによって決まる。例えば、あなたの会社の製品やサービスを利用する人たち（この場合はジジのような人たち）、推薦する優れた製品を探している人たち（病院の管理者）、あるいは、問題と解決策のどちらも収益と生産性に影響を与えてはならないと考える金庫番の人たち（病院の経営者）といったように、オーディエンスによって同じケーススタディーでもわずかに焦点を変えることが必要になる。

3．**解決策：スーパーヒーローになる**。ケーススタディーに説得力を持たせるには、それを冒険として考えるといい、とゲイルは助言する。主人公を設定して、ストーリーをその主人公中心に描くのだ。そして、暗雲をもたらす問題が悪役や宿敵になる。

　そしてもちろん、あなたの会社、製品、サービスは、スーパーヒーローとして舞台に登場する。「ストーリーの意外な展開の中で、あなたの専門知識や適応能力を輝かせる。つまり、解決しようとしてうまくいかなかった問題について語る。簡単な問題なら誰でも解決することができるが、はっきりした解決策のないものを解決するには、機略に富んでいなければならない。袋小路と解決策のひらめきの両方を見せることが大事」と、ゲイルは書いている。

4．**結果：めでたしめでたし**。厄介な悪者がいなくなったら、つまり問題が消えてなくなったら、生活がどんなに楽になるだろう、とオーディエンスに感覚的に理解してもらえるようにする。ゲイルが言うように、うまくいけば、その時点で読者は「私にもこれが必要だ」と思っているはずだ。

　オーディエンスのために、そのストーリーから何を持ち帰れるかにつ

いても言及したほうがいいかもしれない。重要なポイント、得られた教訓、あるいは（この本でそうしているように）「あなたが盗めるアイデア」を強調する。

5. **他のメディアでストーリーを語ることを想像する**——文章の代わりに、あるいは文章に加えて。音声を使えば、顧客サクセスストーリーはさらにドラマチックに、感情豊かに伝えられる。例えば、ボストンのマーケティング・広告代理店キャプテンズ・オブ・インダストリーがバイタリティという企業（www.vitality.net/glowcaps.html）のために作成した音声ケーススタディーの例がある。この会社の「グロウキャップス（GlowCaps）」という処方薬用のボトルキャップは、インターネットへの無線接続が可能で、薬をのむ時間になると患者にそれを知らせる。キャプテンズ・オブ・インダストリーが製作した動画では、主人公は祖父で、孫のサマンサがストーリーを語っている（訳注：現在は別の内容の動画に変わっている）。動画は2010年3月にテレビの人気政治風刺番組『コルベア・リポート』の男性の健康についてのコーナーで取り上げられた。これも、優れたウェブコンテンツが製品やサービスの認知度を高めたもうひとつの例だ。

CHAPTER 15 FAQページの見直し

　「よくある質問」(FAQ) のページは、企業ウェブサイトの隠れたヒーローだ。ふだんはその価値を見過ごされているページだが、なくてはならない役割を果たしている。企業のブランド価値を見込み客にわかりやすく簡潔に伝え、製品やサービスをもっとよく知ろうという気にさせる。だから、説得力あるコンテンツ戦略の一環として、FAQページを忘れないようにしよう。

　FAQは、製品やサービスについてサイト訪問者から頻繁に尋ねられる質問とその回答を掲載するページのことだ。オンラインのカスタマーサービスセンターとして機能し、訪問者が尋ねてきそうな質問をあらかじめ予測することで、繰り返しなされる問い合わせの数を減らすことができる。

　しかし、それだけではない。サイト訪問者が何か知りたいことがあって質問欄に入力するということは、おそらく彼らはすでに、あなたの会社との取

引を視野に入れているということなのだ。そのため、FAQページをうまく活用すれば、信頼を築き、顧客を教育し、結果的には関係を深めることに役立てられる。

回答を書くのであって、説明するのではない。当たり前のように思えるだろうが、製品やサービスについての不必要な説明を加えようと思ってはいけない。**訪問者の質問に対してわかりやすい簡潔な答えを提供することに集中**しよう。サイト上のどのコンテンツへのアプローチにも言えることだが、顧客のことを思って返信を書くようにする。どんな利点があるかを質問者に教えるのである。

例えば、どの情報を伝えることがサイトの訪問者にとって役に立つだろう？　シーリー社製の新型マットレス「ポスチャーペディック・ユニケース」は、内部のスプリングを傷めることなく15度に折り曲げられることだろうか？　それとも、このマットレスは、廊下のいちばん奥にあるゲストルームまで、窮屈な廊下でも運び込めるようにデザインされていることだろうか？

すべての質問に対して詳しく答えられるからといって、実際にそうすべきだとは限らない。一般には、要点だけを書いて余計な言葉は省いたほうがいい。もし本当に詳しい内容にしたいと思うなら、質問への答えを最初の段落に書いてしまい、次の段落以降でもう少し詳しいことを書くようにする。そうすれば、早く答えを読みたい質問者も、より深く知りたい質問者も満足してくれるだろう。

厳しい質問に答えることを恐れない。批判されることや否定的なフィードバックを恐れて、特定の質問への回答を避けているように見えるサイトもある。しかし、（人生と同じように）FAQページでは、「誰もが認識しているが無視したくなるような問題」にも取り組んだほうがいい。

例えば、シカゴのファーザー・タイム・アンティークス（www.fathertimeantiques.com）で売っているヴィンテージのアンティーク時計は、

他店で見かけるものと比べて少し値段が高い。この会社はFAQでその理由を次のように述べている。

　　——時計の値段はどのような基準でつけていますか？
　　当店の価格は、インターネット上で見かける他の時計より少しだけ高いかもしれません。しかし、それは私たちが丹念な修理作業をしているからなのです。私たちの腕の立つ時計職人たちが修理をした時計は、工場出荷時のスペックに匹敵するか、それ以上のものに仕上がっています。すべてがオリジナルの品質を維持しています。……また、他店とは違い、引き渡しから1年間は無料修理を保証しています。当店の価格には、高品質の時計バンドも追加料金なしで含まれています。

また、カルガリーを拠点とするマーケティング自動化（オートメーション）サービス会社のアクティブコンバージョン（www.activeconversion.com）も、たいていの企業が避けて通る質問に勇気を持って答えている。

　　——どの会社がライバルですか？
　　企業によって問題解決へのアプローチはそれぞれ異なりますが、我が社の最大のライバルはエロカ・コーポレーションです。もっとも、彼らの価格設定は私たちよりも高めで、大規模なマーケティング部署を抱える企業向けと言えるでしょう。また、私たちはリードランダー社も競争相手と見なしています。

難解な表現を避ける。FAQページでは売り込み文句や誇大宣伝は使わず、また、専門用語だらけの機械的な表現にしない。つまり、人が書いたようには見えない複雑な文章を書かない。もし米国著作権局が人の言葉で書くことができるのなら（ユーモアさえ感じられる）、あなたにもできる。以下が著作権局のFAQページだ。

——私がエルヴィスを目撃したという情報はどう守られますか？

　著作権法は目撃情報の保護には適用されません。しかし、あなたがエルヴィスを目撃したことがわかる写真（あるいはその他の記録）は保護されます。電子著作権局を通してオンライン著作権を申請してください。オンライン上で手数料を支払い、あなたの写真のコピーを添付します。あるいは、著作権局のウェブサイトで、Form CO（書式CO）に記入し、それを印刷し、写真と手数料とともに郵送してください。著作権の登録についてさらに詳しくは、SL-35をご覧ください。法的には誰もあなたの写真を勝手に使用することはできませんが、誰か他の人が同様の写真を申請しているかもしれません。著作権法は写真の被写体ではなく、オリジナルの写真を保護するものです。

　解決する、売り込みはしない。FAQは何よりもまず、サイト訪問者の質問に真摯に答えるための場所として使うこと。裏づけのない主張や意見ではなく、事実を提示する。事実を告げれば、訪問者はあなたをもっと信じるようになる。あからさまな売り込みをするより、そのほうが良好な関係の構築に役立つ。解決する。売り込みはしない。

　もしかしたら、シーリー社の言うとおり、マットレスは最も投資する価値がある家具かもしれない。しかし、シーリー社のFAQページにある次の回答を読むと、彼らが顧客のニーズに応えるよりも高級マットレスを売ることに関心があるように感じてしまう。つまり、解決するというより売り込んでいるように感じるということだ。

——新しいベッドにはどれくらい支出すべきでしょう？

　マットレスの価格は、クイーンサイズひとつとっても、299ドルから5000ドルまで幅があります。快眠を得ることは、あなたにとって最も価値ある投資のひとつです。ですから、自分で買える範囲で最もよいマットレスに投資してください。ほとんどの人は1日の3分の1の

時間をベッドで過ごしていることを忘れないでください。この先10年のための投資と考えれば、一晩あたりのコストは微々たるものです。実際に、シーリー製の1000ドルの「ポスチャーペディック」マットレスは、一晩あたりわずか27セントです（10年使用の場合）。

冗談めかすなら売り込みもかまわない。明らかに、それをうまくやってのけている企業もあるが、それは彼らがウェブサイトや全体的なブランドの位置づけに、最初から冗談めかしたトーンを採用しているからだ。例えば、以下はボストンの広告代理店、バーバリアン・グループ（www.barbariangroup.com）のFAQページからの抜粋だ。

――バーバリアンにはいつ電話すべきですか？
今すぐに。

個性を出す。あなたのブランドにも効果がありそうなら、バーバリアン・グループのようなFAQページを使って個性を広げるようにするといい。音楽バンド向けの無料の楽曲配信サイトを運営するバンドキャンプは、FAQページで同社の予測不能なパーソナリティーを思う存分表現している。

――無料？　それならどうやってビジネスを成り立たせているのですか？　答えには、収益化という無意味な語を少なくとも二度使ってください。

私たちの収益化計画は、顧客が利益を上げたときにはじめて我が社の利益になるという、シンプルな考えに要約されます。したがって、それほど遠くない将来のどこかの時点で、ダウンロードと商品の売り上げから控え目ながらも利益を得られるようになるでしょう。……今のところは、銀行に預けてある豊富な資金と……低い資金回転率と……不況の間も成功してきたという誇らしい歴史があります（過去の実績は将来の収益を保証するものではありません。収益化戦略の変更

を余儀なくされることもあります。有望な処方薬に深刻な副作用が見つかり、状況が一変する可能性があるのと同じです）。

FAQを検索可能にする。 FAQページのコンテンツに多くの情報が含まれているか、文章量が多いときには、これが欠かせない。ウェブサイト・コーディング会社のP2Hドットコム（P2H.com）は、これまで見たことのないほど簡単にナビゲートできるFAQページを作っている（図15.1参照）。

グラフィックを使う。 多くのサイトは、FAQページを製作するときに、グラフィック、アート、その他のソーシャル・オブジェクト（スライドシェアのプレゼンテーション、説明ビデオなど）を含めることを怠っており、そうしているサイトはほんのわずかしかない。デューク大学ハートマン・センターが運営している「屋外広告コレクション」のFAQページは、リグレー（チューインガム）とブロモ・セルツァー（頭痛薬）の古い屋外広告の写真

図15.1 すっきりと整理されたFAQページ

（訳注：P2Hドットコム社の「よくある質問」のページ。「一般的な質問」「技術的な質問」「追加リクエスト」「スピード化」「実装」のカテゴリに分けられ、すっきりと表示されている。ただし、現在はすでにデザインが変わっている）
出典：www.psd2html.com/faq.html

をコレクションの例として掲載している。グラフィックな要素、とくに質問内容と関連するプレゼンテーション、動画、その他のコンテンツは、FAQページを生き生きしたものにする。

印刷可能にする。FAQページを簡単に印刷して、後から参照できるようにする。

シェアを奨励する。FAQページにそれぞれの質問へのリンクを埋め込み、サイトの外からでも答えをシェアしやすくする。ネット上のあなたの会社のファン層に、見込み客からの質問への回答を手伝ってもらえる方法をつねに考える。

FAQをいくつかのカテゴリに分ける。だらだらと続けない。カテゴリ別に整理すれば、見た目にもすっきりし、圧倒するような情報量で訪問者を怖気づかせることもない。菓子メーカーのハーシー社のFAQページは、法人からの質問、投資家からの質問、栄養に関すること、製品について、レシピなどに分類して整理している。

カスタマーサービスにリンクさせる。これもまた明らかなものだ。訪問者には彼らの差し迫った質問がFAQに含まれていなかった場合に、答えを得られる別の方法を与える。製品サポートやユーザーガイドがあるなら、そこへのリンクを掲載しておく。こうしたリンクは文章中には埋め込まず、見逃すことのないようにする。もし見込み客が今あなたと連絡をとる方法がわからなければ、顧客になったときにそれがどれだけ難しくなるだろう？

「ここで回答されていない質問をお持ちですか？」と尋ねる。言い換えれば、訪問者が「あまり尋ねられない」質問への答えを得られるようにする。ページに答えが見つからない質問もできるようにするのである。オンライン・コミュニティーサイトのWEbookがその例だ。「これはすばらしい

FAQですが、他にも質問があるときは？　info@WEbook.comにお気軽にお問い合わせください」。

あるいは、カリフォルニアのシャングリラ・ファニチャーはこう対処している。

　　　——他の質問があります。どこで情報を得ることができますか？
　　　info@shangrilafurnis.com または、私たちのお問い合わせフォームからお尋ねください。新しい質問をいただくたびに、私たちのFAQセクションがより充実したものになります。

　FAQページを入り口として扱う。回答を他の関連コンテンツやウェブサイトの情報にリンクさせ、FAQを最終目的地にしない。FAQページはサイトの内容の濃いエリアへの入り口にすべきだ。そこで、FAQページにサイトの他のコンテンツへのリンクを貼るようにしよう。さらに、無料のお試し版、製品案内、見本のリクエストなど、必要に応じてボタンとリンクを提供する。

「盲導犬ガイド（Guide Dogs for the Blind）」のサイトは、FAQページからサイトの他のコンテンツへの優れたリンクを設け、訪問者をさらに取り込むようにしている。埋め込みリンクをクリックすれば、盲導犬の訓練、運動への寄付、子犬の里親など、多くの情報が得られる。

　同様に、あなたのFAQページもそこが行き止まりにならないようにしよう。訪問者にさらなる行動を促すための資料を提供する。例えば、ハナフォード・スーパーマーケットの栄養プログラム「ガイディング・スターズ」のFAQページには、健康レシピやお得なクーポン情報などへの関連リンクが含まれる。

　FAQを通して見込み客を開拓する。継続的にFAQをモニターして、共感を呼ぶコンテンツを作るための手がかりを得よう。サイト訪問者からの質問は、彼らがあなたの製品やサービスについて何を知りたいかについての手

がかりを与える。それが、彼らが関心を持つ他のコンテンツを作るためのヒントになる。また、FAQ は訪問者が知っておくべき別の情報を指し示すこともある。サイトのどこかで取り組んだほうがいい、大きな課題がわかるかもしれない。

　目と耳を開いておく。どの FAQ が最もクリックされるかを調べて、カスタマーサービスや販売スタッフに知らせる。訪問者がどのキーワードを使って検索しているかもモニターする。そして、メールやソーシャルチャンネルを通じてフィードバックに耳を傾ける。そうすることで、サイトの FAQ ページ以外の場所に新たなコンテンツを設けて取り組むべき問題があるかどうかが、驚くほどはっきりわかるだろう。

　例えば、人気のある FAQ をもっと詳しい記事や E ブックで補完し、顧客と共有することもできる（そして、FAQ ページ上でも他の場所でもダウンロードできるようにする）。あるいは、ブログ記事にして問題を掘り下げてもいいだろう。スライドのプレゼンテーションや短い動画を作成して、FAQ に埋め込むこともできる。

　訪問者があなたの会社についてどんな質問をしてくるかを記録しておけば、別の方法、別のチャンネルで彼らをあなたのサイトに引きつけるコンテンツ作りに役立てられるだろう。

　FAQ ページを解き放つ。サイト訪問者からの FAQ や、検索やソーシャルメディアのモニタリングに基づいて開発するブログ、動画、パワーポイントなどのコンテンツは、あらゆる場所に掲載することができる。Facebookのページ、ブログ、LinkedIn、動画などに投稿しよう。

　ソーシャルメディア・コンサルタントのジェイ・ベアは、このアプローチを「ソーシャル FAQ 作り」と呼び、サイトだけでなくソーシャルメディア上で生き続けるコンテンツを作ることを勧めている。「理想的なシナリオは、見込み客があなたのサイトにたどり着く前に質問への答えを見つけられるように、検索結果の上位に表示されるコンテンツを作ることだ」。

コンテンツをさまざまなソーシャルメディアに投稿したら、「既存顧客を招いて、その改善に手を貸してもらう。Facebookやブログで話題にする。既存顧客にメールを送って知らせ、状況を把握してもらい、あなたの回答についての意見を求める」と、ジェイは付け加える。

　さらに、FAQがふたつの役割を果たすように考案し、コンテンツの開発努力全般に反映させる。ジェイはこう言っている。「3カ月ごとに、新しいいくつかの質問に回答するようにする。顧客に参加を促し、彼らにサイト訪問者からの質問に答えるようなコンテンツを作ってもらう（コンテスト形式にして優れたものを表彰するのでもいい）」。

　さらに言う「そうしたら、今度はソーシャルメディアの検索ツールを使って、あなたのブランドや製品についてのブログ投稿、ツイート、フォーラムのスレッドなどを見つけ、態度を決めかねている人たちをソーシャルメディア上で共有している新しい回答へと誘導する」。

　未回答の質問を尋ねる。この最後のアドバイスは、私たちの友人で同僚のジョン・ジャンツからのものだ。ジョンは自分の「ダクトテープ・マーケティング」というサイトで、こうした質問をFUQ（頻繁に尋ねられない質問）と呼んでいる（上品な会社ではFUQの発音に注意すること。fuckに聞こえないように）。ジョンによれば、FUQは「人々が尋ねるべきだが、尋ねられるほど十分に知っていないこと」である。

CHAPTER

16

動画
――ストーリーを見せるには

　グーグルやビングのような検索エンジンは、「混合検索」のアプローチを採用している。この場合、表示される検索結果には、標準的なウェブサイトだけではなく、動画、画像、ニュース記事、地図、Twitterのツイートなども含まれる。フォレスター・リサーチ社の調べによれば、とくに**動画コンテンツは、検索結果のトップページに表示される確率が標準的なテキストベースのサイトに比べて50倍も高くなる**。コンテンツ構成に動画を含めることがなぜ重要なのか、これでおわかりだろう。

　もちろん、YouTubeをはじめとする動画サイトには、ものすごい数の動画が投稿されている。YouTubeだけでも毎分、24時間分に相当する動画がアップされているのだ。どうしたらそのすさまじい数の動画の中で、あなたのコンテンツを目立たせることができるだろう？　もちろん、あなたの狙い

は、できるだけ大勢の人に動画を見てもらうことではない。**顧客やファンになってほしい人たちに見てもらうことが目的だ。**

それなら、口コミで爆発的に広まる"バイラルな"動画を作らなければ、という考えは捨ててしまおう。バイラル動画は見たりシェアしたりする人の数を口コミの力で増やしはするが、あなたの会社のウェブサイトを訪問してくれる人、製品を購入してくれる人を増やすという点ではあまり効果がない。それに、すでに述べたように、動画が必ずバイラルになるという保証はない。

だから、**語るべきストーリーに集中しよう。**どのコンテンツにも言えることだが、**動画を製作するときには、それを見てもらいたい人たちが、「なぜそれを見たいと思うか？」**と考えてみてほしい。ほとんどの場合、その答えは、楽しみたいか、情報を得たいか（あなたの業界について、自分の関心のある分野や知る必要のあることについて、特定のビジネストピックについてなど）のどちらかだ。理想を言えば、あなたが製作する動画はこのどちらかのニーズを満たすものであることが望ましい。もちろん、両方のニーズに応えられればもっといい。

動画製作に必要なもの

この本で論じてきたコンテンツの大部分は、あなたがすでに持っているツールや装備で作り出すことができる。動画の場合も、数千ドルを投資して高度な機材を揃えることはもちろん可能だが、ウェブカムや携帯電話のような基本的な機器があれば問題なく撮影できる。最初は小さく始め、徐々に装備も動画プログラムも拡充していくのがいいだろう。

まずは、現実的に考えること。コンテンツ戦略の中で動画が重要な役割を果たすと確信できないなら、わざわざ大きな予算を割り当てる必要はない。もし（テレビではなく）ウェブ上で動画をリリースすることを計画しているのなら、基本的な装備で十分間に合うだろう。

高解像度のビデオカメラも今なら300ドル以下で手に入り、シャツのポケットにおさまるほどのコンパクトさだ。コダック、シスコ社のFlip（フリップ）（訳注：シスコ社は2011年に小型のビデオカメラ「Flip」の事業を閉鎖している）、ソニーなどが手頃な価格の機種を出している。動画の質もまあまあよく、何よりいいのは、どこにでもビデオカメラを持って出かけられることだ。ポータブルであることはすばらしい！

　ただし、小型カメラを選ぶのはいいが、撮影中にカメラが動いたり揺れたりしないように三脚が必要になることもある。自分が誰かをインタビューするところを録画したいと思うときにも、三脚があるととても便利だ。カメラを三脚に据えて録画ボタンを押せば、後はインタビューに集中することができる。超軽量の高価なカーボン製の三脚に投資することもできるが、それを持ってマウンテンバイクを楽しみに行くのでない限り、比較的安価で頑丈な三脚で十分だろう。

　最後に、動画ファイル保存のためのストレージ機器として、コンピューター用の外付けハードディスクドライブを買うことを勧めたい。動画ファイルはかなりの容量を占めるが、ストレージ機器も最近ではかなり手頃な値段になり、家電量販店に行けば500GBのハードディスクドライブが200ドルほどで売っている（コンピューター全体のバックアップも定期的に行うべきなので、いずれにしても外付けドライブは必需品だ）。

ストーリーを力強く語る

　撮影機材が用意できたところで、次に必要なことは？
　動画は文章や音声よりもストーリーを力強く語る可能性を秘めている。そのため、本当に記憶に残るコンテンツを生み出すための大いなるチャンスがそこにある。ニューメディアに詳しいトマス・クリフォードによれば、つまらない動画と見る人を夢中にさせる動画の違いは、**真実のストーリーを語るかどうか**だ。トマスは、ミニドキュメンタリーを作るつもりで次の3つの特

徴を備えた動画にすることを提案している。

1. **あなたの会社についての本当の話を取り上げる。**
2. **実在の人物を主人公にして、会社やチームの個性が伝わるようにする。**
トマスはそれを「本物の人たちからの本物の言葉」と表現する。たとえあなたの会社の製品やサービスが技術的なものであっても、動画では人を主役にしよう。
3. **信頼性を高めるために、外部の情報源を含める**（供給会社、顧客、株主など）。

トマスが言うには、ミニドキュメンタリーの長所のひとつは、コストが手頃ということだ。たいていは少人数で撮影をこなせ、目を引くグラフィックや特殊効果に頼らずに済む。

ミニドキュメンタリーで優れたインタビュー撮影をする秘訣は、ストーリーのお膳立てをしてくれるガイド役の人物を確保することだ、とトマスは説明する。ストーリーの基本的な構成を決めるか、ざっくりした脚本を用意して、動画の方向性を定めるのを助けてくれる人物だ。インタビュー対象者には自分の言葉、自分の声で語ってもらうが、動画の目指す方向へとあなたが導かなければならない。時には、ガイド役にアドバイザーあるいは演出家として、ストーリーに一貫性、連続性、そして部外者の客観的な視点を加える役割を担ってもらうこともあるだろう。だが、たいていは、あなた自身がこうした役割を演じる可能性が高い。

よくできたストーリーには「ドラゴン」が登場する、とトマスは言う。要するに、**あなたやあなたの会社が克服しなければならない障害や問題**のことだ。この点は、顧客のサクセスストーリーを語るときとよく似ている（第14章を参照）。動画として再活用するコンテンツとしてサクセスストーリーが有望になるのは、この理由のためだ。

撮影の基本ルール

これから魅力的な動画を撮影するための基本ルールを紹介していくが、それに加えて、動画製作に詳しい私たちの友人、スティーヴ・ガーフィールドの著書『Get Seen（仮邦題：見てもらえる動画の作り方）』(John Wiley & Sons) を一読することを薦めたい。あなたが本気で動画製作に取り組もうと思っているのなら、この本を読めばそのための正しい方法がすべてわかる。

どんな内容の動画を撮るにしても、撮影時に留意すべき10のポイントがある。

1. **撮影機器のことをよく知っておく**。自分のビデオカメラに何ができ、どんな機能が備わっているのかを知るには、実際に使ってみるしかない。使う必要が生じるまで待っていてはいけない。
2. **雑音はできるだけ取り除く**。オフィスやスタジオに閉じこもる必要まではないが、交通量の多い騒々しい通りで撮影することもないだろう。自然な背景で撮るほうが動画に人間味が加わるが、出演者が何を話しているのか聞き取れないようでは意味がない（ところで、私たちが本書の刊行を発表するための動画を撮影したときには、このルールをほとんど無視していた。まあ、ちょっとしたミスだ）。
3. **光に気を配る**。室内で撮影するのなら、明るい部屋を選ぶ。屋外で撮影するのなら、たっぷり日が当たっている場所を選ぶ。ライティングは見過ごされがちだが、人の顔や周囲の情景をしっかり見せるためには、適切なライティングは欠かせない。光の当たり具合に自信がないときには、被写体の前方に光源を置くようにする。
4. **影に気をつける**。屋外で撮影するのなら、逆光にならないように気をつけよう。顔が真っ黒に映ってしまうからだ。光が差し込む窓の前で撮影

するときにも同じことが起こる。試し撮りをして、カメラのモニター画面で再生し、映り具合を確認することを習慣にしよう。影がしゃべっているような動画は誰も見たいとは思わない。

5. **BGMに注意する**。動画で使う音楽は正式な使用許諾を得ていなければならない。独立系ミュージシャンなら、たいていは喜んで彼らの曲を使わせてくれるだろう。著作権フリーの楽曲をネット上で買うこともできる。音楽は撮影時より編集段階で動画に加えたほうがいいことも覚えておこう。

6. **ビデオカメラ内蔵のマイクを使うのなら、被写体にカメラのすぐそばで話してもらう必要がある**。撮影の回数をこなすうちに、音量設定のコツなどもわかってくるはずだ。たいていのカメラには録音している音声がきちんと聞き取れるかどうかを確認するためのヘッドフォンジャックがついている。当たり前のことだが、動画では音声が何より重要だ。

7. **カメラをできるだけ安定させる**。三脚を使うとカメラをしっかり固定できる。手持ちで撮らなければならない場合は、手ブレを最小限に抑えるように努力しよう。

8. **アングルと構図に気を配る**。動画を見る人に話の内容に集中してほしければ、話し手をクローズアップ気味で撮るようにする。ただし、周囲の光景や倉庫の中、イベント会場、背景の動き、手に持っているものなどを強調したいのであれば、少し引き気味にして周りも見せるようにする。フレーミングにはこだわろう。

9. **撮影を終えたら、すぐに見直して映像の質を確認する**。撮影の再スケジュールを組むより、その場で撮り直したほうがいい。最悪なのは、山のように撮ったはいいが、いざコンピューターで再生してみたら、どれも使い物にならないという事態だ。

10. **笑顔で、リラックスし、楽しむ！**

最後のルールがいちばん重要かもしれない。この本の刊行を発表したときにブログ用に動画を撮影したことはすでに述べたが、私たちは1回のテイク

だけで済ませた。にぎやかな通りのすぐそばで撮ったので、再生してみると音声があまりよくなかった。それでも、その動画をそのまま使うことにしたのは、エネルギーと熱意が感じられる動画だったからだ。私たちが楽しんでいるということを、望みどおりの形で伝える動画になっていたのである。

それは完璧な動画だっただろうか？　とんでもない。だが、私たちはそれで十分だと思った。私たちの言いたいことをきちんと伝えるものに仕上がっていたからだ。自分の動画をできるだけ質の高いものにしたいと思うのも当然だが、**話す内容や見せるものが、オーディエンスのニーズや要望に見合ったものであることのほうが重要だ。**

世界に向けて発信する

　動画コンテンツを作ったら、次のステップはそれを投稿して共有し、多くの人に見てもらうように誘導することだ。

　動画共有サイトはたくさんあるので、自分の目的にふさわしいと思うサイトのできるだけ多くで公開したほうがいい。各サイトにアカウントを作成する必要があるが、それさえ済ませれば、チューブモーグルなどのツールで、驚くほど簡単に一斉投稿ができる。一度動画をアップロードすれば、こうしたツールがすべての動画共有サイトのアカウントに同時に掲載してくれるのだ。

　どのサイトで公開するにしても、動画共有の4つの基本を頭に入れておいてほしい。サービスによってその扱い方は少しずつ異なるが、基本はどれも変わらない。

1. **タイトル**：動画につける題名で、通常は最も重要な要素になる。人々が最初に目にするもので、検索エンジンが該当するコンテンツを探し出すときの対象になるものでもあるからだ。タイトルは短く、内容を的確に伝えるものにする。

2. **説明**：たいていの動画サイトは、動画の内容についての説明を加えることができる。数段落の文章とURLで構成することもでき、あなたのウェブサイトにトラフィックを呼び込むもうひとつの方法として覚えておくといい。
3. **タグ**：動画には関連するワードやフレーズすべてをタグ付けしておこう（フォレスター・リサーチ社の調査によれば、動画にタイトルとタグを加えているマーケターは20%にも満たなかった。なんとももったいないことだ）。他の種類のコンテンツへのキーワードのタグ付けと同じように、あなたの動画が検索結果に表れてほしいと思う検索キーワードを考え、そのワードをタグ付けしよう。動画に登場する人物や会社の名前も含めたほうがいいだろう。Facebookなどの動画も共有できるソーシャルサイトの一部は、動画にタグ付けされた人物があなたとつながりのある人（Facebookの友達など）であれば、その人のプロフィールページにホストサイトやサービスを通じてリンクすることができる。
4. **サムネイル**：サムネイルは動画再生をする前に、ユーザーが確認できる動画の一画面のことをいう。たいていの動画共有サイトは、動画の中の何枚かの場面を表示し、どれを使うかを選べるようにしている。自分で別の画像を選ぶことはできない。ヴィメオのようなサイトでは、サムネイルとして使える写真をアップロードすることができるが、そうしたサービスは一般的ではない。

　コメント、シェア、位置情報、タグ、その他のオプションの設定もサイトごとに異なる。それぞれのサイトをチェックして、どんな設定が可能かを理解し、自分の目的に適した形で利用しよう。ただし、どんな場合にも、他のユーザーがあなたの動画を自分のサイトに埋め込み、シェアできるようにしておくことは重要だ。多くの企業は、みんなが自分の会社のウェブサイトに来て動画を見てくれると思い込み、せっかくのこうした設定を活用していない。それは愚かなビジネス判断だ。あなたの動画をおもしろいと思った人たちが、自分のサイトに掲載してシェアしたいと考えたときに、それができる

設定にしておかなければならない。彼らはあなたのメッセージを代わりに広めてくれるのだから。

　複数の動画サイトに掲載するのであっても、あなたが作った動画を発表する最も重要な場所は、当然ながらあなた自身の（あなたの会社の）ウェブサイトだ。

　どのコンテンツもそうだが、あらゆる場所にその動画についての話題を掲載し、プロモーションに努力しよう。Facebookにリンクを載せ、ニュースレターでも取り上げてリンクを貼り、それが定期的に更新する動画シリーズなら、自分の電子メールの署名部分にリンクを加えておくことも考えたほうがいいだろう。コンテンツへの入り口の数は多ければ多いほどよい。

動画のためのアイデア

　この質問への答えは、あなたのオーディエンス、ビジネス内容、動画に対する向き不向きから導き出すことができるだろう。もしあなたがカメラに向かって話すことが苦手で、しかも個人事業を営んでいるのなら、動画はあなたにとって最善の選択ではないかもしれない。それはそれで問題ない（コンテンツ・ルール11「自分の強みを生かす」）。それでも、あなた自身がカメラに写るのではなく、社内風景を動画に収めて何が映っているかを見ている人がわかるように説明することなら、もっと気楽にできるのではないだろうか。

　どんな業種でも使える、動画のためのアイデアをいくつか紹介しよう。

- **何人かの人やグループがカメラに向かって話している日記スタイルの動画**：通常は短くてためになる内容のもの。製品の使い方についての情報や裏技を教えるもの、よく尋ねられる質問に答えるもの、あるいは、製品やサービスが顧客にどう役立っているかについての最新情報を提供するものなどが考えられる。

- **スタッフ、顧客、または業界の有名人と見なされている人たちへのインタビュー**：ビデオカメラを三脚に据え、誰かとの会話場面を録画するだけで立派なコンテンツになる。オーディエンスが答えを聞きたいと思うような質問を事前に考えておくといい。あるいは、TwitterやFacebookやニュースレターで、どんな質問をしてほしいかを直接オーディエンスに尋ねておくのもいい考えだ。
- **製品の特徴にスポットライトをあてた製品紹介**：レストランが「本日のおすすめ」をただメニューに載せる代わりに、動画にしてウェブサイトに掲載したらどれほどの効果を上げることだろう？ あるいは、あなたが宿泊施設の経営者なら、客室を写真だけでなくビデオツアーで紹介するのはどうだろう？
- **舞台裏の紹介**：この種の動画はいつも人気がある。ミュージシャンはずっと以前からこの方法で、ファンに自分たちの生活をのぞき見させていた。企業も、普通なら外部の人が見ることのできない日常の興味深い社内風景を見せることができる。例えば、人気製品が工場の組み立てラインから完成品となって流れてくるまでの過程を、企画段階から追った動画はどうだろう？ あなたにとってはまったくの日常でしかないものが、ファンにとっては刺激的で新鮮な映像になる。
- **イベント動画**：会議やその他のイベントでの経験を共有する動画は、とくにB2B顧客にとってはいつでも興味を引かれるものだ。関心を持つ人たちに彼らが直接参加できない業界イベントの雰囲気を味わってもらう機会を提供し、あなたの感想を共有すれば、新しい顧客の獲得につながるかもしれない。

動画に自分が映ることについて人々が最も恐れることは、**自分がばかげて見えないか**ということだ。しかし、ほとんどの人がこの恐れを持っていることを忘れないでほしい。そして、**その恐れを乗り越えてほしい**。最近ではどこにでもカメラがあり、自分の最も恥ずかしい瞬間をネット上で共有する人たちさえ増えている。それを考えれば、あなたが自分の仕事に役立てるため

の動画は、YouTube 検索で表示される他の動画と比べれば、恥ずかしくもなんともないはずだ。

とにかく撮影を楽しむといい。これは信じてもらって大丈夫。きっとうまくいく。

あなたがウェブ番組を作れる可能性

そう、あなたならできる！　コスト、技術、それ以外にも思いつく限りの言い訳のために、自社ブランドのウェブ番組の製作などできるはずがないと考えてはいないだろうか？　ウェブカメラと無料で手に入るソフトウェア、それにインターネット接続さえあれば、誰でもウェブ番組（ビデオポッドキャスト）を製作できる。それも、以前に比べればずっと簡単になった。

先に紹介したスティーヴ・ガーフィールドが『Get Seen（仮邦題：見てもらえる動画の作り方）』の中で、とびきり役に立つアドバイスを紹介している。また、マーケティング・テクノロジー関連企業のハブスポット社のレベッカ・コーリスのブログも同じように参考になる（ハブスポットについては第23章を参照）。レベッカはマサチューセッツ州ケンブリッジのハブスポット本社から、週に一度、ビデオポッドキャスト「ハブスポットTV」を製作し放送している。以下は、独自のウェブ番組を製作するためにハブスポットが取り入れている9つのステップである。

1. **コンピューター内蔵のウェブカメラを使う**。または近くの家電量販店でウェブカメラを購入し、それをコンピューターに装着する。できればファイアーワイヤー（訳注：パソコンと周辺機器を結ぶ転送方式のひとつである「IEEE 1394」規格の愛称）の出力ポートつきで、テープにも録画できるビデオカメラを使う。「テープに録画することで、後からの編集に使える映像が手に入る」と、レベッカは説明する。
2. Ustream（ユーストリーム）や Livestream（ライブストリーム）のよう

なストリーミング・サービス（訳注：動画や音声をネット上に配信するサービス）に**無料のアカウントを作る**。自分のウェブサイトにプレイヤー（再生ソフト）をダウンロードし、そこで動画を見るように閲覧者を誘導する。そうすることでトラフィックを呼び込むと同時に、プレイヤーに合わせてコンテンツを調整できる。

3. **内容のおおまかな流れを書き留めた、番組ノートを作る**。番組ノートがあると、段取りを組むのに役立つ（ただし、台本に厳密に従うのではなく柔軟な対応で進行しよう）。それだけでなく、後からビデオにしたときに、製作メモとして公開することもできる。他のコンテンツに関して述べてきたように、このことは重要だ。というのも、ブログに検索可能なコンテンツを加えることになるからだ。グーグルはフラッシュ動画を検索対象にすることができない。

4. **iTunes にフィードする**。ハブスポットはBlip.tvを使ってポッドキャストとiTunesへのフィードを管理している。あなたの動画を残しておきたい場所に、Blip.tvのアカウントを作れば、それだけでiTunesへのフィードが簡単になる。「ポッドキャストには内容がすぐにわかる気のきいた名前をつけること。人々が似たようなコンテンツをiTunesで検索したときに、あなたのポッドキャストが見つかるように」と、レベッカは書いている。

5. **音声を最適化するために外部マイクを使う**。最も薦められるのはラベリア（Lavalier）製のマイクだ。レベッカも、とくに録音スタジオにオーディエンスを入れるときには、このマイクが役に立つと推薦している。

6. **番組を録画し**（ライブでも収録でも）、**録画した動画を iMovie などに転送して編集する**。レベッカが教える細かい手順を紹介しておこう。「カメラをファイアーワイヤーでMacのコンピューターに接続する。iMovieを開くと、自動的に動画の転送が始まる。転送が終了したら、「新しいプロジェクト」のファイルを作り、そこに編集したい動画をドラッグして入れる。次に音声のボリュームを標準化し、動画の最初と最後の不要な録画部分を削除したら、フェイドインとフェイドアウトを加

えておしまい！　ババーン！　超簡単だ（後処理作業を終えたときに、レベッカが本当にババーン！と叫んだかどうかは明らかではないが、そうしたと思いたい）。
7．オープニングとエンディングにクレジットを加える。テーマソングがあってもいいかもしれない。パワーポイントで自分のクレジットを作り、JPG ファイルにして保存する。「それをプロジェクトファイルにドラッグし、画像と映像の間でいくつか移動作業を行えば、それで終了。後は＜シェア＞のメニューから＜ QuickTime でエクスポート＞を選ぶ。これで mov ファイルに変換される」と、レベッカ。
8．動画を blip.tv にアップロードする。アップロードすると自動的にフラッシュファイル（flv）が作られ、埋め込みに使える形になる。iTunes への転送には、有料バージョンなら自動的にアップロードされたファイルを mp4 フォーマットにも変換し、フィードしてくれる。有料アカウントを利用したくなければ、iTunes を使って自分で mov ファイルを mp4 ファイルに変換することもできる。mov を「マスター」に、mp4 を「ポータブル（iPod）」にしてアップロードする。
9．フラッシュ動画をブログ投稿やウェブサイトに埋め込む。これに、3 で述べた理由から番組ノートを加える。

実際に試してみた方は、うまくいったかどうかをぜひ知らせてほしい。

CHAPTER 17 ポッドキャスト——音声の共有にメリットあり

> ポッドキャスト：圧縮したデジタルフォーマットのオーディオプログラムで、インターネット上で購読者に配信される。コンピューターや iPod のようなポータブル・デジタルオーディオ機器での再生向けにデザインされている。

　この定義からわかるように、ポッドキャストという用語は、第一に配信方法を表す語だ。しかし、ここ数年の人気の高まりで、音声コンテンツのダウンロードのことをポッドキャストと言う人たちが増えてきた。ビデオポッドキャストと呼ばれる動画タイプのものもあるが（第16章参照）、ここではオーディオタイプのものについて考えよう。
　ポッドキャストは、音声コンテンツをオーディエンスと共有するすばらしい方法になる。動画のほうが音声よりも注目されやすいと思うだろうが、運

転しながら、ランニングマシンで運動しながら、あるいはオフィスでスプレッドシートへの入力をしながら動画を見るのは簡単ではない。オーディエンスがあなたのコンテンツにアクセスするのに、動画よりも音声のほうが便利だと思うような場所すべてを考えてみてほしい。かなりの数になるのではないだろうか？

　ポッドキャスター、ブロガー、講演者として幅広く活動し、『Six Pixels of Separation（仮邦題：6ピクセルの距離）』（Business Plus）の著書があるミッチ・ジョエルも、「とくに最近は動画ブームの影響で、ポッドキャストのアピール力がいくぶん薄れたように思える」と同意している。しかし、ポッドキャストがコンテンツを生み出す最善の方法のひとつであることは変わっていない。それは、誰もが自分のラジオ局の番組編成マネージャーになれるからだ。さらに、従来のラジオとは違って、ポッドキャストなら自分の好きなようにいくらでもターゲット・オーディエンスを絞り込むことができる。意図した本当に少数のリスナーだけをピンポイントで引きつけることができるのだ。

　ミッチが言うように、ポッドキャストをあなたの会社が持つ自前のラジオ番組だと考えてみてほしい。その番組で顧客の関心を引くような話題を取り上げるのだ。ポッドキャストのテーマにはありとあらゆるものが考えられる。ミッチの「Six Pixels of Separation」のポッドキャストは、マーケティングの世界の変化をテーマにしている。この他に、「Manic Mommies（大忙しのママたち）」は、働く母親たちの生活に注目し、「The Chillcast with Anji Bee（アンジ・ビーのチルキャスト）」は、ネット上で最も甘く優しい音楽にスポットライトを当てている。特定のテーマを掲げたレギュラー番組をキュレートしているポッドキャストのネットワークもある。例えば、「SQPN」は、ロデリック・フォンホーゲン神父がローマカトリック教会の教えに忠実なポッドキャストの例を紹介するために始めたものだ。

　ポッドキャスト製作を始めるときに考慮したい9つのポイントを紹介しよう。また、第20章でもポッドキャストを成功させるためのとっておきのヒントをいくつか挙げているので、そちらも参照してほしい。

1. **必要な設備はおそらくすでに揃っている。** 立派な機材に大金を使うこともももちろんできるが、ポッドキャストを始めるために必要な基本の設備は、すでに手元に揃っているはずだ。ヘッドフォンとマイク（おそらくIP電話で使っているものがあるのでは？）、あるいはマイク内蔵のノートパソコンがあれば、今すぐにでも始められる。オーダシティ（audacity.sourceforge.net）という、無料ながら優れた録音ソフトもある。Macのパソコンを使っているのなら、おそらくガレージバンド（GarageBand）というソフトがあらかじめインストールされているだろう。これも、音声の録音と編集のためのすばらしいツールだ。
2. **動画から音声だけを転送する。** 動画編集ソフトは動画から音声だけを転送する機能を備えている。撮影済みの動画がすでにあるのなら、それを音声コンテンツという新たな形に再発想してみてはどうだろう？（コンテンツ・ルール5「再利用ではなく再発想する」）。もちろん、すべてのタイプの動画でうまくいくわけではないが、プレゼンテーション、スピーチ、インタビューの音声は、それだけでも十分に魅力的なコンテンツになる。
3. **録音する前に試聴してみる。** あなたはどんなオーディオ番組が好みだろう？ その理由は？ iTunesでポッドキャストをいくつか聴いて、アプローチの参考にしてみるといい。あなたはカジュアルな座談会スタイルのものが好きだろうか？ それとも、しっかり段取りに従った、まじめな討論といったアプローチのほうにより関心があるだろうか？ 自分が夢中になるようなポッドキャストを何種類か聴いてイメージをつかもう。
4. **長さに配慮する。** 番組はどのくらいの長さにすべきだろう？ 平均の通勤時間よりも短くすることをひとつの目安にするといい（つまり30分以内ということだ）。もちろん、これは絶対的なルールというわけではない。ブロガーのシェル・ホルツとネヴィル・ホブソンは、週2回、1回1時間の人気のビジネス・ポッドキャスト「For Immediate Release

（即日発表）」をもう何年も続けている。

5. **公開はまあまあ簡単**。ブログを使ってポッドキャストのファイルを公開することができる。たいていのブログのCMS（コンテンツ管理システム）は、簡単にオーディオファイルを取り込める。だから、あなたはただブログサイトにファイルをアップロードするだけでいい。まあまあ簡単、としたのは、その手順が簡単になるかどうかはどのプラットフォームを使っているかによるからだ。『Podcasting For Dummies（仮邦題：誰にでもできるポッドキャスト）』（John Wiley & Sons）を1冊手に入れれば、細かい手順がわかる。

6. **iTunesにアップする**。ポッドキャストの発表場所は他にもあるが、第一に考えたいのはアップル社のiTunesだろう。iTunesストアから直接送ることができる（「Podcast」を開き、「Podcastを送信する」をクリック）。通常は、リストに掲載されるまでに2週間ほどかかる。

7. **録音前に計画を立てる**。C・Cが長年続けているポッドキャスト「Managing the Gray（グレー領域を管理する）」を録音するときのように、ぶっつけ本番でポッドキャストを録音できる人もいるが、録音ボタンを押す前に、話そうと思っているトピックや、言及すべきリンク先、大事な項目などについて簡単な番組ノート（製作メモ）を書いておくことを勧める。赤いライトが点灯し、テープが回り始めたときに（これは比喩的表現だが）、ノートがあれば落ち着いて話したいことを話すことができる。また、ポッドキャストで取り上げた話題に関連するリンクなどをすべてメモして表示するのもいい習慣だ。あらかじめノートを作っておくことで作業が楽になり、録音を終えてからテキスト化する手間が省ける。

8. **賢く音楽を使う**。番組の始まりと終わりに音楽を流すのは非常に効果的だ。ただし、使用許諾を得ている楽曲だけを使うこと。ネット上でも著作権フリーの曲はいくらでも見つけられるが、もうひとつの選択肢は、独立系ミュージシャンから曲の使用許諾を得ることだ。彼らの多くは、自分の曲を多くの人に聴いてもらう機会になるので、喜んであなたの申

し出を受けるだろう。CMソングや自分のCDコレクションにある曲は使わない。使用許諾を得ていないものを使うと（許諾を得るのは安くはない）、著作権法に違反することになってしまう。

9. **編集はあなたの友達**。すでに述べたように、誰もが編集者を必要としている。ポッドキャスターにとってもそれは同じだ。時間をとって録音したものを聴き、必要な調整をしなければならない。これはとくにインタビューの場合にあてはまる。ゲストが答えを考えて黙っている部分をカットする必要があるからだ（ポッドキャスターの中には、多くの人が話すときについ口にしがちな、「ええと」や「うーん」なども削除することを好む人もいる）。

この章を終える前に、もうひとつだけ言っておきたい。自分がラジオ向けの美声を持っていると考える人はほんのわずかしかいない。だから、たとえあなたが自分の声に自信がなくても、それはあなただけではない。実のところ、いい声かどうかを判断するのはあなた自身ではない。それはリスナーの好みの問題だ。

また、成功しているポッドキャスターがほとんど語らない小さな秘密がある。それは、**誰でも最初の数回はどこか失敗する部分がある**ということだ。どんなこともそうだが、調子が乗ってくるまでには時間がかかる。何回か録音しているうちに、だんだん慣れてくるはずだ。そして、次第に番組を楽しめるようになる。そのことは私たちが約束しよう。いずれにしても、録音したものを発表するかどうかを決めるのは、あなた自身だ。もし本当に出来が悪ければ、誰にも聴かせずにお蔵入りにしたってかまわない。

CHAPTER 18

写真
——絵の持つ力

　たいていの人は、少なくとも2台はカメラを持っている。普通のデジタルカメラと、カメラ付き携帯電話だ。
　コンテンツ構成に写真を加えることなら、コストもかからず、恐ろしいことも厄介なこともない。シアトル出身の世界的に有名な写真家チェイス・ジャーヴィスは、「最高のカメラはあなたがいつも持ち歩いているカメラだ」と言っている（訳注：iPhoneのことを指している）。この言葉を心に留めて、あなたのコンテンツに写真を加えて視覚的なアピールを増す方法について考えていこう。

どんな写真を撮ったらいいか？

　写真はあなたのビジネスに顔を与える。あなたの会社は機械が動かしているのだろうか？　正面玄関でロボットが訪問者を迎えるのだろうか？　本当に最新のテクノロジーを取り入れているのでない限り、答えはノーだろう。そこで、写真を使ってあなたの会社の人間的な側面を見せることを考えよう。それは必ずしもウェブサイトに全社員の顔写真を掲載することではない。だが、それも出発点としては悪くない考えだ。

　社内外でいろいろな瞬間を写真に撮ってみよう。次の社内会議で、夏のピクニックで、あるいは祝日のパーティーで。撮った写真の具体的な使い道が決まっていなくてもかまわない。社員にもカメラを持参して、どんどん写真を撮るように促そう。あるいは、仕事上のイベントで使うために社用カメラの購入を考えてもいいだろう。

　撮影した写真はネット上で共有することもできるし、パンフレットやその他のマーケティング素材に使うこともできる。靴を中心としたアパレル関係の通販サイト、ザッポス社の場合は、毎年「カルチャーブック」を発行し、インスピレーションを与える言葉や特筆すべき話題に加えて、社内のあちこちから集めたたくさんの写真を掲載している。

　会社のために働いてくれる人たちの写真の他に、扱っている製品の写真も撮っておこう。白の背景で、製品をあらゆる角度から撮影した美しい商品写真なら誰でも見たことがある。だから、それとは違う種類のものを考える必要がある。製品が実際に使われているところ、いわゆるライフスタイル撮影をして、見る人がその製品のサイズや使い方をよくイメージできるようにするものだ。

　Tシャツのデザイン＆販売サイト、スレッドレス・ドットコム（Threadless.com）は、このサイトで買ったTシャツを自分や友人が着ている写真を投稿するように購入者に呼びかけている。サイトをのぞいてみる

と、世界中の人たちがそれぞれのTシャツを着て、さまざまな表情を見せている写真が掲載されている。自分の使っている製品を愛する人たちのこうしたショットは、Tシャツという製品を中心に築かれたコミュニティーという感覚を伝える。それは、典型的な商品写真では決して伝えられないものだ。だから、まじめすぎて退屈なストックフォトを使う代わりに、生き生きとした日常の写真を使ってあなたの会社の人間らしい側面を強調しよう。

シェアとタグ付けで魅力をアップ

　タグ付けはあまり格好よくは思えないかもしれないが、これをしておくことで、写真をコンテンツに加えたときに本当に力を発揮する。

　Facebookやフリッカーなどの主要な写真共有サイトには、何らかの種類のタグ付け機能が備わっている。あなたの写真にジュリアンとアンバー、あるいはDJとレイが写っているのなら、彼らの顔をクリックして写真に名前を加えておく。ほとんどのサイトでは、タグ付けすると同時に写真に写った人物に通知され、サイトによっては写真がタグ付けされた人の「友達」にもフィードされる。

　それがどういうことか、あなたは気づいただろうか？　新製品発表のときにあなたが撮った写真が、突然、あなたがタグ付けした社員全員だけでなく、彼らの友人たちのページにも表示されるのだ。その人たちは写真を見て、「この会社、クールだな」とか、「こんな新しいデザインのものを作っているなんて知らなかった。この会社のウェブサイトを見てみよう」と思うかもしれない。

　1枚の何でもない写真がこうした反応を引き起こすのだ。ただし、写真の公開やタグ付けに関しては十分に注意しなければならない。

　写真に写っている人物にタグ付けするだけでなく、写真の内容についての説明タグをできるだけたくさん加えておこう。こう想像してみてほしい。あなたは写真のコピーを巨大なファイルキャビネットに入れようとしている。

そのキャビネットには無制限にフォルダーを収めることができるので、後で探すときにその写真が見つかるように、関連するすべてのフォルダーに同じ写真を入れておく。こうしたファイルが、あなたが写真にタグ付けする言葉だと思ってくれればいい。

タグ付けについてのもうひとつの考え方として、「どの検索ワードで検索されたときに、その写真を検索結果ページに表示してもらいたいか」と考えるのもいいだろう。そのすべてのワードやフレーズをタグとして加えるようにする。

サイトによってタグ付けの方法は少しずつ異なる。フリッカーではタグと人物名を入力するフィールドが別々になっている。Facebookでは写っている人の顔をクリックして、そこに名前を入力する。だが、キーワードのタグ付けはできないので、その代わりに写真の内容を説明する言葉を加える。写真共有アプリのインスタグラム（Instagram）では、投稿に説明的な（時にはユーモラスな）ハッシュタグをつけることができる。

ソーシャル・スナップショットのトレンド

写真を撮って共有することは、つねに人との関係を深める行動になる。親戚の誰かがポラロイドで家族の集合写真を撮り、その場ですぐにそれを現像して見せて、みんなで笑い合ったり、恥ずかしがったりした思い出は、多くの人の記憶に残っているのではないだろうか？

最近は誰でも携帯電話で写真を撮れるようになり、他人と一緒に過ごす時間のちょっとしたひとコマを写真に撮って共有することが再びブームになっている。ストラテジーJQ（StrategyJQ）社の創業者でマーケティング戦略家のジェーン・キグリーは、これを「瞬間の共有」と呼んでいる。

「瞬間の共有とは、異なるコンテンツ媒体、近況、写真、動画を使って、生活の中のちょっとした瞬間を共有することを意味する」と、ジェーンは彼女のブログ「ソーシャルデイズ・ドットコム」（SocialDays.com）に書いてい

る。「歴史に残るような瞬間から、何でもない日常のひとコマまで、人々は自分の周囲の人たちとの関係、節目となる出来事、そのときの感情を記録し、ソーシャルメディアにそれをアップロードしている」。

こうした写真や動画の共有は、企業ブランドにとってもコンテンツ構成に取り入れるべき重要なトレンドだ。この1年で、インスタグラムのユーザーは2700万人を超えた。その成功は間違いなく新たなライバルを生むだろう。すでに、他のソーシャルメディア（フォースクエアやTwitterなど）が、ユーザーがいつでもどこからでも写真を共有できるような機能を加えている。

企業や組織にとってのソーシャル・スナップショットの効果には、次のものが含まれる。

- **即席コンテンツ**：ストーリーを視覚的に語るためのスマートフォン用アプリが、次々とリリースされている。しかし、簡単ですぐに投稿できるエレガントな写真に勝るものはない。スナップ写真を撮り、効果フィルターを使ったり文字を加えたり、必要に応じてその他の画像加工を施す。それだけで即席コンテンツの出来上がりだ。
- **手の込んだコンテンツでもある**：最近の写真アプリは、効果フィルターを使えば、ありふれた写真を個性的な写真に変えてくれる。それによって、優れたコンテンツには欠かせない洗練されたエレガントな雰囲気と、特別な重みを加えることができる。どの企業や組織のブランドも、いまや顧客を引き寄せるコンテンツ製作のために自らが編集者となる必要があるので、コンテンツの質がますます重要になってきた。

本書を通じて論じてきたように、あなたのブランドの中核となるコンテンツを作ること、そして、あなたの意見や「声」を、力強く、共感を呼ぶ形で伝えることが、すべての鍵となる。とくにインスタグラムは、これまで見てきた中でも最善のプラットフォームのひとつと言えるだろう。これは、普通の人の手に魔法の杖を渡すにも等しい。インスタグラムのようなツールがひとつあれば、誰にでもすばらしいコンテンツを生み出せる。た

とえあなたが写真の腕に自信がなくても問題はない。
- **ストーリーテリングの技術を磨く**：スナップショットを共有することでよいのは、フォロワーがどう反応するか（あるいはしないか）を見ることで、必要なフィードバックがすぐに得られるということだ。

　どの種類のストーリーが幅広い共感を得られたか、つまり、どのストーリーがあなたの見解を最も効果的に伝えることができたかが、フォロワーの反応とコメントを見るだけですぐにわかる。

　さらに、こうしたツールは自分の周囲に転がっているコンテンツやストーリーを見つける訓練にも役立てることができる。フォロワーと共有するほどのニュースは何もないとためらう企業が多いが、実際には誰でも、どんなブランドでも、すぐ目の前にすばらしい素材が存在しているのである。ただ自分の目を鍛えて、それを見つけられるようになればいい。
- **個人的だが普遍的なアピール**：第6章で述べたように、ジャーナリズムを専攻するすべての学生が学ぶ重要な教訓のひとつがこれだ――真実味が感じられるほど細部まで描きつつも、共感するに十分ほど普遍的な内容でなければならない。この教訓はコンテンツに関してもあてはまる。共有する写真は、身近に感じられるとともに広くアピールするもの、個人的な写真ながらも普遍的な意味を持つものでなければならない。だからこそ、こうした瞬間を共有する写真アプリの人気が高まっているのだ。

特筆すべきブランドの活用例

　アイスクリームチェーンのベン＆ジェリーズ（Ben & Jerry's）が、インスタグラムをどう活用しているかを例に挙げよう。彼らは、ヴァーモント州に暮らし、そこをビジネス拠点にしていることのすばらしさ、スキー場のスロープや降り注ぐ太陽、ミュージシャンと地元開催の音楽フェスティバルへの支援活動、そして、ベン＆ジェリーズが世界中で愛されていることを、サイトに散りばめた楽しい写真を通して伝えている。「インスタグラムを通し

て私たちのストーリーをさまざまな側面から伝え、（中小企業であるとともに世界的なブランドでもある）私たちの会社の考えを理解してもらうことに役立てている」。ベン＆ジェリーズのインテグレーテッド・マーケティング・スペシャリストのマイク・ヘインズは、そう語っている。

　ベン＆ジェリーズはファンになってくれる人たちのことを知り、彼らと結びつくためにもインスタグラムを使い、毎週金曜日に発表する「ファン・フォト」のコーナーにお気に入りの写真を投稿するように顧客に呼びかけている。マイクは、「ファンが私たちを好きでいてくれる以上に、私たちのほうがファンのみなさんを愛そうとしている」と言う。

　ゼネラル・エレクトリック（GE）は昔気質（かたぎ）のブランドかもしれないが、ソーシャル・スナップショットを革新的な方法で利用している。それどころか、そこに同社の新たな使命を見出している。エネルギー用タービン、エンジン、ジェネレーターなどの革新的なGEのテクノロジーをアートに変えているのである。

　GEは見習うべきブランドだ。現在、同社は画像コンテンツを各ソーシャルチャンネルに組み入れることで動きを起こし、弾みをつけようとしている。最近になって、インスタグラム写真のコンテストも開催し、優勝者には賞品としてイギリス旅行を贈った。その旅にはGEの世界クラスのジェットエンジン工場での撮影機会も含まれていた。コンテストの応募作品はGE製品の写真でなくてもかまわなかったが、GEが世界に掲げる4つの使命——動かす（move）、動力を与える（power）、癒やす（cure）、築く（build）——にインスピレーションを得た写真に、4つのうち適切なキーワードをタグ付けして送ることが求められた。つまり、GEは同社の製品が人々の生活のさまざまな場面に少しずつ、何らかの形で関わっていることをさりげなく強調しようとしたのだ。

　それと対極にあるのが、イギリスの床張り会社のマッケイ・フローリング（McKay Flooring）だ。同社のグラフィックデザイナーのシェイマス・マーフィーは、この種の写真共有サービスを個人的に使ってみてどんなものかを理解したのち、インスタグラムに40人体制の彼の会社のプロフィールページ

を作った。「ソーシャルメディアで公開するよりも、素早く作成できるから」と、その理由を述べている。

シェイマスはこうも言っている。「フローリングという我が社のビジネスの性格上、ビジュアル面がとくに重視され、どんな文章よりも写真が多くを物語る……例えば、明日はグラスゴーのコリンシアン・クラブで社のクリスマスディナーがある。私たちのウイスキー樽を利用したフローリングを最初に購入してくれた場所だ。そこで撮ったスナップ写真をすぐにネット上で公開することができるだろう」。

誰でもいい写真を撮れる条件がある

ずばり言ってしまえば、最近のデジタルカメラを買えば、ほとんど誰でも驚くほどいい写真が撮れる。すばらしい写真を撮ることは、**どんなカメラを使うかではなく、誰がカメラを手にしているか**の問題なのだ。

少なくとも、高品質のカメラが1台手元にあれば、もっとたくさん写真を撮りたいと思うようになる。1000ドルまで出さずとも、手頃な価格のカメラはいくらでも手に入る（500ドル以下でも十分な選択肢がある）。だから、近くの家電量販店に行って、いくつかの機種を手に取って実際に撮り比べてみるといいだろう。

最近では多くの機種に動画撮影機能もついている。もし動画をコンテンツ構成に加えようと思うなら（そうしない理由などあるだろうか？）、購入を決めるときに動画撮影についての仕様も確認するといい。ひとつの機材でいくつかの仕事をこなしてくれるなら、それに越したことはない。

どの写真家に尋ねても、優れたショットを撮る秘訣はたくさん撮ること、と言うだろう。最近では写真を保存するストレージ機器が日用品並みに安くなったので、とにかくどんどん撮ってみて損はない。参加するすべてのイベントでたくさん撮り、その中からいいと思うものを保存して、イベントの名前をつけたフォルダーに入れておこう。それを適切な場所に保存して、多く

の人と共有したいと思うものをアップロードする。

　新しいカメラを買う予算がない？　それなら今持っているものを最大限に利用すればいい。携帯電話のカメラで写真を撮って、ウェブサイトに組み込んだ画像投稿ツールを使ってインターネットに直接アップロードするのでもいい。まだ何も組み込んでいない？　それなら無料のフリッカーのアカウントを作って、そこにアップロードすればいい。

　イベントに参加して、「今、手元にカメラがあったら、これを撮っておくのに」と思うことほど最悪なことはない。絵になるかどうかわからなくても、とにかく写真を撮っておこう。それを何かに使うかどうかを決める時間なら、後からいくらでもある。撮っておかなければ、そうした選択肢さえなくなるのだ。

プロを雇うという選択肢

　自分のデジタルカメラを持っているから、あるいはデジタル一眼レフを持っていてすばらしい写真を撮ってくれそうな人を知っているから、というだけで、プロを雇うことを選択肢から外す必要はない。あなたの近くにも写真で生計を立てている人がきっといるはずだ。

　オフィス周辺のカジュアルな写真なら社員が気軽に撮るのに適しているが、次のような場合はプロに依頼することを考えたほうがいいだろう。

- **見本市や大きなイベント**：パーティーや大きなイベントの記録をしっかり残しておきたいのなら、イベントの進行に注意を逸らすことなく写真を撮ることだけに集中してくれる人がいたほうがいいだろう。結婚式では誰もが写真を撮るものだが、本当に大事な日の記録を残すためにプロの目線で撮ってくれる人を雇うはずだ。
- **顔写真**：世界中の銀行で見かけるような、まじめな顔をした、かしこまった写真である必要はまったくない。それでも、社員の顔写真を記録してお

きたいのならプロを連れてきたほうがいい。
- **製品の見栄えのいい写真**：メッセンジャーバッグの販売業者であろうと、ブティックホテルの経営者であろうと、人々に自分の売っているものを買ってほしいと思うなら、その写真撮影にプロの写真家を雇おう。文字どおり、可能な限り最高の光をその製品に当てるためだ。

プロの写真家は料金も腕もさまざまだ。だから何人かの候補を挙げて検討しよう。友人に推薦してもらうのもいい。写真家の多くは専門分野を持っているものなので、昨年イベント撮影に雇った写真家が、新しい役員の顔写真の撮影を依頼するのに最適とは限らない。

Part3

サクセス ストーリー

見込み客を顧客に替えるコンテンツ
(あなたが盗めるアイデアとともに!)

Content That Converts:
Success Stories
(With Ideas You Can Steal!)

CHAPTER 19 学校を開設する
——レイノルズ・ゴルフ・アカデミー

　ゴルフ・インストラクターのチャーリー・キングは、ジョージア州グリーンズボロのレイノルズ・プランテーションに開設したこの新しいゴルフ学校のディレクターに雇われたとき、大勢の生徒を集めたいとは思ったものの、限られた予算内での賢明なマーケティング方法を考えなければならなかった。「ダイレクトメールを送る予算はなかったのだが、結局はそれが功を奏した」と、チャーリーは振り返る。わずかなマーケティング予算しかなかったおかげで、学校についての口コミを広げるクリエイティブな方法を考えざるをえなかったのだ。

　PGA（米国プロゴルフ協会）会員を21年続け、ゴルフに関することでは何事にも真剣に取り組むチャーリーは、快活な人柄と頭の回転の速さでも知られていた。彼はデイヴィッド・ミーアマン・スコットの『マーケティング

とPRの実践ネット戦略』に触発され、自分の指導哲学に無料レッスンとユーモアの要素を組み合わせて、口コミの拡散に火をつけるようなコンテンツを作ることに決めた。

ビジネスを呼び込むためのコンテンツ

　ゴルフ技術の向上を目指すゴルフ愛好家たちにアピールするため、チャーリーは持ち前の親しみやすくオープンなアプローチを、ブログ、動画、Eブックにも取り入れた。狙いは、ゴルフが一般に考えられているような近寄りがたいスポーツではないことを強調し、ゴルファーたちを魅了するような情報を共有することだった。もちろん、最終的な目標はレイノルズ・ゴルフ・アカデミーに参加してもらうことだ。レイノルズでは毎年、国内のゴルファー向けに1時間、半日、1日、3日の指導プログラムを提供している。

ブログ

　チャーリーは2008年2月に「ゴルフ指導の新ルール」というブログを立ち上げ、さまざまな話題の記事に加えて、パッティングのヒント、完璧なショットを打つための基本、本物のゴルフスイングとクラブを振り回しているだけの違いなどをテーマにした動画を通して、無料指導を提供することにした。

Eブック

　2009年3月には、お気に入りのゴルフ戦術のうち9つを「ゴルフ指導の新ルール」のEブック版にまとめ、レイノルズ・ゴルフ・アカデミーのサイトからでも彼の個人ブログからでも自由にダウンロードできるようにした。
　このEブックは、それまでの通則や古いゴルフ指導法に異議を唱え、そ

れほど厳格ではない新しいアプローチを提唱している。チャーリーは同じ年に『ウォール・ストリート・ジャーナル』紙にこう語った。「古い指導法では、スイングのときに一定方向に目を向けることを教えるが、ゴルフボールの動きを理解するのに必要な情報は与えていなかった」。彼の新しいルールは、よいスイングのための7つの基本スキルを説明しているが、グリーン周りの処理とパッティング、精神力の強さ、体力、賢い練習法の大切さも同じように強調している。

「ゴルフの上達法を理解するのは非常に難しい。このEブックはそれをきっちり説明している」。チャーリーはこのEブックを通じて、ゴルファーたちの苛立ちと困惑を軽減しようと試みた。

彼の親しみやすく寛大な人柄は、誰でも自由にこのEブックにアクセスできるようにしたことにも反映されている。つまり、コピーを手に入れたいと思う人に、連絡先の登録を求めてはいない。なぜなら、彼はできるだけ多くのオーディエンスにアピールしたかったからだ。Eブックのようなコンテンツを無条件で提供すれば、多くの人がダウンロードして、メール、Twitter、ブログなどで広めてくれる。2009年3月にリリースされてから、「ゴルフ指導の新ルール」は1万回以上ダウンロードされてきた。

動画

チャーリーが動画の製作を思いついたのは偶然だったが、結果的にこれがレイノルズ・ゴルフ・アカデミーのマーケティング努力の中心になった。2009年のはじめに『ゴルフマガジン』誌のためにセントキッツ島でビデオ撮影していたときのことだ。チャーリーが即席のレッスンで、苛立ちまぎれにゴルフクラブを水の中に放り投げる正しい方法を伝授している姿を撮影クルーがとらえていた。「水の墓地にクラブを沈める方法」とその動画では説明されている。

「投げる前に必ず助走をつけること。そのほうが遠くまで投げられる」。チャーリーは「クラブの正しい投げ方」の動画でそう真顔で説明している。

『ゴルフマガジン』誌のウェブサイト（Golf.com）で公開されたこの動画は、すさまじい勢いで広まり、これまでに180万回以上再生された。それを知ってチャーリーは、これだ、とひらめいた。彼は今では少なくとも週に2本の動画を「新ルール」のブログとYouTubeチャンネルに投稿している。現在、彼が送り出す動画は、ユーモラスなもの（「怒りの管理」や「クラブの壊し方」）から、より指導的なもの（「タイガー・ウッズのようにスイングする」や「長距離をまっすぐ飛ばす方法」）まで幅広い。撮影担当のマックスと、彼とパートナーを組む音響担当のジョージは、ほとんどの動画をコダックZi8で撮っている。ハイスピード動画（例えば、スイングの仕方をデモンストレーションするとき）の撮影では、カシオのExilim FH20を使っている。

商売繁盛!するための戦略

　チャーリーが製作するコンテンツのすべては、ゴルフを学ぶ人たちの関心を引き、動画や指導を通して技術を向上させるとともに、彼らを楽しませることに集中している。サイトの各ページでは、Facebook、LinkedInのゴルフグループ、Twitter経由で、チャーリーやレイノルズ・スクールのことをもっと知ってもらうように働きかけている。また、サイトからはレイノルズのメールマガジンの購読登録、特定のグループ（女性、接待ゴルファー、子どもたち）に向けたコンテンツのダウンロード、1時間の入門コースへの参加申し込みもできる。つまり、訪問者のチャーリーとスクールへの興味を増すようなコンテンツになっている。

　この戦略は成功した。チャーリーが動画、ブログ、Eブックの発行（最初の「新ルール」の後、さらに2作を発行した）に力を入れるようになってから、レイノルズ・ゴルフ・アカデミーは大繁盛している。チャーリーは、2009年の経済不況の間にも、スクールは「これまでになく活気づいていた。国の経済全体が困難な時期にあって、私たちのビジネスは安定していた」と振り返る。

ここから、あなたが盗めるアイデア

　焦点をはっきりさせる。レイノルズ・ゴルフ・アカデミーははっきりと焦点を定めている。ゴルフを学ぶことは、難しくも不可解でもないと教えることだ。コンテンツを利用してゴルフ指導のいわゆる古い通則の誤りを暴き、自分たちのスクールをそれに代わる、親しみやすくわかりやすい選択肢として位置づけている。これは、ブランドにとっての大きな差別化戦略になる。

　楽しむ。ゴルフだってただのスポーツだ。みなさんもそう思うのでは？（おっと、もっと真剣にゴルフに取り組んでいる人たちがこれを読んで、私たちの頭にドライバーを投げつけてくるかもしれないので、身をかがめておこう）チャーリーのひょうひょうとしたユーモアのセンスが、動画でも（「ゴルファーのための怒りの管理」）、ブログの見出しでも（「もっと下手にならないゴルフレッスンを受けたいだけなのに」）輝きを放っている。それを見るだけで、彼がコンテンツ製作を楽しんでいることがわかり、彼の熱意が伝わってくる。

　自分の強みを生かす。あらゆる種類のコンテンツをすべて手がける必要はない。自分が楽しめるフォーマットに集中しよう。チャーリーはこう提案する。「自分が向いているのが書くことなのか、ラジオで話すことなのか、動画に出演することなのかを見極めるといい。私の場合は、自分が動画向きだとわかった」。

　「バイラルな口コミ」を目指さない。「懸命になるほど不自然になる」と、チャーリーは言う。ブランドとその主張を反映する優れたコンテンツを発信し続ければ、たまには幸運なバイラルヒットに恵まれることだろう。

　「なぜなら、必ずしもバイラルである必要はないからだ」。チャーリーの動画すべてが再生回数100万回の大ヒットになるわけではなく、その必要もない。彼が関心を持つのは、動画の再生回数が予想どおりに上がっていくかどうかのほうだ。ゴルファーたちはこの情報を毎回見ていてくれるだろうか？

アクセス数は着実に上がっているだろうか？　それによって、指導内容が共感を得たかどうかがわかる。彼にとっては大量の閲覧者を生み出すより、ターゲット層の顧客に正しくアピールすることのほうが重要なのだ。

　行動を促す。チャーリーはコンテンツ作りのプロセスを楽しんでいるが、楽しむことだけが目的ではない。彼の動画やブログは、読者を刺激してこのスクールについてもっと知りたいと思ってもらい、そのための方法を知らせることを目的としている（メールマガジンを購読する、レッスンビデオを見る、ブログを購読するなど）。そのため、サイトの各ページにはわかりやすい場所に関連コンテンツへ移動するリンクが設けられ、個々のコンテンツにリンクを埋め込む場合もある。

　効果があるとわかったコンテンツに力を入れる。ブログと動画は簡単に到達度が測定できる。「私がブログを書くときには、どの見出しが注意を引くか、どれだけ多くの人がシェアしたか、どれが共感を呼んだかをつねにチェックしている」と、チャーリーは言う。この章で学んだことを踏まえて、あなたのコンテンツに必要な調整を加えよう。

CHAPTER 20 エキスパートに位置づける——クール・ビーンズ・グループ

　2007年10月にマーケティング・コンサルティング会社「ザ・クール・ビーンズ・グループ（The Cool Beans Group）」を設立したとき、ボブ・ノープは素早く信用を築く必要があった。彼には十分な経験があったが、これまでクライアントを助けてきた例をただ紹介するだけのウェブサイトにはしたくなかった。デジタル世界は急速に進化していて、成功事例を挙げてもすぐに古臭い情報になってしまうからだ。過去の業績を掲げることは、「歴史の本を読んで、それを最先端の思考法と呼ぶようなもの」とボブは言う。

　それよりも、彼は自分をこの分野のエキスパートとして位置づけようと思った。そして、広告やマーケティングの機会があれば、つねに自分の知識と最新の動向についての意見を共有して、見込み客に自分の存在を印象づけるように努力した。

ボブはこう語る。「自分が内容をしっかり理解して話していると印象づけたかった。まだ新会社でのプロジェクトを始動させる前の段階から、どうにかして差別化を図って名前を覚えてもらう必要があったんだ」。

ビジネスを呼び込むためのコンテンツ

そこで、ボブは見込み客のニーズに応えることに集中し、つねに新鮮なコンテンツを送り出す、活気のあるサイトを作ることにした。例えば、マーケティングをテーマにした週に一度のポッドキャスト「ビーンキャスト（www.beancast.us）」、成功事例を紹介するブログ、マーケティングに関する問題を取り上げる短いオーディオクリップ、サイトの中のより内容の濃いコンテンツの例を紹介する「ベスト・オブ・ショー」のコーナー、そして、ブログコンテンツの幅を広げるための動画などを含む、にぎやかなサイトだ。

ボブはこうしたすべてのコンテンツのための最新情報を、どのように得ているのだろう？ 彼はこう答える。「マーケターが集まる場所に出かけていく。彼らのブログや業界誌のウェブサイトに投稿する。Twitterでつぶやく。ビーンキャストのFacebookページもある。オンラインフォーラムにも参加するし、ウィキペディアにもビーンキャストのページがある（訳注：2012年に削除）」。

彼はどのようにフォロワーを引き寄せているのだろう？ コンテンツのすべては「関連するマーケティングのキーワード検索のために最適化されている」と、彼は説明する。

2008年春に開始した「ビーンキャスト」は、ボブのマーケティング努力の中心となるコンテンツで、重要なニュースや話題について、ボブが3〜4人のゲストと熱い討論を繰り広げる。毎週、ボブは業界誌を読むことに4〜5時間を費やし、5つの注目すべき話題を選ぶ。そして、マーケティングと広告の専門家を招き、台本を用意せず自由に討論する。

ポッドキャストを作るためにボブが使っている機材は、MacBook Pro、アレシスの8チャンネルUSBサウンドボード、MXL920と990XLRコンデンサーマイクで（「非常に安価だが品質はすばらしい」とボブは言う）、編集にはGarageBand（ガレージバンド）とSoundSoap（サウンドソープ）のソフトを使う。スカイプを通した電話も受けつけ、世界中のゲストが電話をかけてきて番組に参加している。

商売繁盛！するための戦略

ボブの購読者ベースは比較的少なく、800人といったところだが、彼のポッドキャストはもっと多くのリスナーに届けられている。新しいポッドキャストが公開された最初の週には、通常1500回以上ダウンロードされる（回によっては5000回以上のこともある）。全体として、ボブはポッドキャストとブログを通して、広告業界の人たち1万人にリーチできていると見積もる。

「［最初は］反応の大きさに驚いた」と、彼は言う。ポッドキャストは信用を築くためのツールを意図したものだったが、その人気は思いがけないボーナスになった。

ボブによれば、このようにコンテンツを製作・管理する目的は3つある。

1. **エキスパートと一緒にいる自分を印象づける**。「オンライン討論の場でエキスパートと一緒にいるところを見せ、彼らを引き立てれば、自分の印象もよくなる。こうすることで、彼らの社会的信用を共有させてもらうことができる」。
2. **顧客のためのコンテンツを提供する**。コンテンツが増えるほど、参照するアーカイブが増え、サイトの内容に奥行きが出る、とボブは言う。「討論の場でも、見込み客への売り込みでも、サイト内にある特定の番組や投稿について必ず触れている」。過去のコンテンツへの言及は驚く

ほど効果的なツールとなり、時間が経つほどに企業価値を高めていく。
3. **仕事をうまくこなせるようになる。**さまざまな場所でマーケティングに関する討論に参加することで、停滞を免れることができる。「私はいつも最新の成功事例について述べることにしている。それが顧客にとっても間違いなく有益な情報になるからだ。その価値はいくら強調してもしすぎることはない」。

ボブはこう結論する。「コンテンツをどんどん充実させ、そこへのアクセスを顧客に提供することが、自分をその分野のエキスパートとして位置づける確かな方法であることは間違いない。そうすることで顧客ロイヤルティーを築く道が開け、ブランドの支持者が増える」。

ここから、あなたが盗めるアイデア

自分の強みを生かす。ボブは話したり書いたりすることが自然にできるので、ポッドキャストとブログで自分の能力を発揮している。「もしあなたがレストランを経営していて、写真を撮るのがうまければ、写真ブログを開設するといい。自分に向いていないものまで、無理にあらゆるコンテンツを手がける必要はない」。

ルールを踏まえつつ、時々はそれを破る。ボブは、ビーンキャストでいくつかのルールを破ったことがあると認めている。次のようなルールだ。

- **番組の内容がはっきりわかるような名前をつける。**一般に、ポッドキャストのタイトルにはその内容と要点がすぐにわかるものが使われる。例えば、ボストンの広告・マーケティング会社、PJAエージェンシーの「This Week in Social(今週のソーシャルメディア)」がある。また、「Senior Moment(シニアの時間)」は、アルツハイマー病との付き合い方についてのポッドキャストで、ノースカロライナ州キンストンのデイケアサービ

ス会社、デイ・ブレーク・ライフセンターが製作している。こうしたものとは違って、「ビーンキャスト」というタイトルは、番組の内容についてあまり多くを伝えない、とボブは認める。これは料理番組なのか、それともガーデニング番組なのか、と思う人もいることだろう。

- **短いほうがいい**。多くのポッドキャストは通常は30分以内に抑えることが多く、5分から10分というものもある。ボブの番組は毎回1時間以上の長さになるが、リスナーは誰も不満を口にしない。それどころか、もっと長くしてほしいと言ってくるほどだ。
- **iTunesなどの配信サイトでは、ロゴではなく自分の写真を番組のアイコンとして使う**。一般にiTunesでは、名前と顔を表示するポッドキャストのほうがロゴを使ったものよりもリスナーを引きつけやすい。より人間味があり、企業色が薄れるからだ。ボブは、人の顔をしたキドニービーンズ（赤インゲン豆）が3つ並んだように見える彼の会社のロゴを使っている。かわいらしく、企業色はないが、ボブの顔ではない。

ボブはこう白状する。「あらゆるルールを破ってきた。だが、最初に概要を決めた戦略から外れない限り、ルールは破ってかまわない」。

テスト、テスト、テスト。ポッドキャスト製作に習熟するための道のりはかなり険しい、とボブは言う。オーディオ録音を数多くこなしてきた彼でさえそうなのだ。「正しく配線することから、適切な音量レベルでの録音と編集を経て、iTunesのリストに掲載し、あらゆるデバイスに正しくロゴが表示されるようにするまで、そのどれひとつとして簡単なものはなく、思ったより時間がかかる」。彼は、実際に始める前にライブのリハーサルを何度かしておくことを勧めている。システムの設定が済み、1回か2回分の番組を録音し、iTunesにアップし、ダウンロードし、さまざまなデバイスで聴いてみる。すべて問題なしだろうか？ そうしたら——それでようやく——スタートすることができる。

コンテンツを会話のきっかけにする。ボブは会話やブログ上で彼のポッドキャストについて頻繁に言及することで、顧客との会話に具体的な感触と深

みを与えている。また、そうすることで、ポッドキャストで取り上げる話題に関心を持つような新しい見込み客にもアピールしようとしている。

　つねに学習する。定期的にコンテンツを作ろうと思えば、自分の業界の成功事例と最新の動向につねに通じていることが不可欠になる。おそらく、これはあなたが盗めるアイデアにはならないかもしれないが、つねに学ぶ姿勢を忘れずにいられるという点でも、継続的にコンテンツを送り出すことには意味がある。

CHAPTER 21

新兵を募集する
——米国陸軍

　米国陸軍（U.S. Army）は将来の兵士たち——17歳から24歳の若い男女——に働きかけるために、長らく従来型メディアを使ってきた。しかし、ターゲット層となる若者たちはもうテレビやラジオに釘づけになってはいない。「テレビがついていても、彼らはメールを送りながら、片方の耳でiPodに曲をダウンロードし、もう片方の耳でテレビを聞いて、ひざにはラップトップを乗せている」。陸軍のマーケティングと新兵募集を担当する新規採用司令部の最高マーケティング責任者、ブルース・ジャスーダはそう語る。

　ターゲットとするのが新しいメディアに慣れ、マルチタスキングを得意とする年齢層なので、陸軍も伝統的な広告、つまり、テレビ、新聞・雑誌、ラジオなどで若者の注意を引くのはもう難しいと理解するようになった。ブルースは、陸軍についての対話の場に若い男女に参加してもらい、どんどん

質問をできる機会を与えれば、興味を持って新兵募集事務所を訪ねてくれる可能性が増すだろうと考えた。

ビジネスを呼び込むためのコンテンツ

　陸軍のウェブサイト「ゴー・アーミー・ドットコム」（GoArmy.com）は最新のコンテンツを提供しているが、「対話方式ではない」とブルースは言う。「対話型であればもっと関心を持ってくれる。個人的な質問もしてくれるだろう。我々は陸軍についての話題に集中した対話の場を作りたいと思っていた」。

　そこで、ブルースのチームは2008年に、「陸軍ストロング・ストーリーズ」（www.armystrongstories.com）というウェブサイトを新たに立ち上げ、そうした対話の場にすることを目指した。

　このサイトでは、陸軍の関係者に限らず誰でもコメントを書き込み、質問をし、アカウントを作って、ブログに投稿することができる。コンテンツを広めるためにTwitterとも連動させ、動画を投稿したいブロガーたちのためにYouTubeチャンネルも作った。

　このサイトに掲載されるユーザー発信のコンテンツは、ほとんどまったく検閲されない。冒瀆的な言葉やポルノを除けば、何でも受け入れられる。自分が直接体験した話でも、世界中の前線にいる兵士や民間人から得たコンテンツでもかまわない。

　「イラクやアフガニスタンからの投稿もある。我々は10年間、戦争を続けている。その話題を避ければ信用を失うことになる」と、ブルースは言う。

　そして、**信用こそ、若者たちに会話に参加してもらおうと考える理由**のひとつだ。「ソーシャルメディアは正直な対話が信条だ。何も隠さず真実を見てもらいたい。ありのままの陸軍を知ってほしい」。

　このウェブサイトには兵士をはじめ、陸軍関係者からの投稿が数多く掲載され、よくも悪くも、彼らの真実のストーリーが語られている。ある予備役

兵士は海外に派兵されるときに、仕事、学校、家族と離れる難しさを語っている。ある兵士は戦死した仲間を称えている。ある士官候補生はウェストポイント（陸軍士官学校）に向かう興奮を語っている。

そして、サイト訪問者が「私が派兵されたら、家族はどうなるのですか？」「医療は整っていますか？」のような質問をすれば、正直な答えが返ってくる。「それがこのサイトのよいところだ。情報は個別に扱われる」と、ブルースは説明する。

ウェブサイト自体ではこう説明されている。「ストロング・ストーリーズでは、陸軍の兵士と直接交流し、陸軍の内部をのぞき見ることができます。兵士たちがなぜ国に奉仕したいと思ったのかを自ら語る言葉を聞き、陸軍での生活について知り、陸軍でのキャリア構築の機会について学んでください」。そして、こう付け加える。「何か刺激になったことはありますか？　あなた自身の陸軍に関する経験、あるいはあなたが支援する兵士たちについての話をぜひこのサイトで共有してください」。

商売繁盛！するための戦略

この陸軍のサイトは、その成功度を主に参加者の数で評価している。最初はゆっくりした成長だったが、2年目の終わりまでにはブロガー数が170人になり、2010年の前半には、月あたりのユニークビジター数（ウェブサイトの訪問者を重複しないように数えた人数）が倍増して1万9000人ほどになった。

陸軍は他のマーケティング手段に関しては投資収益率がすべてと考えるところがあるが、ソーシャルメディアについてはまだいくつかの点で「開拓途上」なのだという。ブルースは、「どんな考え方でもそれを証明する機会が与えられる。ソーシャルメディアには画一化された方法論というものは存在しない」と言う。

それでも、「ストロング・ストーリーズ」が正しいことをしているのは間

違いない。このサイトは国際ビジネスコミュニケーター協会（IABC）の2010年度「金羽根賞（ゴールドクイル）」のソーシャルメディア部門賞を獲得し（ビジネス・コミュニケーションでは最高の名誉のひとつだ）、2010年度ブロンズサーベル賞（広告業界のリーダーによって与えられる賞）ではベストブログ賞を受賞した。

　ソーシャルメディアへの進出は、巨大で実体がつかめず、動きが鈍いという陸軍のイメージを覆す助けにもなっている。「陸軍のように厳格に管理されて堅苦しいと見られがちな組織がソーシャルメディアに進出するというのは、一見すると似つかわしくないと思われるかもしれない」。

　ブルースは、「陸軍についてはいろいろな見方をされているが、その多くは間違っている」と指摘する。ストロング・ストーリーズはその認識を変えることに貢献し、若いオーディエンスに陸軍を魅力的に見せることに成功してきた。

　しかも、ソーシャルメディアでのマーケティングは、従来のテレビ、ラジオ、新聞・雑誌での広告よりも、ずっと少ないコストで済んでいる。

ここから、あなたが盗めるアイデア

　真実のストーリーを語る。ブルースは、「陸軍ストロング・ストーリーズ」がすべての人に開かれ、どんな内容の投稿でも検閲を受けずに掲載されるべきだと強く信じていた。しかし、彼の上司の三ツ星階級章の将軍は、それほど乗り気ではなかった。ブルースはどのようにして上司を説得したかをこう説明する。「国防総省で会合を持ち、このウェブサイトの開設について話しているときに、将軍はこう言ってきた。『このウェブサイトでは兵士が何を発言しても許し、誰でも自由にアクセスできるようにするということか？　それで間違いないのか？　私はそれについては少し懸念がある』。私はこう答えた。『将軍、我々が働きかけるのは、全米の若い男女です。彼らに陸軍について説明し、入隊書類にサインするように頼み、髪を短くさせ、3日後

にはライフルと実弾を与えるのです。自由にアクセスを与えて、聞きたいことを何でも質問してもらい、それに答えるのは当然でしょう』」。将軍はそれで納得した。

　誰でも参加してもらう。「ストロング・ストーリーズ」がうまくいっているのは、陸軍に興味を持つ誰もが参加できるからだ。「医師、ジャーナリスト、家族、コミュニティーのメンバー、士官、兵士、あらゆる人たちが参加している」とブルースは言う。

　彼は、ブログ寄稿者の募集は、サイトを通じて自然な形でなされる、と付け加える。「『我々はブログを書いてくれる看護師を必要としています。中尉を必要としています』などと、いちいち募集をしたりはしない」。

　意思決定者への完全に自由なアクセスを提供する。ソーシャルメディアはアイデアを持つ人が意思決定をする人に自由にアクセスできるときに最もうまく機能する、とブルースは考えている。「委員会のようなものを通すと物事は曖昧になる。我々には委員会は存在しない。陸軍はリーダーシップと意思決定がすべてだ。それをソーシャルメディアでも実践している」。

　「ストロング・ストーリーズ」の開設については、「ふたりの人間との二度の話し合いで、すべてが始まった」という。

CHAPTER 22
女性に車を売る
——アスクパティ・ドットコム

「アスクパティ・ドットコム」（AskPatty.com）は、ターゲットとする女性向けの自動車小売市場に対して、ふたつの方面からのアプローチを採用している。まず、消費者に対しては、自動車に関する助言と調査結果を提供する、**信頼できる親しみやすい情報源**になることを目指している。そして、自動車ディーラーや部品ディーラー、その他のサービスセンターや修理センターに対しては、「女性に優しい自動車ビジネス認定プログラム（Certified Female Friendly）」で、女性客をどう引き寄せ、どんなサービスを提供すべきかについての訓練を実施し、修了者には認定証を発行している。

　最高経営責任者（CEO）のジョディ・デヴィアーは、この会社は自動車購入市場の空白部分を埋めているのだと話す。車は高価だから、その購入は大きな決断になる。それなのに、車の購入と維持に関する女性客向けのアド

バイスはまったく見つからない。ほとんどのサイトは男性の購入者やマニア向けのものだ（注：精肉店にも同じ男性中心の雰囲気がある。もちろん、ポークチョップ（豚の骨つきロース肉）に40ドルを投資するのは、車に数万ドル投資するのと同じではない。とはいえ、共通するものはある）。「多くのサイトは女性向けの話題を扱っていない。消費者にとっては人生で2番目に大きい買い物なのに」と、ジョディは言う。

こうして、コンテンツが彼女のビジネス努力の中心を占めるようになった。ジョディは販売とマーケティングでは25年を超える経験を持ち、起業家として成功している。アスクパティ・ドットコムでは、女性が関心を持つようなスタイルとアプローチを用いたコンテンツ作りに努め、広告に多額の投資をすることなくブランド認知度を高めることにした。

ビジネスを呼び込むためのコンテンツ

AskPatty.com の開設に先立ち、ジョディはこの新しい会社についての口コミを広める手段としてブログ（http://askpatty.typepad.com）を立ち上げた。そして、自動車修理工、自動車販売店、当時 NASCAR（訳注：ナスカー。全米自動車競走協会が主催する自動車レース）のドライバーだったデボラ・レンショーなど、車と関連したさまざまな職業に就く女性たちに働きかけて、各自の専門分野の知識を共有してもらった。

ジョディはアスクパティのブランド認知度を高める努力について、こう語る。「ブランド構築のための私の戦略のひとつは、他のサイトへもコンテンツを無料で提供すること。自分のサイトにトラフィックを誘導することがすべてではない。消費者のいる場所で出会えるようにすることが重要になる。マーケティングはもう以前のように、消費者を1カ所に集めるように働きかけるものではなくなった」。

彼女は AskPatty.com の閲覧者層を広げるために、次のことをした。

パートナーシップ

　ジョディは女性に人気のあるウェブサイトとソーシャルネットワークのリストを作り、彼女のコンテンツを無料で提供することを申し出た。AskPatty.comへのリンクを貼ることだけが条件だ。また、これらのサイトをアスクパティのパートナーページのリストに加え、さまざまな形でプロモーションを行った。例えば、中古車情報サイトの「オートトレーダー・ドットコム」（AutoTrader.com）は彼女のコンテンツをサイト上で利用し、リンクを掲載している。アスクパティでも、オートトレーダーの自動車購入アプリを話題に取り上げる。子育て情報サイトの「ペアレントフッド・ドットコム」（Parenthood.com）やシカゴ・トリビューン紙もパートナーになっている。

シンジケーション

　ジョディはAskPatty.comのコンテンツを幅広い読者層を持つ大きなサイトやメディア系ポータルサイトにも配信して共有している（訳注：シンジケーションは、外部からRSSフィードなどで配信されたコンテンツを自社サイトのコンテンツの一部として掲載すること）。

- **ブログ・ハー（BlogHer）**：2500のブログサイトで構成されるネットワークで、毎月2000万人の女性たちに情報発信している。
- **Twitter マムズ（TwitterMoms）**（訳注：現在は名称が変わり「ソーシャル・マムズ」（SocialMoms.com）という）：個人ブログや専門ブログを管理している活動的な母親たちのネットワーク。その多くが、ソーシャルメディア、とくにTwitterを初期に導入した女性たちが多く、1000人以上のフォロワーを持つことも普通だ。
- **マム・ブロガーズ・クラブ（Mom Bloggers Club）**：母親ブロガーたち

の最大のソーシャルネットワークのひとつで、9000人以上の会員がいる。
・ブログ・バースト（**BlogBurst**）：ブログコンテンツを、カテゴリが明確な一流のウェブサイトに掲載するシンジケートサービス（訳注：現在はDemand Media Blog Distribution Network に統合され、運営形態が変わっている）。

　ジョディは彼女の成功に最大の貢献を果たしたのがシンジケートへの努力だと考えている。「従来型の広告キャンペーンにそれなりの額の投資をしても……トラフィックが一時的に急増するだけですぐに消えてしまう」。一方、コンテンツ・シンジケーションのシステムなら、「貯金箱のようなもの。オンラインの記事が消えてなくなることはないから」と言う。それどころか、こうしたコンテンツは、トラフィックの誘導とブランド構築に資金を与え続ける一種の助成金として機能する（あるいは、第1章で述べたように「情報年金」として、「恵みを与え続ける贈り物」になる）。

ソーシャルメディア

　他の多くの企業と同じように、ジョディも顧客の関心を引き、関係を築くために、FacebookのページとTwitterのアカウントを作った。そして、そのコンテンツを他のソーシャルサイト（Ning（ニング）ネットワークスのグループなど）にフィードして、コンテンツを相互交流させることで、閲覧者層をさらに広げている（Ningは自前のソーシャルネットワークを構築するのを助けるサービスで、約30万のネットワークが参加している）。
　「人々がNingの私の会社のプロフィールを訪ねると、RSSフィードも見ることになる。それがコンテンツのまた別の連携ポイントになる」と、ジョディは言う。

業界発行物

　AskPatty.comの寄稿者は、月に何度か他の自動車関連の雑誌やウェブサイトにも助言やコメンタリーを書いている。ジョディは、こうした寄稿が「私たちのプログラムにものすごくたくさんのリードと関心を生み出している」と言っている。

商売繁盛！するための戦略

　ジョディのコンテンツがどれほどの範囲に広がっているかを測定するのは難しいが、彼女は3カ月に2000万のアクセス数があると見積もっている。その大部分は情報を求める消費者だが、少数ながら利益につながる人たちからのアクセスもある。検索を通して彼女のサイトを見つけるディーラーやサービス業者たちだ。ジョディのコンテンツは1日に着実に10～12件のビジネスを生み出し、彼女にとっては「驚くべき結果」になった。

　ジョディのコンテンツは彼女に数多くの露出の機会を与え、『ニューヨーク・タイムズ』『フォーブズ』『ウォール・ストリート・ジャーナル』『ウーマンズ・デイ』『オプラ・マガジン』などの新聞・雑誌で頻繁に取り上げられるようになった。ラジオやテレビ番組に専門家としてゲストに呼ばれることも多く、モーター・トレンド・ラジオ、カー・コンサーンズ、オプラ・アンド・フレンズ・ラジオ、ラジオ・ディズニー、ナショナル・パブリック・ラジオの『トーク・オブ・ザ・ネーション』、CNN、Fox、ABC、NBCと、たくさんの出演の機会を得た。

ここから、あなたが盗めるアイデア

　集中、集中、集中、（とにかく集中）。ジョディのサイトが興味を引くのは、他の自動車関連サイトとは違っているからだ。女性客のために自動車用語を解説し、個別に対応して助言を与える情報源となっている。それは当然のことのように思えるかもしれないが、ジョディ自身は、ファンを増やしたいあまりに幅広い話題を取り上げたいという誘惑に駆られがちなのだという。だが、それでは効果がない。「何かのエキスパートになることが大切。それにこだわり、長く続けているうちに支持基盤が築かれていく」。

　訪問者が理解する言葉で優れたコンテンツを作る。「コンテンツをめぐる戦略は、ただよい記事5本を送り出せばいいというものではない。どうタグ付けするか、どんなタイトルをつけるかが大事」と、ジョディは言う。あなたのターゲット・オーディエンスは、助けを必要としている問題を表現するのにどんな言葉を使っているだろう？　そうした言葉をコンテンツに組み入れ、検索結果にそのコンテンツが現れるようにしよう。

　コンテンツを自由に解き放つ。求める人には「誰であれ」コンテンツを提供する。リンクを貼ることと、記事内容や埋め込んだリンクに変更を加えないというのが条件だ。自分のコンテンツをウェブ上の無数のサイトに植えつけることで、加速度的に露出が増していく。

　自分をエキスパートと呼ぶことを恐れない。人々の役に立つ価値あるコンテンツを提供することで、いまやジョディはエキスパートと見られ、それがメディア出演の機会を増やしている。

　量より質。最初、ジョディは1日に7本のブログを書いていた。できるだけ多くのコンテンツとリンクを生み出そうとしたのだ。しかし、そのうちに本当に優れた記事1本があれば、まあまあのものをたくさん作り出すより、高い配当金が入ってくることに気がついた。現在、AskPatty.comは1日に1本ペースで新しい記事を掲載している。

忍耐心を持つ。コンテンツ戦略は一夜で効果を出すことはない。「貯金箱のようなもの。毎日、少しずつお金を貯めていく」。継続は力なり、である。

CHAPTER

23

B2B商品の販売
——キュヴィディアン

　キュヴィディアン（Qvidian）は企業の販売実績改善を助けるソフトウェアを売っている。この会社のビジネスは、**顧客の気持ちをつかんで販売契約をとりつけられるように、営業担当をいかに正しい種類のコンテンツで武装させられるか**がネックのひとつとなる。そのため、彼らはEブックと動画コンテンツの価値もよく理解している。

　B2B企業が製作するコンテンツのほとんどは、買い手側の興味を引く魅力に欠けている、ということにキュヴィディアンは気づいた。「マーケティング担当者が作成したコンテンツを別の部署にいる営業担当者にぽんと手渡すだけで、営業担当者が契約をとるために本当に必要としているコンテンツになっていないことが多い」。同社の元上級マーケティング・コミュニケーション・マネージャーのエイミー・ブラックはそう話す。彼女は現在、マサ

チューセッツ技術リーダーシップ協議会（Mass TLC）のマーケティング部署を率いている。

多くのB2B企業がそうであるように、キュヴィディアンの販売サイクルは長期にわたる。見込み客を"セールスファンネル（販売じょうご）"の入り口（見込み客との最初の接触）から出口（購買決定）まで導くのは、つまり、認知を高めてリードを生み出すところから、販売を達成するまでは長い道のりだ。他の企業に複雑な製品やサービスを売るB2B企業の多くでは、販売プロセスは6〜36カ月になる。そこで、キュヴィディアンはそのサイクルの各段階にいる見込み客がどんな情報を求めているかを考え、それに合わせて買い手側に役立つコンテンツを作ることにした。

ビジネスを呼び込むためのコンテンツ

エイミーはB2Bの販売サイクルに合わせたコンテンツ・ライブラリーの構築を始めた。見込み客向けのEブック、ホワイトペーパー、動画を作り、すでに購買プロセスをかなり進んでいる企業だけでなく、キュヴィディアンについて知ったばかりの企業も対象にした。

また、営業担当者向けに販売プロセスの各段階とそこで必要となるコンテンツの種類がわかるような一覧を作成した。製作されるコンテンツのそれぞれが、契約に向かって進むための段階的役割を果たしている。「どのコンテンツもひとつの目標を念頭に置いて作成している。それは、なぜそのコンテンツを作るのか、ビジネス上の目的やマーケティング上の目的を与えるということだ」。

通常は、販売につながる有望なリードを生み出すことが第一の目的になる。しかし、コンテンツには第二の目的も与えられる。例えば、キュヴィディアンはEブック「最強の営業の手引きの作り方：契約を勝ち取る手引きを考案する4つのステップ」を、リード獲得のためのコンテンツとして作成したが、リード育成（ナーチャリング）（訳注：リード（見込み客）を段階的なアプローチ

で啓蒙し、徐々に購買意識を高めていくこと）のためにも使っている。最初の接触から契約取り付けまでの中間段階で使うものだ。

あなたの会社が売っているソリューションがどんなものであれ、リード育成段階では見込み客の関心を引き続けるためにコンテンツが大きな役割を果たす。

キュヴィディアンはさまざまなニーズに応えるために、主に3つの種類のコンテンツを製作している。Eブック、ホワイトペーパー、動画である。

Eブック

見込み客との接触の初期段階では、キュヴィディアンはホワイトペーパーを避け、もっと視覚的にも内容的にも興味を引きやすいEブックを選んでいる。「競争相手の中で一歩抜きん出るには、ホワイトペーパーよりもEブックのほうが効果がある」と、エイミーは言う。

Eブックとホワイトペーパーの違いは何だろう？　大きな違いは文体と語り口だ。ホワイトペーパー（調査レポート、サマリー、技術概要などと呼ばれることもある）は、買い手側にとって重要な特定のテーマに集中したまじめなレポートになる傾向がある。Eブックは——キュヴィディアンの「あなたの売上指標を徹底分析——セールスの隠れた宝を見つける4つの方法」のように——あまり形式ばらず遊び心がある。Eブックはホワイトペーパーと同じくらいの長さ、時にはもっと長くなることもあるが、関心を持たれるテーマを選び、魅力的なデザインにして、太字の文字を使うなどレイアウトにも凝っている（ホワイトペーパーとEブックについて、さらに詳しくは第13章を参照）。

ホワイトペーパー

もっとも、ホワイトペーパーをコンテンツ構成に加える価値がないと言っているわけではない。ホワイトペーパーにも十分な役割がある。多くの

B2B企業が作成しているものと同じように、キュヴィディアンのホワイトペーパーも、より大きなテーマを扱いながらも個々の読者、この場合には販売担当重役にアピールする考え抜かれた内容だ。例えば、「売り上げが断たれた？（Is Sales Broken?）」という挑発的なタイトルがついたものがある。「販売プロセスに何か根本的な間違いがあるのでは？　それとも、業界全体が変化しているだけ？　もし変化しているなら、あなたはその流れに乗れているだろうか？」と、エイミーは問いかける。

動画

すでにあなたの会社の提供するサービスについて知っている見込み客を顧客へと育成するには、動画が非常に効果的だ。キュヴィディアンの動画は個性とユーモアにあふれている。「営業担当副社長の告白（Confessions of a Sales VP）」では、ある重役が仕事で犯した過ちすべてに対して罪の意識にとりつかれ、神父に告白をする。彼の最後の告白が、「神父様、最悪なのは、CEOから進行中の取引について聞かれたときに、私が作り話をしていることです」というものだ。この動画のポイントは、営業担当者が実際に抱えている問題をユーモラスに取り上げていることである。もちろん、そこにはキュヴィディアンならそうした問題を解決できるという意図が込められている。

「オーディエンスは自分自身を笑い飛ばすことを好むもの。少し冷めた目で自分を見ている」と、エイミーは説明する。

ほとんどの動画には脚本があり、時には俳優を雇うこともある。エイミーはプロの撮影クルーも雇った。しかし、メッセージが明確であれば、動画は「オフィスで撮影したものでも、質の高いものにすることができる」と言う。例えば、エイミーは会議中に小型ビデオカメラのFlip（フリップ）を使って、顧客が話すところを録画している。「画質は最高とまではいかなくても、キュヴィディアンらしさがよく出ている」。そこには、この会社がリード育成のために使っている力強いメッセージが込められていた。

商売繁盛！するための戦略

コンテンツは新しいリードを生み出すための重要な源泉のひとつになる。例えば、2009年には、見込み客の70％がEブック「最強の営業の手引きの作り方」をダウンロードしていた。これまでに、総計1万2000人がこのEブックをダウンロードしている。

「営業担当副社長の告白」の動画はクリック率が10％で、キュヴィディアンを後押ししてさらに多くの動画で実験させるのに十分な反応だった。

ここから、あなたが盗めるアイデア

目的を定める。とくに会社の規模がまだ小さいときには、目的やはっきりした価値を持たないコンテンツを作っている余裕はない。コンテンツの製作プロセスでは計画が大きな部分を占める。エイミーによれば、「何かを実際に作る段階に至る前に、それをどのように利用するのか、どんな点で役に立てるのかを決めておかなければならない」。

買い手を（譬えて言えば）速く走らせ、高くジャンプさせるようなコンテンツを作る。B2B企業にとって、誰かがよりうまく仕事をこなせるようになるのを助けるコンテンツほど優れたものはない。有益な情報や具体的なステップ、ヒントやハウツーを考えて伝授し、優れたタグボートの運搬業者、あるいはソフトウェアのセールスマンになる手助けをする方法を考えるのである。

営業担当者からフィードバックを得る。営業担当者につねに「これは役に立っているかい？」と尋ねるようにしよう。営業担当者が見込み客の背中を押すのを助ける、あるいは障害を克服するのを助けるコンテンツを作らなければならない。エイミーはこう付け加える。「もし営業担当者からのフィー

ドバックなしに自分ひとりで取り組めば、的外れのものを作りかねない」。

　機敏に反応する。速攻のコンテンツ作りの機会ができたときに備えて、いつでもカメラ、マイク、ノートを取り出せるように準備しておく。イベントや見本市は素早くコンテンツを作る絶好の場所だが、それ以外の機会も見逃さないようにする。例えば、顧客が本社を訪れたときなどだ。

　「ショウほど素敵な商売はない」。たとえ B2B 市場を相手にしているのであっても、(「営業担当副社長の告白」のように) 買い手を楽しませ、驚かせ、夢中にさせるコンテンツを作ろう。これまで見たことのないような、楽しい要素を含むコンテンツ作りに取り組んでほしい。

CHAPTER

24

B2B企業の手本
――ハブスポット

　ハブスポット（HubSpot）社は、説得力あるコンテンツ作りを目指すB2B企業にとっては手本となる企業だ。その理由はふたつある。まず、（1）**多様なコンテンツを次々と送り出していること**。そして、（2）**広く読まれているブログを企業のマーケティングというよりは、業界誌やビジネス誌のアプローチで管理していること**。

　マサチューセッツ州ケンブリッジに本社を構えるこの会社は、中小企業向けのマーケティング用ソフトウェアを売っている。マーケティング担当副社長のマイク・ヴォルピによれば、ハブスポットのマーケティング戦略の要（かなめ）となっているのが、ブログ「インバウンド・インターネット・マーケティング」（http://blog.hubspot.com）だ（訳注：現在のブログタイトルは「All inbound marketing, all the time」）。というのも、キーワードを豊富に詰め

込んだコンテンツを掲載するこのブログが、検索エンジンからのトラフィックを誘導するのに大きな役割を果たしているからである。それと同時に、ブログはソートリーダーシップを確立し、見込み客の信用と信頼を得るための優れた道具にもなる。さらに、ソーシャルメディア戦略にとっても、ブログは欠かせない。

　ハブスポットは、インバウンド・マーケティング——ブログ、検索、ソーシャルメディアを通して、顧客に見つけてもらうことに集中したマーケティング・アプローチ——を重視している。マイクは、ブログが「どんな企業でも取り入れられる非常に重要なアプローチのひとつ」と付け加える。同社の調べによれば、ブログを利用している企業は、利用していない企業よりウェブサイトへのトラフィックが55％多く、外部からのリンク数も97％多いという。

　「本当に優れたコンテンツを作ることを中心にブランドを築いてきた。我が社が売っているソフトウェアとはほとんどまったく関係のない内容のものだが、我が社をこの業界のリーダーに位置づけるコンテンツだ」と、マイクは言う。

ビジネスを呼び込むためのコンテンツ

　この章の冒頭で、ハブスポットを「B2B企業にとってコンテンツ製作の手本となる企業」だと紹介した。その意味を説明しよう。

ブログ

　ハブスポットのブログ「インバウンド・インターネット・マーケティング」は、毎営業日に最低3本の新しいブログを掲載する。コンテンツは製品やサービスに関するものというよりは、顧客に知識を授けるものや、顧客にとって価値ある話題を取り上げたものが多い。例えば、「グーグル・ウェブ

マスターを使って検索エンジンのトラフィックを増す3つの方法」「リード育成のための電子メールマーケティング、5つの成功事例」「LinkedIn グループをうまく管理する方法」などがある。なかにはユーモラスなコンテンツもあり、例えば図24.1のように漫画を使ったものもある。

動画

すさまじい量のブログを書くことに加えて、ハブスポットは動画、マーケティング専門家やブロガーへのインタビュー、動画チュートリアル（訳注：製品の使い方や機能を説明したもの）などのコンテンツを製作している。そ

図24.1　ハブスポットの漫画コンテンツ

出典：http://blog.hubspot.com/blog/tabid/6307/bid/5932/Facebook-Plugins-in-Real-Life-Cartoon.aspx

れ以外にも、音楽ビデオ（カナダの女性シンガー、アラニス・モリセットの「You Oughta Know（ユー・オウタ・ノウ）」を替え歌にした「You Oughta Know Inbound Marketing（インバウンド・マーケティングを知ってほしい）」などを作っている）や、「ハブスポット・オリジナルズ」と題したコメディ寸劇の独自チャンネルを持ち、ウェブシリーズ、パロディ動画（http://youtube.com/Hubspot）も作っている。

ウェビナー

毎週ライブのウェビナーを開催し、ブログ、検索エンジン・マーケティング、マーケティング分析、プレスリリースなど、さまざまな話題を取り上げている。

研究・調査レポート

また、もう少し大がかりな研究・調査レポートを定期的に作成している。例えば、2010年の「インバウンド・マーケティング・レポート」では、インバウンド・マーケティングを重視した組織は、ダイレクトメールや広告のような従来型マーケティングを用いる組織に比べて、獲得する見込み客1人あたりのコストが平均して60％少ないという調査結果を報告した。「Twitter世界の現状」というレポートでは、Twitterのアカウントから得たデータを分析し、世界のTwitter利用の現状について報告した。すべてのレポートはPDFファイルを無料でダウンロードできるようにしている（訪問者はファイルにアクセスするのに、メールアドレスやその他の情報を入力しなくていい）。ハブスポットのオンライン・コンテンツの一部（ウェビナーなど）には登録を求めるものもあるが、大部分は無料でアクセスできる。

無料ツール

ハブスポットは企業がソーシャルメディアのマーケティング効果を分析できる、「グレーダー（Grader）」と呼ばれる貴重な無料ツールを数多くリリースしている。ウェブサイト・グレーダー（Website.grader.com）は、ウェブサイトがどれほど効果を上げているか（トラフィックを獲得しているか、検索エンジン最適化の問題を抱えていないか、ソーシャルメディアでどれほど人気を得ているか、など）を教えてくれる。Twitterグレーダー（twitter.grader.com）では、自分のTwitterにどれほどの効力や影響力があるかを測定してくれる。

ビデオポッドキャスト

毎週金曜日の午後、マイク・ヴォルピと製品マネージャーのカレン・ルービンは、「ハブスポットTV」と呼ばれるライブのビデオポッドキャストを配信している。半分はニュース番組、半分はトークショーといった性格のこの番組は、ちょっとしたビジネスニュースとその週の話題を取り上げる。その日の話題についての専門家をゲストに招くことも多い。配信された番組はiTunesにアーカイブされ、番組の大ざっぱな進行の流れを記した製作メモとともにブログにも投稿される。

商売繁盛！するための戦略

ブログはハブスポットにとって3番目に大きい見込み客獲得の手段となっている。マイクによれば、ハブスポットのブログは現在、メール配信とRSSフィードを合わせて約3万人の購読者を抱える。人気のある投稿には最初の3日間に5000〜1万回のアクセス数がある。訪問者のおよそ7〜

10％は最終的に同社のウェブサイトを訪れ、そのうち10〜20％が顧客になる。

　毎週の「ハブスポットTV」に関しては、ライブの視聴者は100人ほどだが、アーカイブ版を見る人は数千人に及ぶ。ハウツーを教えるウェビナーには、取り上げる話題によって5000〜1万2000人の参加者がある。

　また、この会社の人気のYouTube動画は再生回数が数万回に達する。例えば、前述した音楽ビデオの「インバウンド・マーケティングを知ってほしい」は、最初の1週間に4万回再生され、「マーケティング」のキーワードで検索されるYouTube動画のランキングで1位になった。他の、もっとまじめな動画も2万回以上再生されることがある。「オーディエンスがB2Bであることを考えれば、なかなかの数字だ」と、マイクも満足している。最近のフォレスター・リサーチ社の調査によれば、キーワード検索に最適化されたYouTube動画は、通常のウェブページよりもグーグルの検索結果の最初のページに表示される確率が50倍も高い。それだけでなく、クールで楽しい動画は、他のテキストベースのコンテンツにはできない方法で見る人を引きつけ、それによってインバウンド・リンクも増える。

ここから、あなたが盗めるアイデア

　重要顧客のペルソナを想定する。ハブスポットは、どのタイプのコンテンツでも一貫して自社製品やサービスについて語ることは少なく、顧客に知識と価値を与える話題を取り上げている。顧客が何に関心を持っているかを、彼らはどのように知るのだろう？　ハブスポットは彼らが注意を引きたいと考える顧客の特徴をもとに「バイヤー・ペルソナ」を想定し、その人たちが価値を見出せるようなコンテンツを作っている。「『私の顧客や見込み客は何に関心を持つだろう？　彼らがもっとうまく仕事をこなせるように、どう助けることができるだろう？』と、自らに問いかけるようにしている」と、マイクは説明する。

既存顧客に語りかけることも忘れない。もちろん、想定上のペルソナの注意を引くコンテンツを作ることは、実在する既存顧客に話しかけることの代わりにはならない。既存顧客からフィードバックを得るために、ブログ上で定期的に簡単なアンケート調査を実施するのはどうだろう？　彼らが何を読みたいと思っているか、どんな形式のコンテンツを好むのかを尋ねるのである（音声、動画、それともテキスト？）。そのときには、自由回答形式のコメント欄を設けるのを忘れないようにしよう。サーベイモンキー（SurveyMonkey.com）やサーベイギズモ（SurveyGizmo.com）のようなオンライン調査ツールを使うと、各種のテンプレート中から好きなものを選んで、無料でアンケートを作成できる。

　会話を誘発する。ハブスポットはブログや他のコンテンツ上の会話に参加するだけでなく、自らも会話を生み出している。時には論争を巻き起こすような意見を提示することもあれば（「郵便局へのメッセージ：ダイレクトメールは時代遅れだ」）、はっきりとハウツーのアプローチをとることもある。マイクによれば、ハブスポットがコンテンツを開発するときに考えるのは、「読者が友人と共有したくなるコンテンツとはどんなものだろう？　どんなコンテンツなら人々が話題にしたがるだろう？」ということだ。

　自分の組織の中にコンテンツ・クリエイターを探す。1日に3本以上のブログ、動画、ウェビナーなどを送り出しているハブスポットは、製作するコンテンツの数も相当なものになる。発行スケジュールを守るために、組織内のあらゆるレベルのスタッフがコンテンツ製作に参加している。マーケティングチームがブログを含め大量のコンテンツを管理し、投稿を編集し、注目を集める見出しを書いているが、組織全体で40人ほどの社員がそれぞれの役割を果たしている。ハブスポットは社員に投稿を強制することはしないが、全員にそうするように「さりげなく奨励している」という。マイクは、「おそらく全社員の半分がブログ用の記事を書いたことがあると思う」と付け加える。

　また、ハブスポットはコンテンツ作りに意欲的な社員をつねに探している（そうした熱意を持つかどうかで、採用を決めることも多い）。例えば、マー

ケティングマネージャーのレベッカ・コーリスは、会社帰りにアカペラ・グループで歌うことが趣味なので、動画やオーディオコンテンツの製作に参加することを楽しんでいる。彼女はハブスポットの音楽ビデオ製作でも中心的役割を果たしている。

ブログをウェブサイトと連携させる。ブログや他のコンテンツを、マーケティング努力の中心となるウェブサイトにはっきりと結びつけるようにする。ビジネスブログは検索エンジンやソーシャルメディアから新しいトラフィックを呼び込むのに重要な役割を果たす。ホームページではなくブログへの投稿が、見込み客があなたの会社について知る最初の場所になるかもしれない。ブログをサブドメイン（blog.会社のサブドメイン.com）にするか、サイトの中のページ（会社のドメイン.com/blog）にして、企業サイトの一部として設定しよう。また、ブログのナビゲーションや見かけや雰囲気を、サイトの他のページのデザインと合わせ、ユーザーが製品やサービスについての情報を見つけやすくすることも重要だ。

行動を促す。あなたが公開するコンテンツのそれぞれが、それを見る人に行動を促すものでなければならない。「何かをする」ように求めたり提案したりするか、消費者を製品やサービスを購入する方向に導くようなステップを提示する（もちろん、以前から使われている手法は、さらに詳しい情報にリンクする「ここをクリック」のボタンを埋め込んでおくことだ）。「サイト訪問者をもっと消費させる道へ誘い込むことが大事」と、マイク。例えばハブスポットのブログはどれも、必ず他の関連コンテンツへのリンクで終わっている。動画やオンデマンドのウェビナーへのリンクなどだ。ほとんどの場合、訪問者がその関連コンテンツにアクセスするには登録しなければならない。その簡単な行動への呼びかけを加えることで、ブログから得るリードの数は3倍になった。あなたも読者を誘導するために、コンテンツの左右どちらか（ブログのデザインによる）の他に、ウェブサイト最上部のナビゲーションバーの下にも、直接行動を呼びかけるリンクを加えることを考えてみてはどうだろう？

ブログの内容を充実させる。ハブスポットのブログは量だけでなく、さま

ざまなタイプのコンテンツを取り交ぜることで成功している。ブログを地元紙やあなたが好きな雑誌のように考えてみてほしい。こうした発行物と同じように、あなたの会社のブログは多彩なコンテンツを扱っているだろうか？ストーリーや記事の種類に幅があり、長さにも多様性を持たせているだろうか？

　元ジャーナリストのリック・バーンズ（訳注：現在はドキュメンタリー映画の製作者）は、ハブスポットのブログのコンテンツを5つに分類し、それぞれを覚えやすいように食べものに譬えている。

1. **レーズンブラン（シリアル）——日常の役立つ情報**。「投稿の大部分はレーズンブランであるべきだ。実用的で、通常はハウツー形式のアドバイスという形をとる」。
2. **ほうれんそう——健康的でよく考えられた投稿**。「あなたのビジネスやブログをソートリーダーとして位置づける投稿。新しいテクノロジーや業界の変化を探るもの。一般には通常の投稿よりも長めにして、書くことにも時間をかける。このタイプの投稿を使うのは時々にして（時間をかけて質の高いものにする）、あまり頻繁には出さない。ほうれんそうが多すぎると読者は飽きてしまう」。
3. **ロースト——ボリュームたっぷりのプロジェクト**。「書くのに時間はかかるが、注意を引きやすく、インバウンド・リンクを増やす投稿」。研究レポートなどが挙げられる。リックは、「データをまとめて分析するのには時間がかかるが、牽引力があるコンテンツのこと。ブログを新しいオーディエンスに紹介することにもなる。……これが、ブログのリーチ範囲を広げることにつながる」と話す。

　「ローストで気をつけたいのは、正しいプロジェクトを選ぶことだ。ひとつの記事にかける時間が長くなる分、興味をかき立てる、他では得られない情報を与えるものにしなければならない」
4. **タバスコ——議論をたきつける記事**。「時々は厳しい問いかけをする記事を書く必要がある。こうした投稿は一部の読者を怒らせるかもしれな

いが、重要な価値ある会話を生み出すことにもなる。例えば私は先週、「郵便局へのメッセージ：ダイレクトメールは時代遅れだ」と題した記事を書いた。その結果、ダイレクトメールに頼っている読者の多くを怒らせたが、彼らはコメントに自分の意見を——時には厳しい言葉で——書き込み、活発な議論につながった。たくさんの人が自分自身のブログなどにこの記事へのリンクを貼り、それによってダイレクトメールについてのさまざまな考えや現状への意見を掘り起こすことができた」。

5. **チョコレートケーキ——お楽しみ投稿**。この分類に入るのは、漫画や音楽ビデオなどの遊び心のある投稿だ。「どんなブログでも、気軽に読んだり見たりできる楽しい内容のものを加えて、あなたがまじめなだけではないことを示す必要がある」。私はこの分類を「ショービジネス」のコンテンツとしてもとらえている。娯楽性がある楽しいコンテンツは、中学生や高校生がよくやる「ボトル回し（Spin the Bottle）」の罰ゲームのキスのように（訳注：輪になって座り、鬼になった人が中央に置いたボトルを回して、ボトルの口が向いた人とキスするゲーム）、TwitterやFacebookで広まりやすい。

CHAPTER 25
ソーシャルメディアの活用
――コダック

　インターネット初期の時代から、コダック（Kodak）はつねにウェブサイト上のコンテンツでサイト訪問者の関心を引こうと努力してきた（訳注：コダックは2012年1月に連邦破産法の適用を申請。現在の状況は、この本が書かれた当時とは大きく異なっているものと思われる。なお、ソーシャルメディアの優れた活用例としては有効と思われるので、参考にしてほしい）。同社のチーフブロガーで、ソーシャルメディア担当シニアマネージャーのジェニー・シズニーは、「消費者にコダック製品をどんどん活用してもらうため、ハロウィーンの写真をうまく撮るための10のヒントや、赤ちゃんの写真の撮り方などの記事を提供していた」と話す。

　そのため、数年前にブログをはじめとするソーシャルプラットフォームが本格的な広まりを見せたとき、コダックはこの新しいテクノロジーを積極的

に取り入れるとともに、顧客へのリーチを広げる手段のひとつとして、ソーシャルメディアを活用することにした。

ビジネスを呼び込むためのコンテンツ

コダックは顧客に役立つコンテンツを作り、ソーシャルネットワークを通して広めることを中心に据えたコンテンツ戦略を考案した。それに基づいて、次のようなコンテンツ製作を開始した。

ブログ

「1000ワード」ブログ（http://1000words.kodak.com）。2006年の開設以来、このブログは毎日更新されている。ジェニーはこう説明する。「新聞のように毎日発行している。編集者としての私の仕事はスケジュール管理。社内で何が進行中かをつねに把握するようにして、イベントへの参加やテレビ番組で取り上げられる予定があれば、誰がそれについて書くかを割り振っている」。彼女の予定表には、母の日のような重要な日や祭日、エイプリルフールのようなちょっとした日付や行事、あるいは2010年6月に開催されたサッカーのワールドカップなどの特別なイベントも書き込まれた。寄稿者の全員が社内でそれぞれ別の仕事を持っているので、ジェニーはブログ用のテンプレートを提供して、できるだけ簡単に投稿できるように取り計らっている（第11章の囲み記事を参照）。寄稿者は投稿を書き、写真つきでジェニーのところに送るだけでいい。ジェニーがそれをブログにアップする。
「1000ワード」ブログで取り上げるトピックは、写真に関すること全般、人が興味を持ちそうな話題、写真撮影のヒントなどで、ニューヨークのペットショーから地元ロチェスターの台湾合唱団のコンサート、さらには戦没者追悼記念日に戦死した兵士たちの写真を掲載して彼らの母親に敬意を表することまで、本当に幅広い。すべての投稿にはすばらしい写真が添えられている。

プラグイン・ブログ（http://pluggedin.kodak.com）（訳注：現在アクセスできなくなっている。すでに閉鎖されていると思われる）。コダックの製品とサービスについての情報に特化したブログで、ニュース、情報、製品レビューなどが含まれる。新しいテクノロジー、社員の体験談、その他のイノベーションや顧客のサクセスストーリーを、ブログ訪問者にとくに役立ち、知識とインスピレーションを与えるものを選んで共有している。

　グロウ・ユア・ビズ（http://growyourbiz.kodak.com）（訳注：現在アクセスできなくなっている。すでに閉鎖されていると思われる）。コダックの製品、サービス、技術が、企業（主にグラフィック・コミュニケーション業界の企業）にどう役立てられているかを紹介するブログ。コンピューター・グラフィックス・ビジネス担当の社員が企画・運営し、ブログ管理者としての役割を果たしている。

　コダックの社員はこの3種類のブログのどれにでも投稿できる。自分自身が夢中になれる題材について自由に書くことができるからだ。「ソーシャルメディアでは強制して人を動かすことはできない」と、ジェニーは言う。「自分のしていることに情熱を傾けられることが大切。彼らは社内でも際立った能力の持ち主で、あなたのFacebookページにいつもコメントを書き込むタイプの人たちだ」。そして、彼らはふだんから、パーティーなどでこうした話題について熱心に話すタイプの人たちでもある。ジェニーによれば、コダックは社員に対して、ネット上で自らの声で発言することを奨励している。

Facebook

　コダックはアメリカだけでなく、イギリス、フランス、ドイツ、イタリア、スペインでもFacebookページを開設している。ジェニーは新しいブログ記事が投稿されたときに自動的に更新される設定は使わず、手動で各国のFacebookページにアップロードしている。この個別の扱いには狙いがある。コダックはすべてのFacebookのコメント、Twitterのフィード、ブログ記

事の背後にいる個人を大事にしたいのである。

　ブログと同じように、ジェニーと他の社内寄稿者は写真業界のニュースについて Facebook にも投稿している。他の Facebook ユーザーの投稿に対してもコメントすることでコダックについての話題に参加し、温かい言葉には感謝し、問題があればその解決に取り組み、質問に答えている。

Twitter

　コダックは17の異なる Twitter のアカウントを維持している。そのうち7つはアメリカ以外のものだ。こうしたアカウントを管理しているコダック社員は、コダックについての企業ニュース、コダックのコミュニティーやイベント、消費者ニュースや販売情報、グラフィック・コミュニケーションのトレンドなどについて、Twitter 上で話題にしている。

　コダックのソーシャルメディア戦略の重要ポイントのひとつは、企業自体のプロモーションではなく、有益なコンテンツを提供することを目的としていることだ。多くのツイートはコダックの名前に言及することはなく、写真の世界で起こっている興味深い話題に集中している。例えば、ジェニーがこれまで Twitter で取り上げた話題には、旅をしながら古いものばかりを写真に収めている女性のことや、逆さまに何かにぶら下がっている人たちの写真を撮っている写真家についてのものがあった。

　コダックについて話題にするのは、それがフォロワーにとって役立つ内容のときに限られる。ソフトウェアの更新や、コダックのデジタルカメラでパノラマ写真が撮れるようになったというお知らせなどだ。また、Twitter の他のユーザーがコダック製品をほめてくれたときには、それをリツイートする。「もし誰かが外部マイクジャックがどんなに役に立っているかを書いてくれれば、『ありがとう、役に立ってよかったです』とコメントを書き込んで、コダックの PR 大使になってくれる彼らの力を存分に活用させてもらっている」。

ユーザー作成コンテンツ

コダックは「情報とプロジェクトの広場」(http://exchange.kodak.com)というコミュニティーを創設し、「写真愛好家たち」が交流し、助言や情報や技術を交換する場を提供している。こうしたフォーラムを提供することで、ユーザーとブランドの相互交流を刺激し、同時に社内寄稿者だけでは不十分なコンテンツに、奥行きと多様性を加えている。

商売繁盛!するための戦略

コダックのコンテンツは間違いなくビジネスに勢いを与えている、とジェニーは言う。コダックは自分の会社についてのネット上の会話をモニターしている。「チーフリスナー」を任命して、その人物が「ラディアン6」(www.radian6.com)のような追跡ツール(訳注:ソーシャル・マーケティング・サイトの「セールスフォース・マーケティング・クラウド」(Salesforce Marketing Cloud)が提供している)を使って、ネット上でどれくらい話題になっているかを測定しているのだ。「製品キャンペーンの最初には、コメントをやりとりする会話率が20%しかないかもしれない」が、ブログやツイートで製品について取り上げ、FacebookやTwitterへの顧客の投稿があれば、それにコメントを書くことで、「会話率が75%にまで上がるかもしれない」。

コダックはまた、ブログやソーシャルメディアで探し出した人たちにブランド大使となってもらい、製品を改善するための意見を出してもらっている。最近では、Twitterのフォロワーから新しいカメラの名前を募集することにした。採用者への賞品は、製品発表の場となるラスベガスの「コンシューマー・エレクトロニクス・ショー」への入場チケットだ。ジェニーはこう振り返る。「審査の結果、ふたりを選ばざるをえなくなった。ひとりは

『プレイ（Play）』、もうひとりは『スポーツ（Sport）』という名前を提案していて、私たちは『プレイスポーツ（Playsport）』という名前が気に入ったから」。

ここから、あなたが盗めるアイデア

　賢い人材活用。コダックの社員は写真オタクばかりだ。だから、その情熱をブログや他のソーシャルメディア上で、写真や意見の共有を通して伝えるのは、それほど大変なことではない。「私たちはとにかく写真好きの集まりで、いつも写真のことばかり考えている」と、ジェニーは言う。

　社員に自らのストーリーを語らせる。個人的なストーリーこそ、読者を引きつける。ジェニーが社員に対して一般的な事柄より自分の話を語るように促しているのは、そのためだ。例えば、IT部門の社員のひとりは、いつも休暇明けにすばらしい写真をみやげに持って帰る。彼がディズニー・ワールドから戻ってきたときのブログは、子どもたちの写真を撮るベストスポットについてだった。

　ジェニーはソーシャルサイトでコダックのファンを見つけることにも期待している。ある男性は、屋根の雨どいに落ち葉が詰まっていないかどうか、はしごを上る前にポケットビデオカメラを棒の先に取りつけて確認していた。そこでジェニーは、「YouTubeでその動画を見て彼に連絡をとり、本当にいいアイデアだとほめてから、私たちのブログにも動画を掲載していいかどうか、尋ねることにした」という。

　ゴーストライターは認めない。コダックはゴーストライターや、ブログを代筆してくれるサービスを利用しない。ブログの声とトーンは個人的で近づきやすいものでなければならないし、社内ブロガーが自分で書いたほうが、掲載した写真について反応を得やすいからだ。「私たちはプロとして訓練を受けた写真家じゃない。洗練された見事な写真を撮れるわけでもない。それでも、私はブログに自分の犬の写真を投稿している。それを見る人に、『彼

女も私と同じような人間なんだ』と伝えることになるから。もしプロの写真を使えば、『私にはとてもこんな写真は撮れない』と思わせてしまう。私たちは、見る人にこれなら自分でも撮れる、と思ってもらいたい」。

CHAPTER 26 ブランド・ジャーナリズム——ボーイング

　航空宇宙・防衛産業は、率直さで知られる業界とは言えない。しかし5年前、ボーイング（The Boeing Company）社はふたつの公式ブログを立ち上げ、「経営のグラスノスチ（情報公開）」とでも呼ぶべきものを早期に取り入れた数少ない大手企業の一社として注目された。一方のブログ「ランディ・ジャーナル」（Randy's Journal）は、ひとりの社員が個人的な意見や感想をつづるもので、現在はマーケティング担当副社長のランディ・ティンセスが担当している（http://boeingblogs.com/randy）。
　セキュリティーの厳格さと極秘プロジェクトが特徴の業界にあって、ボーイングのとった大胆なアプローチは、冒険的な初期の試作品を思わせる。巨大企業が顧客や従業員とのオープンで建設的な対話を生み出すことを期待して、統制の一部を解除し、厳しい批判を受けるリスクに自らをさらしたのだ。

2009年に話を進めよう。「ランディ・ジャーナル」とボーイングの第２のブログ（航空機製造のビジネス面に向けたもの）は、まだソーシャルメディア戦略の基礎を固めるには至っていなかった。コミュニケーション・ディレクターのトッド・ブレッチャーは、「我々のコンテンツはソーシャルメディア向きではなかった。長くて内容が専門的すぎた」と振り返る。ボーイングは話すべき話題もないのに、さまざまなソーシャルメディアに急いで進出したいとは思わなかった。「TwitterやFacebookにアカウントを作ることは戦略に含まれなかった」と、トッドは言う。

ボーイングは毎月100万人のユニークビジター数を持つ企業サイト「ボーイング・ドットコム」（Boeing.com）が、この新しく劇的なアプローチの中心になるべきだと感じていた。その戦略で最も重要なのは、このウェブサイトを退屈な企業サイトにさせないという前提だ。「ソーシャルメディアでオーディエンスに共感してもらえるコンテンツにするにはどう変革したらよいのか、長い時間をかけて話し合った」。

彼らは政府と航空宇宙部門だけでなく、将来の従業員や一般国民の間でボーイングの評判を高めるための「強化戦略を考案したかった」という。高度なテクノロジーや実用性重視の製品ではなく、**顧客と従業員に焦点を当て、ボーイングが彼らの生活に有益な形で関わっていることをどうにかして伝えたかった**。そこで、こうした人々のストーリーを語ってくれるライターを育てようと考えた。デイヴィッド・ミーアマン・スコットが「ブランド・ジャーナリズム」と呼び、他の人たちが「企業ジャーナリズム」「ビジネス・ジャーナリズム」などと呼ぶものだ（マシュー・スティブは「ビジネス」を意味するオランダ語を使って「ベドレイフス・ジャーナリズム」と呼んでいる。語呂がおもしろいし、名刺に書いておくと、会話のきっかけにもなる）。

冊子や販促カタログ用の製品中心のマーケティングとは違い、ブランド・ジャーナリズムは動画、**ブログ、写真、ウェビナー、表、グラフ、Eブック**、その他の情報を使って、**市場に価値を提供することに集中する**。ブランド・ジャーナリストは企業内で記事やブログを書き、動画やポッドキャスト

を製作して特定のオーディエンスを引きつける。「ブランド・ジャーナリズムは製品の売り込みとは違う。記事広告とは異なる。難解な言葉ばかりを並べ、ストックフォトでうわべを飾り、企業のたわごとを尊大に吐き出すものではない」。デイヴィッドはいかにも彼らしい無愛想な口調でブログにそう書いている（注：「ブランド・ジャーナリズム」という語は、2004年に当時マクドナルドで最高マーケティング責任者だったラリー・ライトが作った言葉だ。彼は業界イベントでのスピーチで、マクドナルドは新しいマーケティングテクニックとして「ブランド・ジャーナリズム」を採用したと発言した。それ以降、このフレーズはさまざまな意味合いで使われてきたが、企業主体のマーケティングに対する**顧客主体のマーケティング**という基本的な考えが中心にあることは変わっていない）。

ビジネスを呼び込むためのコンテンツ

　ボーイングはウェブサイトをデジタルハブに変え、人にスポットをあてた優れたストーリーを共有できる企業という評価を高めることを目指した。トッドはそれを、「興味深いトピックについての、人が中心の物語。その人の視点からボーイングについて語った物語」と表現する。

　トッドは会社がサイトの新しいコンテンツを管理するために設立した、12人ほどから成る編集委員会を率いた。また彼は、コンテンツを拡散させ、より多くの人に参加してもらうため、新たに3つのTwitterのアカウントを作った。それぞれ、社内向け、商業航空機、防衛技術に特化したものだ（@BoeingCorporate、@BoeingAirplaines、@BoeingDefense）。さらに、次のことを通してコンテンツの流れを絶やさないようにした。

署名入り記事

　ブランド・ジャーナリズムのアプローチを強化するために、ボーイングの

サイトは毎週、署名入りの記事を掲載している。社員が自社製品、人、技術などを、「興味をそそる個人的な視点で」書くものだ。トッドは、「会社の評価を高めるものであれば、幅広いトピックを認めている」と話す。記事はこのサイトのために書かれたもののこともあれば、社内報や社員向けニュースを仕立て直したものもある。だが、いずれにしても、企業サイトよりは雑誌でよく見かけるタイプの記事に仕上がっている。

- ボーイングのライターのひとりが空母「USS ドワイト・D・アイゼンハワー」の艦上で、アメリカ海軍がボーイングの支援を受けてペルシア湾の任務についているところを直接目にする機会を得た。そして、サイトに「湾岸からの特報」記事を書いた。
- 「火山が噴火するとき」の記事では、火山灰の動きを予測し、航空機がそれを避ける方法について、あるライターが語っている。
- また別の記事では、ベルジアン・マリノア（訳注：ベルギー原産の犬種）のロッキーが、ボーイング社にいる18頭の爆発物探知犬の1頭として、人間の歳に換算して56年奉仕した後に引退したことが紹介された。

動画

多くの記事には、物語を補完し、ストーリーに息吹を込めるための動画が添えられる。動画撮影が得意なボーイングの社員が（元テレビ局の記者をしていた社員が数人いる）、動画製作を率いている。他の企業とは違って、ボーイングは製作した動画を YouTube やその他のプラットフォームでは公開しない。YouTube 上で他の好ましくない動画、例えば飛行機の墜落事故の動画などと並べられることを不安に思っているからだ。「YouTube がツールとして役立つことは理解している。ただ、我々が投稿する優れた動画が、くだらない動画の隣に表示されることによって価値を損なうことが心配なんだ。それよりも、社のウェブサイトに見にきてもらいたい」と、トッドは言う。

Twitter

　ボーイングはTwitterには積極的で、オリジナルのコンテンツを広め、第三者のリンクをリツイートし、フォロワーのコメントにも比較的よく反応している。ただし、オーディエンスとの交流はもっと深めてもいいはずだ（例えば、ボーイングのアカウントがフォローしている他のユーザーは少なく、また、ツイートする文面にそれを書いている人の気配が感じられない）。とは言うものの、Twitterのモニタリングに関してはよい点数を与えることができる。

　例えば、コロラド州ボルダーに住むハリー・ウィンザーという8歳の少年が、自分で考えた航空機の設計を書いて、この飛行機を作ってほしいとボーイングに手紙を出したとき、少年は所定の文面による返信を受け取っただけだった。「多くの大企業と同様、当社の方針として、当社が依頼したものでない限り、みな様からのご提案をお受けすることはありません。経験上、大部分のアイデアはすでに当社のエンジニアが考慮済みのもので、提案されたアイデアを単純に採用すれば、望ましくない結果を招くことがあるからです。それらを処理する時間、コスト、リスクのほうが、得られる利益より大きくなってしまうのです」。

　ハリー少年の父親は広告代理店の重役で、ボーイング社からの手紙を自分のブログとTwitterで公開した。ボーイングはすぐに反応して、過ちを認める返答を書いた（図26.1参照）。

「このツイートは注目を集め、［反応は］定型文の手紙を8歳の子どもに送ったことについて批判的な人たちも少数はいたが、大部分の人は『ボーイングがこうしてTwitterで対処したのはすばらしいことじゃないか』と言ってくれた」と、トッドは言う。

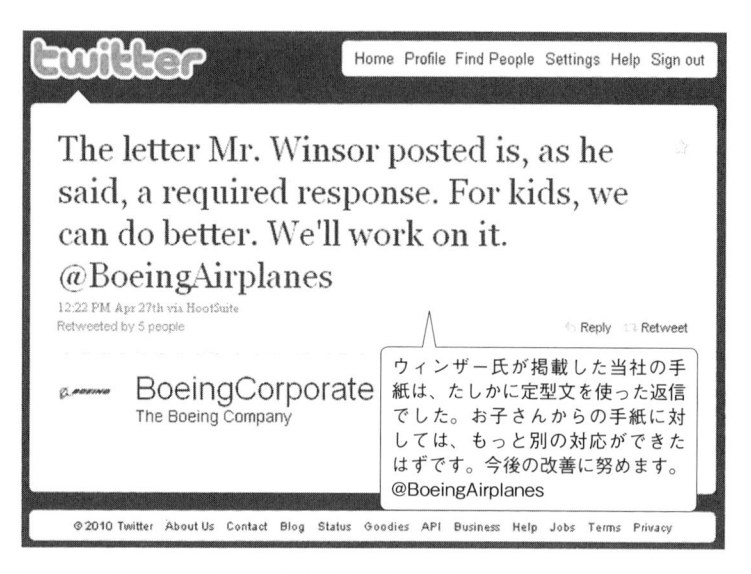

図26.1 Twitterで謝罪したボーイング社

出典：http://twitter.com/BoeingCorporate/statuses/12953083392

> ウィンザー氏が掲載した当社の手紙は、たしかに定型文を使った返信でした。お子さんからの手紙に対しては、もっと別の対応ができたはずです。今後の改善に努めます。@BoeingAirplanes

商売繁盛！するための戦略

　この章の初稿を書いたのは、ボーイング社のウェブサイトが開設されてまだ2カ月も経たないころだったが、2010年4月に新しいコンテンツ戦略を始めてから、ボーイングについての口コミはゆっくりとだが着実に広まっていた。それまでで最も反響の大きかったストーリーは新しい航空機の実験についてのもので、1カ月に5万件のアクセスがあった。

　それよりも注目すべきは、ボーイングに対する人々の認識が、「退屈で仰々しい企業」から、「親しみやすく人間らしい、おもしろい会社」というものに変わったことだ。トッドはこう話す。「人々と交わりたいという私たちの意欲を理解してもらえるようになり、ゆっくりとだが変化が見られる。

技術工学に徹する重厚長大な企業が、今の私たちのように人々に働きかけるとは誰も思っていなかったのだろう」。

ここから、あなたが盗めるアイデア

　人間的なアングルを探す。興味を引くのは、人を話題にしたコンテンツだ。生きて呼吸をしている人たちの生活と関わる方法を見つけ、彼らのストーリーを語るようにしよう。

　真実を語る。ライターや元ジャーナリストを社内のブランド・ジャーナリストとして雇うことで、コンテンツに新鮮で魅力的な輝きを与えることができる。ジャーナリストは文章の書き方を知っているし、コンテンツに客観的な視点と風格を与えることができる。なぜなら、彼らにはバランスのとれた記事を生み出す才覚がもともと備わっているからだ（これと対極にあるのが、PR目的に徹した、血の通わない企業用語を並べただけの文章だ）。ただし、ひとつだけ大きな違いがある。主流メディアに書いているジャーナリストは、ひとつのストーリーや問題のあらゆる側面を描かなければならないが、企業内のブランド・ジャーナリストはそうではない。それでも、真実の、人の興味を引くストーリーを書くという点ではどちらも同じで、しかもそれをうまく語らなければならない。

　忍耐力を持つ。ボーイングが2005年のはじめに「ランディ・ジャーナル」を立ち上げた当初は、情報の出所が明らかにされていない、フィードバックの機能に欠けている（最初のうちはコメントの書き込み欄がなかった）、マーケティング色が強すぎる、などの批判を多く受け取った。当時の執筆者のランディ・バセラーは、ブログを中止するのではなく批判を建設的に受け止め、自分の「声」で語ることをマスターしていった。その後、現在の担当者のランディ・ティンセスと交代して、2010年6月にブログは5周年を迎えた（この5年間にサイトを訪れたユニークビジター数は290万に達した）。「毎分、毎日のヒット数ばかり気にするようになりがちだが、そうすれば、

すぐに不満を感じるようになる。いずれはオーディエンスを追跡する必要はあるだろうが、うまくいっているかどうかを判断する前に、まずオーディエンスの基盤を築くことに時間をかけなければならない」と、トッドは言う。同時に、目的ははっきりしていなければならない。「求めているのが評判を高めることなら、最初の段階で、成功しているかどうかを決めるのは何カ月も先のことになると関係者全員の合意を得ておいたほうがいいだろう」。

CHAPTER 27
顧客を呼ぶブログ戦略
——インディウム

　「私のマーケティング・コミュニケーション・プログラムのモットーは、シンプルそのものだ。**コンテンツからコンタクトへ、そして売り上げへ、である**」。これは、特殊合金とはんだを製造・供給するインディウム（Indium Corporation）社のマーケティング・コミュニケーション担当ディレクター、リック・ショートの言葉だ。

　インディウムは、世界中のエレクトロニクス、半導体、ソーラー技術市場に電子部品用原材料を売っている。マーケティング戦略の一部としてホワイトペーパーを発行し、Facebook ページと YouTube チャンネルも開設している。しかし、注目したいのはこの会社のブログ戦略で、これが見込み客を引き寄せるための中心的なコンテンツとなっている。

　あなたはこう考えているのではないだろうか。はんだ付け用ペーストにつ

いてのブログだって？　冗談だろう？　インディウムのブログ（実際には複数のブログ）はあまりに特殊なので、「世界中の閲覧者のほとんどは、これを見てくすくす笑っているはずだ」と、リックも認める。「はんだのことに関心を持つ人がいるなんて信じられないんだろうね。でも、我が社の顧客は本当に……はんだが大好きなんだ！『はんだに夢中なあまり、それについてのブログを作ったって？　あんたたち、すごいよ』という声も多い」。

ビジネスを呼び込むためのコンテンツ

　リックは数年前、ソーシャルメディアが力強いマーケティングツールになることに気がつき、実際に自分でも試してみることにした。彼は思い切って個人ブログを立ち上げ、自分が関心を持つテーマについて書き始めたが、会社に結びつけた内容にはしなかった。「私は社のソーシャルメディア戦略のリーダーにはなりたかったが、会社を間違った方向に導いているとは思われたくなかった。第一段階として、私自身がソーシャルメディアのことをよく知り、[社内の情報源としての]地位と信頼を築きたかった」。

　ブログについて十分な知識を得たリックは、社内でもとくに社交的なエンジニアたちに声をかけた。彼らの大部分は、技術レポートの発表やワークショップの開催など、すでに何らかの形でコンテンツ製作を始めていた。「そのなかのひとりが、とくにブログという考えに興味を持ち」、彼はすぐにインディウム社の顧客が電子製品の製造に使っている技術についてブログを書き始めた。リックのアドバイスに従って、余談として個人的な話題を含めたり、自分自身の生活について語ったりして、ブログに人間味を加えることにもした。「機械にはなるな、と言ったんだ」とリック。こうしてリックはひとりずつ他のエンジニアにも声をかけて、ブログの執筆に参加させていった。現在は12〜15人の社員が個人ブログを開設している。さらに会社としても、コンテンツをテーマ別に分けた73のブログを公開し、十数人の社内ブロガーが寄稿している。

その理由は？　リックはキーワード検索を通して、インディウムの市場に関連した数十のキーワードを特定した。そのなかで見込み客が検索で使うもっとも重要な73のキーワードを選び出し、各ワードを意識したコンテンツを集めた別々のブログを次々と開設していったのだ。「エンジニアリング・ブログという大きな括りにはしたくなかった。だから、こう自分に問いかけてみた。うちの会社が本当に提供しているものは何だろう？　私たちが大切に思う顧客は、私たちのビジネスをどう表現しているだろう、と」。

　リックは企業向けブログソフトウェアを供給しているコンペンディウム・ブログウェア社の助けを借りた。この会社のソフトを利用すれば、インディウムの誰かがリストに載っているキーワードのどれかを含むブログをアップするたびに、それが自動的にそのキーワードをテーマにしたブログサイトに投稿される。もし73のキーワードのうちふたつを含んだものであれば、そのふたつのブログに投稿される。例えば、製品マネージャーのキャロル・ゴーワンズが可溶性合金の特殊な性質について書いたときには、その投稿は少なくともふたつのブログに自動的に割り振られる。キャロルのブログ（http://blogs.indium.com/blog/carol-gowans）と、可溶性合金についてのブログ（http://blogs.indium.com/blog/fusible-alloy）だ。主要検索エンジンで「可溶性合金」の情報を探したときに、トップまたは2番目に表示される企業はどこだろう？　答えは、インディウム社だ。

　ソーシャルネットワークもリックのコンテンツ戦略では重要な位置を占めるが、あまりに多くのネットワークがありすぎて、そのすべてを網羅するのは難しい。そこで、顧客が最も多く利用しているネットワークを突き止めるためにアンケート調査を実施し、その結果に基づいて、最終的にFacebook、Twitter、YouTube、LinkedInを選んだ。今では、社内の誰かがブログに投稿すると、そのコンテンツは自動的にこうしたネットワークにも配信される。

商売繁盛!するための戦略

「結果は驚くべきものだった」と、リックは振り返る。キーワードを豊富に含むコンテンツを73のブログに振り分ける戦略を始めてからというもの、3カ月で顧客からの接触率が600%も増加した。しかも、誰かが手を挙げるたびに——つまり、誰かがホワイトペーパーをダウンロードしたり、ブログの寄稿者に質問したりコメントを書き込んだりすると——その人はインディウムのデータベースへの登録を選んだことになる。こうした見込み客は特定のトピックについてのさらなる情報を望んでいるということだから、営業担当者が契約をとりつけるのもずっと容易になる。

リックのブロガーたちはこの分野ではかなりの有名人となり、会社全体の注目度を高めることにも貢献している。社外で会議に参加すれば、出口で「あなたのことを知っています」と、声をかけられる。「それもすべてブログのおかげ、ソーシャルメディアのおかげだ」と、リックは言う。

ここから、あなたが盗めるアイデア

(優れた書き手ではなく)優れた聞き手を探す。 ハブスポット社(第24章参照)と同じように、インディウムもコンテンツ製作に意欲的に取り組み、それを共有することを楽しむ社員を探している。しかしリックは、最良のブロガーは優れた書き手であるとともに優れた聞き手でもあると考えている。なぜなら、聞き上手はネット上での顧客や見込み客との会話を楽しむことができるからだ。要するに、対話には相手がいるということだ。

社員を信頼する。 経営幹部の中には、社員に書きたいことを自由に書かせるという考えを、まだ不安に思う人たちもいる。インディウムの重役たちは、ブロガーたちが企業秘密を漏らしたり、会社として黙っていたほうがい

いと思うことを話題にしてしまったりすることを心配していた。しかしリックは、ブログやTwitterやFacebookのようなソーシャルプラットフォームは、企業が顧客の抱える問題、すでに顧客の間で話題になっている問題に取り組む機会を与えてくれる場だと考えている。「だって、すでにブロガーたちは毎日顧客と接触しているじゃないか。電話と電子メールも遮断すべきだとでも言うのかい？」。つまりは、「自分のところの社員を信用しろ」ということだ。

人間らしくあれ。インディウム社のブログは、間違いなく人間味にあふれている。それが、この会社が売る無機的な製品に温かみを加える大きな役割を果たしている。それが狙いだった、とリックは言う。ブロガーたちは「口先だけのPR担当者ではない。生身の人間なんだ」。彼らは自分が考え、信じることを書く。企業の宣伝文句を吐き出すだけではない。このアプローチが顧客に受け入れられた。リックはこう付け加える。「コンテンツが発信されるやいなや、［顧客の］アンテナがピンと立ち上がる。私の哲学は広告業界を丸ごとすっ飛ばして、自分のところのエンジニアたちを前面に立たせ、彼らに好きな言葉で、好きなように顧客に語りかけさせる、というものだ」。

ニッチな専門知識を生かす。ソーシャルメディアで受け入れられないほどニッチな話題というものはない。あなたが夢中になるものであれば、市場にはあなたと同じようにそれに夢中になっている人たちが間違いなくいる。コンテンツを作って発信すれば、その人たちがあなたを見つけてくれる。

CHAPTER

28
社会運動に巻き込む
──ピンク・スティンクス

　ピンク・スティンクス（PinkStinks）は、少女たちにとって本当に手本にできるような女性像を提供し、彼女たちが社会で大きなことを成し遂げたいと思えるように後押しする支援グループであり社会運動だ（訳注：PinkStinks は「ピンクなんてうんざり」を意味する）。

　双子のムーア姉妹（アビとエマ）がグループを設立したのは2008年。「ピンクのカルチャー」──女の子にはピンク色というように、ジェンダーの固定観念を押しつけた女の子向け商品が蔓延していること──に異議を唱えることが目的だった。彼女たちがステレオタイプに毒されていると見なすものには、例えば、女の子向けのピンクを使ったお姫様っぽい商品がある。一方で、冒険や探検をテーマにしたおもちゃは男の子向けとして宣伝されるのが一般的だった。しかし、これとは別の種類の、もっと気がかりな商品もあ

る。まだ小さな女の子をセクシーに見せるおもちゃや洋服だ。イギリスのある洋服チェーンは、7歳の女の子用の胸パッド入りビキニを売っているし、イギリス最大のスーパーマーケットチェーンのテスコでは、小さな女の子がポールダンス（訳注：垂直の柱（ポール）を使った官能的なダンス）をするためのセットを宣伝していた。

「メディアは、鉛筆のように痩せたモデルやサッカー選手の妻たちをもてはやしすぎだと思う。そして、過度にセクシーな演出をしたポップスターたちが、少女たちから本当のロールモデル（訳注：行動や生き方の手本となるような人物）に憧れ、そこから学ぶ権利を奪っている」。アビとエマはピンク・スティンクスのウェブサイト（http://www.pinkstinks.org.uk/）にそう書いている。「ピンク・スティンクスは、少女たちにもっと適切なロールモデルを紹介し、バランスを取り戻すことを目指す。業績、スキル、教養、成功という面から選んだロールモデルたちである」。

姉妹は変化を起こしたいという強い思いを抱いていたが、資金調達のあてはなく、運動に注ぐ財源はほとんどゼロに近かった。

ビジネスを呼び込むためのコンテンツ

そこで、ふたりはコストのあまりかからないコンテンツを作ってオーディエンスを教育し、自分たちの運動に注意を引くという方法をとることにした。

ブログ

アビ、エマ、そして3人目のメンバーであるルーシー・ローレンスが、ジェンダー問題について書いた記事を、ピンク・スティンクスのブログ（http://pinkstinks.wordpress.com）に投稿している。テーマは、人気の広告キャンペーンに見つかる男女のステレオタイプへの批判から、女性の活躍

を取り上げたニュースまでさまざまだ。2010年春のある記事では、これまでで最多の4人の女性宇宙飛行士が同時に国際宇宙ステーションに滞在したとして、ギネスブックなどに載ったことを話題にした。このブログの目標は、古い固定観念にとらわれずに、少女たちにとって本当に好ましいロールモデルにスポットライトをあてることだ。アビは、「文句をつけるだけの集団にはなりたくない」と付け加える。

メールマガジン

ピンク・スティンクスが月に一度発行しているメールマガジンには、次のような項目が含まれる。

- 「ピンク・スティンクス認定」のセクション。すばらしい主人公の少女が登場する本、男女どちらでも着られる洋服を売っている店、その他、ピンク・スティンクスの哲学と一致する製品や媒体を紹介している。
- 「名前を出して恥をさらす」のセクション。男女の役割を押しつける最悪な例を名指しして批判する。
- 「今月のロールモデル」。主に最新のニュースから、好ましいロールモデルの例を紹介する。
- 「興味深いブログ」。同様の運動を支援している他のブログへのリンクを掲載。

Twitter

「Twitter は人々に運動への参加を呼びかけるために使っている」と、アビは説明する。メールマガジンを発行するときには、それについて Twitter でも話題にし、人々に登録を呼びかけている。

また、姉妹は Twitter でピンク・スティンクスにとって関心のあるテーマのイベントや、彼女たち自身がメディアに出演する予定についても知らせて

いる。

Facebook

　Facebookはピンク・スティンクスの運動の中心となり、男女の平等という問題について親たちを（時には祖父母たちを）結びつける場として機能している。そこから生まれたのが1万3000人近い人たちが参加する世界的なフォーラムで、メンバーの多くはピンク・スティンクスのコンテンツを積極的にシェアしたり、自分の体験談を話したりしている。Facebookのグループは活動的で、「私たちの運動を広め、弾みをつけるのを助けてくれている」と、アビ。彼女は「正式な組織も持たない3人の女性が始めた運動としては、これは画期的なこと」と冗談交じりに話す。

商売繁盛!するための戦略

　注目したいのは、ピンク・スティンクスが本当に大きな変化をもたらしたことだ。2008年には、イギリスの玩具店チェーンであるアーリー・ラーニング・センターに掛け合って、子ども向け商品における男女の色分けを考え直させた（女の子向けのピンクの通路には化粧品や化粧道具などが並び、それ以外の色の通路には男の子向け商品が並んでいた）。このキャンペーンは43カ国でメディアに取り上げられ、イギリス国内ではニュース専門局のスカイニュースやBBCなどの主要メディアでも話題に上った。

　最近では、イギリス最大手のスーパーマーケットチェーンのセンズベリーズに働きかけて、子ども向けコスチューム商品の表示を、例えば、お医者さんは男の子用、看護師さんは女の子用とするのをやめさせた。また、ザ・プリンシズ・トラスト（チャールズ皇太子が設立したイギリスの慈善団体）に対しては、化粧品ブランドのサントロペ社の広告キャンペーンへの協賛を中止させた。塗るだけで日焼けしたような肌色に見せる同社の製品を宣伝する

もので、慈善団体が支援すべきキャンペーンとしてはふさわしくないと考えたからだ（訳注：欧米の若い女性の間では、日焼けした肌が"セレブの象徴"と見なされる傾向がある。このキャンペーンの広告写真には、日焼けスプレーを塗って小麦肌になり、おまけに写真修正によって痩せて見えるモデルの写真に、「Self Esteem（自尊心）」のキャッチコピーが使われていた。ピンク・スティンクスは、「日焼けして痩せて見えることで、自分に自信が持てる」とアピールするこの広告に異議を唱え、「自尊心は、人間として成長し、何かを成し遂げることによって得られるものだ」と主張した）。

ここから、あなたが盗めるアイデア

　重要なメッセージをわかりやすく伝える。アーリー・ラーニング・センターへの働きかけが成功し、メディアでの大きな反響を生み出したのち、ピンク・スティンクスはメッセージを洗練させる必要があると気づいた。あまりにたくさんのことを伝えようとするあまり、メッセージが複雑になりすぎていたのだ。「タブロイド紙は、私たちがピンクという色を一掃しようとしていると書いていたが、正直言って、そこまでは考えていなかった。それで、ターゲットをもっと絞ることにした」と、アビは言う。

　立場を明確にする。あらゆる人に受け入れてもらうために、いちいち態度を変えることはできない。それは気にしなくていい。大勢の人がピンク・スティンクスの運動に賛同しているが、同じほどの数の人がこのグループの考え方に反対している。しかし、アビはメッセージのトーンを和らげれば、影響力が弱まると考えている。「あたり障りのない表現にするほうが簡単だけれど、それは私たちが望んだことではない。人々の反応を選別することを学び、辛辣（しんらつ）な意見は無視する必要があった。私たちは自分たちの運動に情熱を傾けているし、だからこそこの運動を続けている。いつも"感じのいい人"でいることに意味はない。あえてリスクを冒すことも必要だと思う」。

　キャンプファイアーの火を絶やさない。ピンク・スティンクスの

Facebookグループは、言ってみれば仮想キャンプファイアーとして機能している。同じ考えを持つメンバーが集まり、ストーリーやコメントを共有し、写真を投稿している。グループの創設者であるアビたちも参加するが、監視はしない。参加者に自由に意見を述べてもらい、自分たちの運動だという意識を持ってもらいたいからだ。

CHAPTER 29 別れの言葉よりも大事なこと

　すばらしい本が終わりに近づいたときには、読み終えてしまうのがもったいなくて、最終章にできるだけ長くとどまりたいと思うことがよくある。しかしこの本では、みなさんにそういう気持ちになってほしいとは思わない。そして、不機嫌になるのではなく、やる気いっぱいで読み終えてほしい。私たちが願っているのは、みなさんが今すぐにでも、この本で学んだ原則とコンテンツ・ルールを使い、自分も顧客を夢中にさせるコンテンツを作りたいと思いながらページを閉じることだ。

　多くの本とは違って、この本は最終章で終わりではない。これは別れの言葉ではなく、さらに結びつくための招待状だ。この本で始めた会話は私たちのウェブサイトで（www.contentrulesbook.com）、Twitter で（@thecontentrules）、Facebook で（www.facebook.com/contentrules）続いて

いるからだ。

　このどれかをのぞいてみてほしい。そして、この本で紹介したアイデアがあなたをどう刺激し、どう役立ったかを書き込んでもらえれば、なおうれしい。

　あなた自身のコンテンツが、ビジネスにどう役立ったかについても話してほしい。もしあなたに異存がなければ、コンテンツ・ルールが組織をどう助けてきたかを紹介する私たちのサイトのコーナーで、あなたのサクセスストーリーを紹介させてほしいと思っている。あなたの愉快な動画シリーズ、魅力的なブログ、人気のウェビナー、山火事のように広まるEブックも、ぜひ私たちと共有してほしい（「コンテンツ・ルール」のタグ（#ContentRules）を加えてもらえれば、私たちのもとに届く）。あなたから、コンテンツ・ルールをどう成功につなげたかのストーリーを聞くことを楽しみに待ちたいと思う。そして、どんどん充実していく私たちの「サクセスストーリー」のライブラリーに加えさせてもらうことも。

　ここでいったん区切りとするため、あなたへの贈り物を用意した。**コンテンツ作りの正しい道を進むための、12項目の簡単なコンテンツ・チェックリスト**だ（このチェックリストは、www.contentrulesbook.com/extras からPDFファイルでダウンロードすることもできる）。

12のコンテンツ・チェックリスト

☐ コンテンツの発表は、あなたの会社のマーケティングに抜本的な変化を引き起こすとともに、大きなチャンスにもなるという考えを受け入れたか？
　☐ あなたは忍耐強いだろうか？　コンテンツ戦略は一度でおしまいというものではなく、継続的な努力が必要なのだと認識できただろうか？

☐ あなたの顧客を夜も眠れなくしている問題を理解しているだろうか？
　☐ 彼らが抱える悩みを知っているだろうか？　彼らの望みについてはどう

だろう？
□あなたのコンテンツは、顧客からの「それが私にとってどんな役に立つのか？」という質問に、顧客の視点から答えるものになっているだろうか？

□自分自身の声と見解を明確に打ち出したコンテンツを作っているだろうか？
　□機械が発するような言葉ではなく、人間らしい言葉で伝えているだろうか？

□あなたの会社の製品が世の中でどう役立てられているか、人々がそれを実際に使っている様子を見せているだろうか？

□時には、驚かせたり強烈なインパクトを与えるコンテンツを作っているだろうか？

□対話に火をつけ、コミュニティーのキャンプファイアーを燃やし続けているだろうか？

□コンテンツに翼と根っこを与えているだろうか？
　□コンテンツへのアクセスに登録を求めているだろうか？　もしそうなら、早い段階で本当に集めたいのは見込み客のどんな情報だろう？　関係を築いてから引き出すほうがいい情報にはどんなものがあるだろう？

□あなたのコンテンツには、行動へと誘導するリンクがひとつ以上含まれているだろうか？
　□それぞれのコンテンツに魅力的なランディングページを用意しているだろうか？

☐製作したコンテンツを別の形でも使えるように再発想しているだろうか？
　☐過去のコンテンツを調べて整理し、それを新しい発想で利用する方法を考えているだろうか？
　☐発行スケジュール（編集カレンダー）を作成して、優れたコンテンツを定期的に発信するのに役立てているだろうか？

☐コンテンツの効果を測定して評価しているだろうか？

☐見込み客はあなたのコンテンツを簡単に見つけ、アクセスし、シェアすることができるだろうか？
　☐コンテンツが爆発的に広まるように、他のソーシャルネットワーク（Twitter、Facebook、LinkedIn など）で共有するためのリンクを含めているだろうか？

☐このチェックリストで挙げた項目の中で、少なくともひとつのことを本当にうまくこなすための準備ができているだろうか？

著者について

アン・ハンドリー（Ann Handley）
「マーケティングプロフス」（MarketingProfs）のCCO（最高コンテンツ責任者）。マーケティングプロフスは、マーケティングに関するあらゆる問題の信頼できる情報源として、すぐに行動に移せるノウハウを提供している。サイトの購読者数は44万2000人。ハンドリーは、優れたコンテンツ製作についてのソートリーダーとして、オンラインビジネス、マーケティング、時には人生についてのブログを執筆している。annhandley.com でさらに詳しい情報が得られる。

C・C・チャップマン（C.C. Chapman）
メディア・クリエイター、起業家、基調講演者、オンライン・マーケティング・コンサルタント。父親による父親のための情報サイト「デジタルダッズ」（DigitalDads.com）の創設者で、動画サイト「パッションヒットTV」（PassionHit.tv）のホスト役も務める。cc-chapman.com でさらに詳しい情報が得られる。

イラストレーターについて

ショーン・タブリディ（Sean Tubridy）
ミネソタ州ミネアポリス在住のグラフィックデザイナー兼イラストレーター。ブレイン・トラフィック社のクリエイティブ・マネージャーで、コンテンツ・マーケティング会社である同社のマーケティング素材すべてのデザインを担当し、ウェブサイトを構築し、他の社員にはフォント（書体）のようなくだらないものは気にするなと脅しをかけている。ロボットが大好きだ。www.blueoverblue.com でコンタクトできる。

お客が集まる
オンライン・コンテンツの作り方

発行日	2013年9月25日 第1版第1刷発行
	2018年9月25日 第1版第8刷発行

著　　　者	アン・ハンドリー
	C・C・チャップマン
装　　　丁	渡邊民人（TYPEFACE）
本文デザイン	小林祐司（TYPEFACE）
編集協力	正木誠一
翻訳協力	笹森みわこ　株式会社トランネット
発 行 人	小川忠洋
発 行 所	ダイレクト出版株式会社

〒541-0052　大阪市中央区安土町2-3-13
　　　　　　　大阪国際ビルディング13F
TEL06-6268-0850
FAX06-6268-0851

印 刷 所	株式会社光邦

©Direct Publishing,2013
Printed in Japan ISBN978-4-904884-48-5
※本書の複写・複製を禁じます。
※落丁・乱丁本はお取り替えいたします。

ダイレクト出版ベストセラー！

お客が買わずにいられなくなる心のカラクリとは

「この本は消費者を説得するための詳細な計画を実質的に示してくれている。あらゆる業種の人のための必読書だ」

ロジャー・ドーソン（Secrets of Power Negotiating 著者）

現代広告の心理技術101

説得と影響力の科学

ドルー・エリック・ホイットマン

定価：3,700円（税抜）

＊90日間の無条件満足保証付きです。100％満足できなければ、全額返金します。

絶賛発売中!!

詳しくはこちらをご覧ください。www.directbook.jp